INTERCONNECTION SHARING

互联共享

共享经济引爆的商业颠覆与重构

巫纪奎　谭刚峰　著

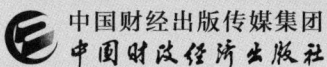

图书在版编目（CIP）数据

互联共享：共享经济引爆的商业颠覆与重构／巫纪奎，谭刚峰著.—北京：中国财政经济出版社，2019.3

ISBN 978-7-5095-8827-7

Ⅰ.①互… Ⅱ.①巫… ②谭… Ⅲ.①商业模式-研究- Ⅳ.①F71

中国版本图书馆 CIP 数据核字（2019）第 027434 号

责任编辑：付克华　　　　　　　　责任校对：张　凡
封面设计：锦麒麟文化

中国财政经济出版社 出版

URL：http://www.cfeph.cn

E-mail：cfeph@cfeph.cn

（版权所有　翻印必究）

社址：北京市海淀区阜成路甲 28 号　邮政编码：100142

营销中心电话：010-88191537

北京时捷印刷有限公司印刷　各地新华书店经销

787×1092 毫米　16 开　19.25 印张　265 000 字

2019 年 3 月第 1 版　2019 年 11 月北京第 2 次印刷

定价：49.00 元

ISBN 978-7-5095-8827-7

（图书出现印装问题，本社负责调换）

本社质量投诉电话：010-88190744

打击盗版举报热线：010-88191661　QQ：2242791300

大道之行也　天下为公

选贤与能　讲信修睦

故人不独亲其亲　不独子其子

使老有所终　壮有所用　幼有所长

矜寡孤独废疾者　皆有所养

男有分　女有归

货恶其弃于地也　不必藏于己

力恶其不出于身也　不必为己

是故谋闭而不兴

盗窃乱贼而不作　故外户而不闭

是谓大同

——《礼记·礼运》

策划团队

滕　波　云游天下董事长
王　靖　方济天下创始人
郑荣炘　会销实战营销专家
景　淼　金融资本倍增导师
郑开臣　微电商裂变营销第一人
马宪军　大商印象创始人
徐　鹏　新媒体营销专家
徐　敏　营销型团队超级领导人
魏　来　壹度创投创始人
彭丽敏　公益商业模式落地导师

前 言

无论从原始社会到文明社会，还是从文明社会到今天，人类从未有一天停止过对美好生活的向往和追求，所以世界一直在变革，社会一直在发展，生产力和生产关系也一直在改善，这都是为了人类能过上物质更加充裕、财富更加充足、衣食住行更加便捷的美好生活。

当然每个人对美好生活的定义是不一样的，也会有些人认为不争名夺利、清静无为、精神更加圆满是美好生活。但我们都要面对一个事实，那就是当今世界人们的生活方式已经发生了翻天覆地的变化，几乎每个人都身处其中，感受着这样的变化。我们也不禁要问，究竟是谁创造了这一切？是人类自己，还是背后看不见的那只手？

人类进入文明时代的标志是什么？在科学界有人说是从文字开始，有人说是从出现城市开始，但无论从哪个节点推算，人类通过不断的努力创造了种种文明，从游牧文明到农耕文明和海洋文明，再到工业文明，直到现在的信息文明，以后可能还会出现更高的文明形态，总之，我们不断地追求更高的文明就一个目的——过上美好幸福的生活。

文明的背后是什么？占很大比重的一个方面就是社会经济，社会的文明程度和社会经济的发展程度紧密相连，相辅相成，也就是人类的发展离不开社会经济。所以几千年、几万年，甚至几百万年以来，人类的社会经济形态也一直不断发生着转变。以中华民族历史上多次经济大转型为例，我们可以看到这样一条清晰的脉络：

远古时期的"攫取经济"——上古三皇时期的"初级生产经济"——夏商时期的"部落经济"——周朝时期的"封建领主经济"——秦汉以后一直到清朝的"小农经济（封建自然经济）"——近代的"洋务经济、中国民族资本主义经济、外国资本主义经济、官僚资本主义经济、中国新民主主义经济"——新中国建立初期的"合作经济、国家资本主义经济"——社会主义改造完成后的"计划经济"——改革开放到现在的"社会主义市场经济"。

从人们对生产资料和消费资料的"所有形式"这个角度来看，我们可以看到这样一个大的脉络，那就是从"共有"到"私有"，再到"公有"，再到"公有"和"私有"共存。从这个角度分析现在所出现的"共享经济"，好像既不像"公有"，又不像"私有"，而是"我用即我有"，你的也是我的，我的也是你的，我没有绝对的所有权，但在一定的时间和空间内，我拥有使用权。以"共享单车"为例，我没有对单车的所有权，但在一定的时间和空间里，我付费后就拥有了对单车的使用权，或者说在这段时间和某个空间内，这个单车就是我的。这更像远古时期的"攫取经济"，东西就在那里，我想用的时候，我就可以获取，我和其他人"共有"这辆单车。是的，从某种意义上讲，我们又回到了原始社会的共有经济形态，不同的是我们今天的物质已经是极大丰富，甚至过剩。今天的我们可以在公共空间里自由地获取公共资源，这是什么？这不就是我们向往的共产主义社会吗！

虽然现在的共享经济方兴未艾，但是我们是不是会有一种感觉，似乎共产主义社会提前到来了。

无疑，社会经济形态和制度的每一次大变革、大转型，都会给国家和人民带来巨大的发展机遇，就人群而言，有些人能站在变革的风口浪尖，获取变革所带来的巨大红利，而更多的人却只能随波逐流地裹挟其中，成为别人实现理想的阶梯。区别在哪里？最大的区别就是"认知"，随波逐流者对新事物看不懂，即便看懂了也不会用，即便会用了也用不好。

本书就是从基本概念入手，先让大众对"共享经济"有一定的认知，无论是新创业的伙伴，还是传统的公司企业，要首先能够建立"共享思维"，颠覆自己的传统思维和惯性思维，结合自身的实际情况找到真正适合自己的共享模式，找到新的利润增长点，实现可持续发展。

在这个大众创业、万众创新的时代，我们该如何赶上时代的步伐？进入共享经济领域无疑是个不错的选择。在今天，没有一个房间也可以开酒店，没有一辆汽车也可以开出租车公司，没有一件商品也可以开商场。所以现在不是你有没有，而是你想不想，真应了那句话：没有做不到，只有想不到。

为了帮助想进入共享经济领域的人们，更好地认识共享经济，了解共享经济模式在各个领域的应用，更好地把握共享经济大潮下的创业和发展机遇，本书列举了共享经济领域的一些成功代表，对其成功的经验和商业模式进行深度剖析，同时也列举了一些创业公司的策划方案，供读者们参考。真心希望读者们在阅读此书，能够有所收获，激发自我的灵感与智慧。

但我们也必须要面对一个客观的现实，市场经济的发展进程不断加快，商业模式的进化速度已经超出了我们的想象，从本书创意写作到完稿时，市场上的一些共享经济商业模式就已经发生了沧桑巨变，短短几个月，不断有新的共享商业模式涌现，也有共享经济运营平台从如火如荼到问题频发（比如 ofo 共享单车），还有共享经济运营平台不得不断臂求生（比如滴滴出行）。

因此，这也导致本书在写作过程中几易其稿，以期让读者掌握最新的共享商业思维和共享商业模式。在书中，我们也尽量省略了一些时效性的数据，另外即便有些共享商业模式已经或可能退出市场，但其共享思维或其失败的教训还是值得我们借鉴的。

本书成书比较仓促，或者说写书的速度都赶不上市场变化的速度，真是应了那句老话：计划赶不上变化。这恐怕也是我们在未来的经济发展中要更多面对的局面。但为了让读者更快更及时地了解共享商业模式，虽努力论述周全，但毕竟是作者一家之言，错误、遗漏、不严谨、不详尽之处也就在所难免，敬请读者朋友们多谅解，多提宝贵意见，以便我们在再版时及时补充和更正。

未来已来，

如何不惊慌失措？

如何成竹在胸？

如何实事求是？又如何实事求效？

答案不在书里，而在你的心里。

作者

2019 年 1 月 24 日

目 录

第一章
共享经济已来

身边的那些新鲜事儿　3
什么是共享经济　6
共享经济引爆商业颠覆　13
共享经济已是大势所趋　16
我用即我有　19

第二章
共享经济从何而来

共享经济一直都在　25
私有不是万恶之源　27
三次工业革命　31
全人类的危机　34
第四次工业革命　41
共享经济是全人类的选择　46
物质已经足够　51

第三章
基于互联网的万物共享

基于互联网的互联互通　57

　　　　基于大数据的云端计算　　60
　　　　基于信任的在线支付　　63
　　　　基于发达的现代物流体系　　67
　　　　基于万物互联的物联网　　69

第四章
互联共享的价值创造

　　　共享平台本身的价值创造　　75
　　　　激活闲置资源　　77
　　　　化解过剩产能　　79
　　　　开源和节流　　81
　　　　扩大公众有效需求　　84
　　　　助推创新创业　　86
　　　　促进产业新旧动能转换　　88
　　　　提升社会信用程度　　90
　　　　创造集合价值　　93
　　　　增强社会公平性　　95
　　　　促进现代化经济体系建设　　97

第五章
共享经济商业模式

　　　共享知识模式　　103
　　　共享生活模式　　112
　　共享交通模式1——共享汽车　　121
　　共享交通模式2——共享单车　　130
　　　共享旅居模式　　136
　　　共享旅游模式　　143
　　　共享房车模式　　148

目 录

共享餐饮模式　153
共享衣橱模式　157
共享美容院模式　161
共享家政模式　163
共享生活设施模式　165
共享办公模式　169
共享金融模式　176
共享教育模式　182
共享医疗模式　185
共享闲置物品模式　189
共享物流模式　193
共享生产能力模式　197
共享解决方案（威客）模式　201

第六章
共享经济的核心思维

互联共享　207
共创共赢　211
奉献利他　215
协同合作　217
自由平等　223
以人为本　227

第七章
共享商业模式的顶层设计

适合发展共享经济的产业　231
共享商业模式设计的意义和依据　234
共享商业模式的顶层设计要素　238

共享商业模式的顶层设计实施　243
成本是永恒的话题　253

第八章
共享经济的未来

共享经济从2.0到3.0　259
共享经济的十大趋势　262
共享经济面临的挑战　268
共享经济的现实问题　272
中国共享经济新机遇　280
区块链与共享经济　283
从共享经济走向大同社会　290

后记　294

第一章

共享经济已来

"共享经济"火了,这也共享,那也共享,在几乎所有的消费领域,我们都可以看到共享经济的商业模式,尤其在第三产业,共享经济商业模式正在大面积、大规模地颠覆传统、重构商业形态,创业者和资本忙碌的身影拥挤纷纭。

人们已经可以随时随地享受共享经济带来的便利,众多商家、投资者、创业者也是鱼贯而入,纷纷要抢滩登陆、抢占风口,还没有进入共享经济领域的也是摩拳擦掌、跃跃欲试,都想获取新一波的财富机会,并且都说自己的商业模式是共享经济模式。对于大部分群众而言,只要商家宣传自己是共享××,就不加怀疑和分辨地相信了,只有看到带"共享"两个字的,不用说了,肯定是共享经济。殊不知共享经济里也是"远近高低各不同"。如果是普通消费者,那我们不妨随波逐流,只要给我们的生活带来便利,不用太细究里面的深层内涵和运行机制。但如果我们也想要在共享经济领域里插上一脚,分一杯羹,那我们就要仔细研究研究,搞搞清楚"共享经济"的一些概念,明晰共享经济商业模式的运行原理与机制,所谓"知己知彼,百战不殆"。

第一章 共享经济已来

身边的那些新鲜事儿

近几年来,在我们的生活里,出现了很多的新生事物,有的我们体验过,有的我们见过没体验过,有的我们只是听说过,有的我们甚至听都没听说过。

现在,如果是短距离出行,我们可以使用滴滴出行之类的打车软件,无论你在哪里,车子直接开到你的身边接你。而之前,我们基本只能在路边打的。

现在,如果是长途出行,我们可以选择一些APP提供的跨城顺风车的拼车业务,花差不多的价钱,享受专车级服务。而以前,要想长途出行,如果不是自己开车的情况下,那就只能乘坐火车、轮船、长途客车或飞机。不要以为火车、飞机这么远的距离没有顺风车,笔者亲眼见过在滴滴顺风车上有人发布了从山东济南到贵州贵阳的行程。

现在,如果你出行的距离非常短,走着费劲,打车又贵,又不靠近公交车站点,那么有满大街的共享单车、共享电动车供你选择,二维码一扫,开锁走人。而以前,要想骑自行车出行,你肯定要买一辆。现在,甚至还有共享汽车供我们短途出行。

现在,在家里不想出门,又不想做饭,我们可以叫外卖,想吃、爱吃的美食马上送到家里。而以前遇到这种情况恐怕只能泡碗方便面了。

现在,我们在很多公共场所,如果手机没电了,没带充电宝,也没带充电器,即便带了充电器也不一定能找到电源插座,这个时候我们可以去共享一个充电宝,马上与世界连通,免去一切麻烦与焦虑。而以前我们遇到这样的情况恐怕也只能等到回家才能充电开机了,这对于已经习惯了手机生活的现代人们,无疑是场"灾难"。

现在,你如果有一些货物要运输,你可以叫个货拉拉,价格便宜又便捷。而以前我们只能去货车司机们经常等活儿的地方租个车回来,要价完全靠唬。

现在,我们逛商场的时候,内急想上厕所又没带纸,咋办呢?我们可以去使用共享纸巾。而以前，我们只能向别人求助了。

现在我们家里闲置的物品，又还值点钱，扔了可惜，留着又占地方和贬值，怎么办？我们可以选择放在二手交易平台上卖个好价钱，既没有浪费扔掉，别人又得到了想到的东西。而以前恐怕我们只能送到旧货市场或者当破烂卖掉。

现在我们要是缺个几百到几万块钱，可以直接在P2P金融APP上贷款，无抵押无担保，马上给钱，以解燃眉之需。假如有些许闲钱，还可以放在上面理财。而以前要是缺钱，要么去银行借贷，手续繁杂，还不一定能借到；要么向朋友伸手，舍着面子，放低了尊严，搞不好连朋友都做不成了。

以上是几个我们生活中经常见到、用到的例子，再说几个我们不太常见常用的，但未来又可能非常普遍的例子。

以前要想给孩子找个老师补习功课，我们只能给孩子去报一个补习班，而现在我们可以使用手机、平板、PC和电视机，下载教育类APP，就可以寻求到国内顶级的老师进行在线辅导，有的教育APP还可以实现教师学生一对一即时的语音、图片和视频同步教学，让学生和老师就像在课堂上一样。

以前我们生病了，只能去医院或诊所，但是医院真是人满为患，真可谓"等待两小时，看病五分钟"。而现在我们可以在一些医疗网站和医疗APP上向国内优秀的医科专家求医问药，完成轻问诊或初诊。甚至有的医疗APP平台，我们交纳一定的会费，就可以拥有自己的"在线私人医生"，还可以在平台直接购买放心的药品，真正做到了"等待五分钟，看病两小时"。这是传统的医疗机制不可能做到的。更人性化的操作是，我们还可以直接下订单，让医生上门服务，哇，普通人也可以拥有自己真正的"私人医生"了。

以前我们要想租个写字楼、办公室，那基本上得搞得"麻雀虽小、五脏俱全"，要租一个相对封闭的空间，要请各个部门的员工，还要买办公家具、办公设备，最好还要有个会议室。而现在不用了，我们可以和别人"共享办公"，共享空间、共享员工、共享办公设备、共享会议室，甚至还有的共享办公运营商，还提供创业咨询与企业策划服务。

以前做过平面、3D设计或影视制作的朋友都有过这样的经历，就是我们自己要购买很多的素材库放在自己身边，随时选取调用，甚是麻烦，而且素材有限，影响最终设计效果。而现在我们可以去一些素材共享网站，去下载别人共享以及别人出售的素材和创意作品。

以前我们要想做平面设计、3D设计或影视宣传片，就必须去找身边的设计师，或者通过朋友介绍设计师，而且设计和制作水平还不一定能够让人满意，没办法，我们身边这样可用的资源实在不多。而现在我们可以通过一些威客网站发布任务，通过竞标竞价的方式寻找到能帮你做这些工作的高手们，保质保量地完成任务，是的，工作质量高，价格还便宜。其实，威客网能完成的还远远不止这些，你在科学、技术、工作、生活、学习等很多方面遇到问题，都可以去威客网站发布任务寻求解决方案。

总之一句话，我们的生活几乎全变了，而且就在这短短的几年间，不可思议、日新月异、今非昔比、目不暇接。

一百年以前再往前，我们的祖辈们，从生到死，好像能做的就那么点事儿，从爷爷到孙子，好像都过着同样的生活，爷爷当铁匠，孙子还当铁匠，爷爷卖豆腐，孙子也还是卖豆腐……祖祖辈辈吃着差不多同样的食物，过着差不多同样的生活。而今天的我们，别说和父辈们的生活有很大的差异，就是我们自己和几年前比，生活也已完全不同，是的，完全不同。

或许在不久的将来，现在发生的一切很快就变得不新鲜，而新鲜的事物又会层出不穷，那么，在当下，我们该如何去面对？在未来，我们又该如何去迎接？这当然是个问题，生存、生活、更好地生活，这本身就是个问题。

所以我们必须要问，这究竟是一个什么样的时代？我们又究竟身处一个什么样的世界？是什么条件和因素创造今天的局面？相信每个人都有着自己的答案，但从社会大环境看，无疑，**就是"互联网"，就是"共享经济"，就是"互联网环境下的共享经济"**。如果用一个时代名称来形容我们当下所面临的社会经济形态巨大变革，则可以称作**"共享经济时代"**。

从这里开始，我们就要搞搞清楚，究竟什么是"共享经济"？在共享经济的大潮下，我们该如何看待过去？如何去应对当下和迎接未来？如何重塑信仰？如何实现梦想？

什么是共享经济

到底什么是"共享经济"？其实我们很难用一句话去概括性地说清楚，因为它一直在变化，内容一直在丰富，内涵一直在延伸，从单一的共享经济形态已经发展为多元化的共享经济形态。共享经济的边界变得越来越模糊。我们不妨先从简单的逻辑和形式开始，逐渐深入，来看一下什么样的经济形态才是共享经济？当今时代共享经济的主要特征是什么？共享经济又发生了哪些变化？

其实"共享经济"这个词本身就存在着矛盾，就"共享"二字的本义而言，是一种非商业化的人与人之间的社会交往活动，它暗示着一种不涉金钱、无功利心，至少是受奉献利他、慷慨助人之心所驱使的交换。而"经济"在某种意义上意味着利益交换，是一种以利己为中心的财物交换活动。当然我们要讨论的重点仍然是"经济"现象，那"共享"又是怎么和"经济"挂上钩了呢？

很明显，现在我们所采用的"共享经济"这个词中的"共享"二字，已经随着共享经济的发展而超出甚至转变了它原本的意义，或者说是从"共同享有"变成了"共同享用"，如此说来，将共享经济理解成通过付费形式获得"共同享用"的权利与机会，也未尝不可。

对于当下这个前所未有的经济大浪潮、新形态的经济现象，很多的定义名词也是众说纷纭，比如分享经济、合作消费、P2P经济、网状经济、代办服务等，还有人称作是"按需经济"，但最终都被已在人们脑中建立更高共识度的"共享经济"所击败，其实，无论定义成什么名字，在人们的意识中，指向的都是这类新形态的经济现象，名字不是最重要的，最重要的是我们要讨论的这个事儿。

很多年以前，美国《展望周报》（The Outlook）的总编辑阿伯特曾说：

"我父亲去世的时候跟我说：这世上的纷争和迷乱有 90% 都源于名词之争，"当阿伯特自己弥留之时对众人说"我发现父亲他老人家算数有点儿小问题，其实剩下的 10% 也是。"

其实所谓世间人的真理之争不过是一大堆的名词之争罢了。

但无论如何，我们总还是需要一个名词来讨论当下这种经济现象，虽然有可能随着时间的变化很快改姓更名，正所谓"名可名，非常名"，就像前两年还叫"分享经济"一样，但是当下"共享经济"这个名称比其他任何名字都要热门，并且在人们心中的共识度更高，所以本书也将采用这个名字——共享经济。

我们试着先对我们当下所普遍认知的"共享经济"做一个暂时的、基本的定义：

共享经济就是基于"互联网＋"思维，运用现代信息通讯技术和互联网共享平台，运用大数据、云计算、在线支付和物联网等技术手段，让存在闲置的资源实现大众共享，最终达成多方获益共赢的经济形态。

举个例子：青岛的李先生在海边拥有一套海景房，大部分时间都在闲置，那么他可以将这套海景房的房源信息通过第三方互联网共享平台发布出去，而在另一个地方，西安的刘女士正好想去青岛租一套海景房度过一个愉快的假期，通过在平台上根据自己的各项要求喜好筛选出合适自己的房源，于是就看到了李先生发布的这条房源信息，发现这套海景房能够满足自己的需求，于是在线预订了入住的时间及时长，然后在线付款，钱先打到第三方互联网共享平台，刘女士按预订时间通过定位导航到达青岛李先生的海景房并入住，发现一切如发布的信息，真实不虚，然后在这套海景房里度过了愉快的假期。假期结束后，确认付款给李先生，紧接着第三方互联网共享平台，在扣除自己的佣金后，把钱打给李先生。一次共享交易就这样愉快地完成了。

我们看到这整个过程就是供需双方通过第三方互联网共享平台，将闲置的海景房通过一系列互联网新技术，完成交易，实现共享，并且三方都从中获得了利益，这就是 C2C 共享模式。

其实，这只是"共享经济"的基本思维和基本形态，诸如共享房屋、共享汽车之类的共享短租模式就是基于这种基本思维建立的共享经济商业模式，也可以叫作"基本共享模式"。

2008年创立于美国的Airbnb（爱彼迎）及2009年同样创立于美国的Uber（优步）就是基于这种基本的共享思维，建立了互联网共享平台，并且发展壮大，他们也普遍被认为是早期"共享经济"的引领者。

随着"共享经济"的不断发展、不断升级迭代及共享内容不断增加，所共享的闲置资源已经不再仅仅局限于共享物品，闲置的时间、闲置的技能和闲置的资金，同样也可以通过共享模式实现共享，产生经济效益。诸如现在的共享医疗、共享教育、共享家政和共享金融等共享模式，就属于"基本共享模式"的升级和延伸。

其实无论是共享闲置物品，还是共享闲置时间、闲置技术和闲置资金，都有一个共同点，那就是"闲置"，另外，共享的资源之间也存在着一些必然的联系，因为我们很难说你共享闲置汽车的同时没有共享你的技能，我们也很难说你在共享家政服务技术的同时没有共享你的时间。但无论怎么讲总归我们共享的仍然是我们闲置的资源。

这就足够了吗？这就是我们看到的新时代"共享经济"形态的全部吗？当然不足够，仍然不足够。

人类的需求总是无止境的，因为人类的欲望总是无止境的，所以只是共享闲置的资源仍然没能满足消费者的需求和创业者的追求，毕竟社会现有的资源还没丰富到可以按需分配的程度，可以满足任何消费者的任何需求，人们还会需要也必然会需要更多的共享资源，所以就出现了一些共享经济的创业者，根据对未来消费趋势的预测，主动创造一些新的资源，并形成一定规模，然后投放市场，同时让消费者运用自己创建的互联网共享平台，实现消费者对这种新资源的共享使用。这就是B2C共享模式。或者创业者只创建互联网共享平台，然后吸纳有能力创造资源的人进来，然后利用这个平台创造新资源出来，并共享给大众，实现共享消费，达到多方共赢的效果。

其实，我们很难讲以共享新创资源为主的共享经济是不是违背了共享经济的本义？算不算真正的"共享经济"？但有一个事实，我们必须要承认，那就是它确实是在"共享",并且通过共享实现了多方共赢。那它们就可以算作"共享经济"。

说到现在,我们才算看到了一个相对完整的新时代"共享经济"的面貌,所以我们现在有必要对"共享经济"做重新定义,也是对先前所做的早期"共享经济"定义的补充和升级:

共享经济就是基于"互联网+"思维,运用现代信息通讯技术和互联网共享平台,运用大数据、云计算、在线支付和物联网等技术手段,把具备共享条件的资源实现大众共享,最终达成多方获益共赢的经济形态。

如果非要分一下类,从共享资源这个层面基本上可以分为两类:**一类是以共享闲置资源为主的共享经济,一类是以共享新创资源为主的共享经济。**

一、以共享闲置资源为主的共享经济

这类"共享经济"的形态特点就是不创造新资源,而是将各种闲置资源通过互联网共享平台共享给大众。比如共享房屋、共享汽车、共享医疗、共享教育、共享家政和共享金融等都属于此类共享经济。这种共享经济形态就是"新时代共享经济"的基本思维和基本形态,也是"共享"二字本身的意义所在。将闲置的资源共享给大众,发挥闲置资源的最大效用,共享过程中,多方从中获利。这种共享经济的思维也是整个"共享经济"的思维基础,是整个"新时代共享经济"原始动力。

比如 Airbnb(爱彼迎)、云游天下共享房车、滴滴出行、春雨医生、100教育等都属于此类共享经济的商业模式。

另外还有一种情况,假如我们把闲置资源通过互联网平台出售给别人,也就是把闲置资源的所有权转让给别人,这算不算"共享经济"呢?比如二手房、二手车、二手电器电子设备等闲置物品或淘汰物品的互联网交易,你不需要不代表别人不需要,另一个人看到了这个信息,正是自己想要的东西,然后双方在互联网平台上达成交易,并且由物流网络完成全程运输。这同样也是将闲置资源价值最大化的一个很好的途径。区别只是物品的所有权发生了转变,其实也可以说只是发生暂时性的转变,因为我们购买的二手物品有

可能被我们再次转手，变成三手、四手甚至更多手，所以笔者认为，这种将闲置资源通过互联网平台出售给别人的经济形态同样算是"共享经济"的一部分。比如闲鱼、瓜子二手车直卖网、转转等平台，就是这种模式。

二、以共享新创资源为主的共享经济

如果把以共享闲置资源为主的"共享经济"说成狭义的"共享经济"，那么广义的"共享经济"，内容更加丰富，形式更加多元，这使得共享经济的边界变得越来越模糊。除了共享闲置的资源外，还会有一些商家主动生产创造一些新的资源，并形成规模，运用互联网共享平台，共享给社会大众。比如共享单车，原本没有这个东西，而是由商家按照自己设计的功能生产出来（或者外包生产），然后再开发一个共享单车的互联网共享平台，当然也可能是反过来或者同时进行的。最后将共享单车大面积地投向各个城市，供人们共享使用。还有共享充电宝、共享雨伞、共享按摩椅等平台，也是这种形式的"共享经济"商业模式。

这些共享经济的商业模式都是由运营商主要创造一种大规模资源，自己创建并运营互联网共享平台，然后共享给大众，实现多方获利。

还有一些共享经济的商业模式，自己不创造资源，但却拥有创建和运营互联网共享平台的能力，它将具备创造资源能力的人吸纳进来，或者换个角度说，就是一些人具备创造资源的能力，却不具备创建互联网运营平台的能力，于是就找到一个适合展示自己资源或者适合自己创造资源和交易资源的平台，然后在这个互联网平台上源源不断地创造出新的资源出来供大众消费，最终达到多方获利共赢的目的，这同样也是新时代"共享经济"的一部分。

这使得新时代共享经济的形态更加多元，边界更加模糊，甚至可以说这些共享经济的商业模式市场规模更加庞大、受众更加广泛、经济效益更加巨大、时间和空间更加不受限制。比如共享知识、共享设计、共享娱乐、共享生活和共享旅游等等，都属于这一类的共享经济商业模式，尤其是共享娱乐、共享生活和共享旅游，往往被许多研究共享经济的人或共享经济的书籍所忽视。

比如昵图、猪八戒网、百度文库、得到、掌门直播、快手、抖音、马蜂窝

旅游等模式就是如此。

看了这些列举的案例，可能有的朋友会觉得，"共享经济"竟然已经涉足了这么多的领域，甚至我们习以为常天天在用的一些手机 APP，竟然也属于"共享经济"。如果要问当下什么移动应用 APP 活跃用户数量最大？你可能会直接想到是微信。如果我们要问当下什么移动应用 APP 平均消耗流量最大，你也许想不到，竟然是快手。

没错，这就是"共享经济"，准确地说是"新时代共享经济"，其实就从创造资源与否这个角度来给共享经济分类，已经不十分严谨了，因为共享经济的边界越来越模糊，比如一些共享经济的商业模式，一开始共享的是闲置资源，后来规模发展大了，资源不够了，不得不自己整合和创造新资源进行补充。

综上所述，这就是我们看到的新时代"共享经济"的形态，形式更加多元化、涉足的领域更多，经济规模和效益越来越大，时间和空间更加不受限制，边界越来越模糊，升级迭代更加迅速等等。

这要在以前，那是根本无法实现的，一切的一切，都是因为有了互联网，有了云端大数据计算，有了发达的物流物联网，有了在线支付，才让一切变得都有可能。更准确地说，是因为有了移动互联网，随着以手机为主的移动通讯设备在硬件、软件以及应用方面的不断升级更新，当然还必须要包括无线网速的提升，这使得移动互联网终端的使用者随时随地可以进行生产、创造和消费。所以才使得"共享经济"发展成现在的形态。从这个意义上讲，无论是早期"共享经济"还是新时代"共享经济"，我们都可用一句话来概括，就是：

新时代共享经济就是互联网+共享经济。

现在业界也流行另外一种说法来形容"新时代共享经济"，就是"共享经济 2.0"版本。

"共享经济 2.0"版本也泛指移动互联网时代的共享经济。

既然有 2.0 版，当然就有 1.0 版本，"共享经济 1.0"版本其实就是"PC 互联网时代"的"共享经济"，在 PC 互联网时代的早期，信息发布及共享变得十分便利，那时候的网站大多也是以信息发布和信息交互为主，其实从某种意义上说，信息的发布和交互也算是一种共享——信息共享，那"信息共享"算不算共享经济，当然也得算。

信息共享也是共享经济的一部分，从这个意义上讲，共享经济的概念和范围就更广泛了，一切与互联网有关的经济形态都可以算作共享经济。

但在PC互联网的早期共享成本仍然抵不上所产生的效益，因为那个时期无论是做门户、做搜索，还是做社交平台、做社区，大都是在烧钱，他们烧钱的目的是什么？当然是为了积淀更多的用户资源，等用户量达到一定程度的时候，门户网可以做广告，搜索引擎可以做搜索排名竞价，社交平台可以收会员费及做一些增值业务。也可以说是在互联网上复制传统媒体和传统社交组织的功能与赢利模式。但这一切随着中国网民的不断增加，加上网络在线支付功能的推出，大多数互联网企业开始赢利，尤其是网购平台出现以后，互联网仿佛离人们的生活越来越近了，直到成为人们生活不可或缺的一部分。电子商务也呈现出了各种各样的形态，B2C、O2O、C2C、C2B、P2P等电子商务模式让商业从原生态，发展到新生态，从此，互联网的生态发生了质的转变，也成为国民经济的重要支柱。

比如百度、阿里巴巴、腾讯、搜狐、新浪、网易、京东商城、小米就是"共享经济1.0"时代的产物。

他们现在已经发展成为了中国互联网的巨头，今天的"共享经济2.0"时代，若是没有他们的带领和推动，恐怕也难以这么快地实现，试看当今在新时代共享经济领域，尤其是那些比较成功的共享经济商业模式，哪一个没有他们涉足的痕迹？

其实，无论是"共享经济1.0"还是"共享经济2.0"，都是共享经济的重要组成部分和发展阶段。没有"共享经济1.0"奠定基础，也就没有"共享经济2.0"，就好比没有一楼也就没有十楼。"共享经济1.0"和"共享经济2.0"也都是"互联网+"时代的产物，也是"大众创业，万众创新"的发展成果。这里的"+"可不止加法这么简单，而是利用信息通讯技术和互联平台这两大利器，再加上运用大数据、云计算、在线支付和物联网等技术手段，使互联网与传统行业相互深度融合与良好互动，引爆了一个又一个的产业机会，使整个社会经济的商业格局发生了颠覆性的变化。

共享经济引爆商业颠覆

随着社会经济的发展,"共享经济"已然成为一股势不可挡的洪流,急骤地改变着整个社会经济形态、商业格局和我们的生活方式,同时也成为了资本追逐的宠儿,创造了一个又一个的商业奇迹。

我们已经看到的事实是,新时代共享经济已经渗透到了社会传统经济的各个领域,交通、办公、餐饮、金融、医疗、教育、公共设施、传媒、娱乐、物流、制造、政府管理、家政、旅游等等,传统商业领域几乎已经没有不失守的阵地,越来越多的共享商业模式涌现,如滔滔江水,连绵不绝,一发不可收拾。

在"大众创业,万众创新"国家倡导下,市场出现了前所未有的活力,许多新公司、新项目、新模式应运而生,有的人和企业可能仍着眼于传统经济领域,也有的人和公司在创业之初便具备了"共享经济"的基因,他们不需要再像传统企业那样面临着转型和升级,这节省了大量的人力、物力和财力。更有些个人和企业的创业项目压根儿就不在传统行业、传统市场,而是新兴行业、新兴市场。千万可别以为新兴行业、新兴市场和传统行业、传统市场没关系、不形成竞争,因为消费者的时间和财力是有限的,消费了这个就消费不了那个,所以新兴行业、新兴市场同样压缩和挤占着传统行业的空间,甚至是颠覆性的,长江后浪推前浪,把前浪拍死在沙滩上。

目前,中国"共享经济"的发展也趋于常态化,我们已经可以很清楚地看到,未来共享经济发展的大趋势,过去的经济已被颠覆,社会经济呈现出了全新的格局,必将面临新一轮的产业大爆发,同时也预示着产业结构将出现前所未有的调整,甚至重构。面对这样的经济大变革和产业大发展,一些新兴企业和个体经济在创立之初就顺应发展潮流,将"共享经济"作为自己的战略重点进行全新布局,而传统企业和个体经济不得不打破现有格局,重新进行布局,构建自己的新商业生态。

无疑，这是一个伟大的时代，这是一个颠覆过去的时代，让社会经济呈现了全新的形态，让人和企业没有了边界，让人与人、人与物、物与物之间的连接没有了时空的限制。

著名小说《双城记》是英国著名作家查尔斯·狄更斯以1789年的法国大革命为时代背景写的一本小说，开篇就写到这样一段话：那是最美好的时代，那是最糟糕的时代；那是智慧的年头，那是愚昧的年头；那是信仰的时期，那是怀疑的时期；那是光明的季节，那是黑暗的季节；那是希望的春天，那是失望的冬天。

看到这段话，我们也不禁会想到，200多年过去了，我们今天这个时代又是一个什么样的时代？是最美好的时代？还是最糟糕的时代？答案是，对有些人来说是最美好的时代，对有些人来说是最糟糕的时代。

有些人，看懂了未来趋势，找了个合适的机会，实现了一鸣惊人、一飞冲天的梦想，对他们来说，这个时代就是最美好的时代、智慧的年头、信仰的时期和光明的季节。

而对于那些没有看懂未来趋势仍然墨守成规的人，他们在这个巨大的时代变革大潮中，从惊讶到惶恐，从惶恐到茫然，迅速地走向了衰落甚至无路可以走，对他们来说，这个时代就是最糟糕的时代、愚昧的年头、怀疑的时期和黑暗的季节。

总而言之，在不同人的心目中，无论是最美好的时代还是最糟糕的时代，我们都得接受一个现实，那就是这个社会发生着急剧的变革，经济形态发生着巨大转变，迅猛地改变着我们这个世界，人与人之间建立了新的连接形式，物与物之间仿佛也变得可以对话，新的商业模式在不断被创新创造出来，旧的商业模式要么被打得一败涂地，要么涅槃重生。我们看到很多拔地而起迅速生长的新树，又看到很多老树被伐倒，也看到了许多老树重新焕发出新的生机，总之这个时代变化太快了，变得我们越来越看不懂未来，也看不清未来。

无论看得懂还是看不懂未来，总之，这一波经济变革的大潮，我们是绕不过去的，也不可能绕过去。新时代共享经济愈演愈烈，并且是不可逆的。

面对共享经济所引爆的商业颠覆，我们究竟该做如何的选择？其实，任何时候我们的命运都取决于对未来的选择。选择对了,就成功一半,选择错了,那就已经完全失败了。正所谓:方向选对,事半功倍,方向不对,努力白费。如何才能选择正确的未来?那就首先要对过去和现在有正确的认知,才能有智慧去选择正确的未来。

首先,我们要能看懂趋势,只有看懂了趋势,我们才能做出正确的选择。

共享经济已是大势所趋

共享经济不只是在中国出现了前所未有的经济大浪潮,在全球范围内也呈现出井喷式的发展,并且这一轮的经济变革仍然由发达国家率先引发,中国紧随其后,并且大有后来者居上的势头。

很明显,共享经济已经成为全球经济发展的大趋势,可以说自从人类进入工业社会以后,从来没有哪一种经济形式像共享经济这样在全世界范围达成如此高度的共识。为什么会出现这样的局面呢?我们仍然要从共享经济的本质来分析,归根结底,共享经济是以分散的社会闲置资源为基础,以提升资源利用率为核心的服务式经济。而正是共享经济重视"服务"的核心本质,顺应了新一轮消费升级的大势。

目前,全世界都在面临从基本物质型消费向服务型消费的转型与升级。有研究结果表明:"人均 GDP 在 1000 美元以下,居民消费主要以物质消费为主;人均 GDP 在 3000 美元左右,进入物质消费和精神文化消费并重时期;人均 GDP 超过 5000 美元,居民的消费转向以精神文化消费为主的时期。"也就是说人均 GDP 超过 5000 美元之后,人们的消费需求与理念也随之升级,基本物质需求的增速逐步放缓,而以服务为核心的消费需求将进入发展的黄金时期。2017 年全球已有 95 个国家的人均 GDP 超过了 5000 美元,其中世界第一大经济体的美国以 60014 美元排在第 5 位,世界第二大经济体的中国以 9481 美元排在第 70 位,预计中国 2018 年人均 GDP 将超过 1 万美元。

在全球人均收入不断增加,消费需求逐步升级的今天,以服务为核心的共享经济发展恰恰顺应了世界的变革趋势,成为经济社会发展到一定阶段的必然产物和必然趋势。

在国家政策方面,经济重心也逐渐向"共享经济"倾斜。

2015 年 10 月 29 日,在党的十八届五中全会公报中明确指出"发展分享经济",这是第一次将分享经济写入党的全会决议中。

2015年12月16日,第二届世界互联网大会,习近平主席出席开幕式并发表主旨演讲。习主席指出:中国正在实施"互联网+"行动计划,推进"数字中国"建设,发展分享经济,支持基于互联网的各类创新,提高发展质量和效益。

2017年7月3日,国家发展和改革委员会等8部门联合印发《关于促进分享经济发展的指导性意见》,意见明确表示,要避免用旧办法管制新业态,破除行业壁垒和地域限制。清理、规范制约分享经济发展的行政许可、商事登记等事项,进一步取消或放宽资源提供者市场准入条件限制,审慎出台新的市场准入政策。

2018年政府工作报告中指出:中国将加快建设创新型国家,促进大众创业、万众创新,其中就包括发展平台经济、共享经济(这时已将"分享经济"的提法改为"共享经济")。

"共享经济"这一概念起源于20世纪80年代的美国,并在近40年的商业实践中不断充实和发展。随着时间的推进与民众消费观念的改变,"共享经济"也逐渐从物质共享向以优化生活体验的服务共享转变,未来共享经济将持续渗透到更多传统行业和细分领域,对应的公司规模也将逐步分化,既有覆盖大众市场的大型企业,也有迎合小众需求的小型组织,未来,全球范围内,将会有更多领域的更多企业从事共享经济并快速成长。在激活经济、改善民生、拉动就业等方面展现出可观的潜力。

"共享经济"是一种新兴的经济理论和经济形态,一个企业新创的盈利模式,一个消费增值的实现方式,还是一个社会问题的解决方案,共享经济虽不是我国的首创,但却是能够重新激活市场、提高发展质量和效益的良好手段与途径。

当然中国之所以选择发展共享经济不光是因为它是世界经济发展的趋势,同时也是有着深刻背景的:

经济背景:产能和供给过剩是经济周期的普遍性难题,构成了共享经济发展的前提;

商业困境：传统模式企业集团的低效协同以及产业链的层层加码，导致交易成本增高；

技术保障：移动互联网的广泛普及，大数据、云计算和物联网等技术的投入应用，让供需信息实时、精准的高效匹配和信用鉴权成为可能；

消费理念：从"所有权"到"使用权"的消费观的转变；

社会背景：城镇化进程下的高密度人口规模，促成更多交易撮合机会，在此背景下秉承"共享精神"的共享经济商业新生态正悄悄来临。

有了世界经济形势总体向好方向发展的巨大机遇，有了国内强大的经济发展需求，有了国家的政策导向，中国的"共享经济"必将迎来一股前所未有的发展浪潮，有专家表示共享经济被视为下一个十年的商业模式。

我用即我有

共享经济的本质是什么，笔者也总结了一句话：我用不必我有，我用即我有。说白了就是：你的也是我的，我的也是你的；你的就是我的，我的就是你的。我们将共同拥有和珍惜这个世界，那才是最美好的人类未来。

从历史到现在，人类一天也没有停止过对美好生活的追求，一切的努力奋斗都是为了享受更高品质的生活，当然每个人、每个集体也都有追求美好生活的权利。我们也永远支持、认可和赞美那些通过符合道义的途径与积极的劳动创造美好生活的人或集体。

但在物质短缺的历史年代，人们如果想享有更多的物质生活，恐怕最好的方式就是先拥有或者占有，也就是得先获得"所有权"，才能拥有"使用权"，就是说：我用得先我有。比如我们看别人有车开，我们也想开，那最好的办法就是自己买一辆。但因为当时社会可开发能源、可生产资源和消费资源有限，不可能人人享有，这也是无奈的现实。

所以在以往的历史时代，很多个体或集体为了迅速拥有高品质的生活，去进行掠夺和剥削，同时很多个人或集体也成为别人实现高品质生活的阶梯，也可以说更多时候高品质的生活都是被少数人所占有，生产资源和消费资源很难得到均衡分配。

说起来这好像是个悖论，按理说物质越短缺，人们越应该共享才对，可事实并不是这样，人类在很长的一段时间，是不敢去共享的，尽管政府也通过公共基础设施的建设，让每个人可以共享公路、公园、学校这样的公共资源。但在其他方面，人与人之间都会划开明显的界线，来保证完整的对财产私有的权利。试想，那时候假如你把你拥有但别人没有的东西共享出去，共享就可能意味着失去。相信以前我们很多人都遇见过这种情况，一件工具，东家借西家借，传着传着就没影了，这件工具从此就可能不再属于我们了，再想用的时候又得重新置办。所以人们为了方便自己的使用，只能选择对生产资料和消费资料的私人绝对占有或者最大程度的占有，而不是在这些资源出现闲置的时候把它共享出去，这恐怕也是人们不得已的选择。

而未来的社会，由于社会物质已经极大地丰富，再加上有了互联网以及众多互联网＋技术的出现，这个社会的资源分配将会愈加趋于平等和均衡，那将是一个人人参与的社会，一个共同拥有的社会。你的也是我的，我的也是你的，我们使用但并不一定要占有。

伟大的哲学家尼采曾说过：**自由的生活仍等待着伟大的灵魂去享用。凡占有愈少的人，便愈不为物累，亦不为行役。**

是的，我们曾经以为幸福、自由的生活是拥有或占有更多，好像每一个从物质短缺年代走过来的人，都可能有过这样的想法。但今天，我们发现事实可能并非如此：闲置的房屋没人住，时间一长落满了灰尘，还要抽空去清扫；当初代步的自行车好像自从买了汽车以后就从来没骑过，想卖又没人买，放着又占地方；曾经发誓买来锻炼身体的跑步机好像很长时间都没插过电源了，并且还占了家里不少的空间；塞满衣柜的衣服有的已经很久没有穿过了，好好的衣服扔了又可惜。笔者母亲经常讲一句话："家里的衣服都成堆了，现在一个人的衣服比从前一家人的衣服都多。"

曾听一个朋友讲过他朋友的一段经历，那位朋友好不容易攒钱买了辆宝马轿车，由于小区比较老没有车库，只能停在楼下的空地上，他总是担心被偷或被刮，于是时不常地会从窗户往下看看，看到车没事他就暂时放心了，几个月下来，就因为停车的事儿瘦了十几斤，整个人都不好了。

还有一个朋友，前几年的时候，为了孝敬母亲给她买了辆高级电动车，他母亲爱惜得不得了，每天擦得锃亮，想着每天都骑车出去该有多方便。结果没过多久发现整天闲在储藏室里很少骑，因为寄存车成了问题，只要拿不准有没有人看车的地方，通通不能去。因为车太新了，怕人偷。照理说有了新电动车行动半径应该扩大才对，但事实上，行动自由反而受限了，这真是一个滑稽的悖论。

我们真的因为拥有更多而感到更轻松更自由了吗？很明显，并没有，反而给我们的生活增添了不少麻烦，真是"为物所累"，有时候明知很傻，却又无法摆脱，有点无奈、有点好笑、有点悲哀。

试想一下，如果我们不用的东西可以共享给别人，减少物累的同时还获得了收益，或者我们有些不经常消费和使用的东西可以通过共享实现，即不用花很多的钱购买还能用上，这该是多么理想的事情。现在我们已经看到，上面说的几个问题已经可以通过共享经济的诸多商业模式解决了，共享房屋、共享单车、共享电动车、共享汽车、共享房车、共享衣柜、共享健身，随着"共享经济"的规模和范围不断发展和扩大，越来越多的消费资源可以共享了，我们还一定要拥有或者占有它们吗？

《庄子·天道》中说：**故知天乐者，无天怨，无人非，无物累，无鬼责。** 意思是：能够体察到天乐的人，不会受到天的抱怨，不会受到人的非难，不会受到外物的牵累，不会受到鬼神的责备。庄子为我们指出了4个体察天乐渠道，其他3个方面恐怕做起来很难，但不受外物所牵累，我们还是可以尽量做到的。

未来的时代，我们用"共享经济"来追求美好生活，在地球能源日趋枯竭的今天，让闲置与浪费的生产资源与消费资源得以激活，与更多的人共享，并减轻"拥有"带来的束缚，享受更自由、轻松、愉悦的生活，这才是未来人类美好生活的方向。

第二章

共享经济从何而来

中华民族的文化之源《易经》早就告示我们，这世上万事万物皆有象、数、理3个内涵。我们用感观去感知所有事物，得到的所有结果，都只是事物的表象，而其内涵的道理、数据，需要我们仔细用逻辑分析才能够得到。

就像我们在海上看到冰山，其实那只不过是冰山的一角而已，冰山之所以能够漂浮在海上，其实是由海平面下的巨大的冰山主体所决定的。

"共享经济"也是一样，我们所看到的或者所体验的共享经济形式，都只是表象而已，在其表象之下其实蕴含着庞大的支撑体系和深远的历史渊源。还是那句话，如果我们只是作为一个消费者，大可不必花这么多心思去搞清楚这些事情，但如果我们是想进入"共享经济"领域，我们就有必要搞清楚它的前世今生。共享经济的出现与发展一定有它深厚的背景、充足的条件及良好的基础，这涉及历史、社会、技术、市场、政策等方面的诸多因素。

共享经济一直都在

"共享经济"虽然是个新名词,我们用来讨论当今时代这种全新的经济形态,但"共享经济"从本质上说早就已经有了,在茹毛饮血的原始社会时期,人类就已经懂得了共享,并通过共享产生多赢效益。人们通过共同协作来获取食物及其他生存资源并且共同分享,这就是共享经济的本质与内涵。在以后的任何时代,共享经济也一直伴随着人类社会的发展与进步。如此说来,共享经济根本就不是什么新生事物和全新概念,充其量只是个"新名词"而已。

《圣经·传道书》中说:"已有的事,后必再有;已行的事,后必再行。日光之下,并无新事。"

世上唯一的新事就是你所不知道的历史。

在原始社会旧石器时代,很多来自然界的威胁和灾难都是人类难以抵抗的,人们逐渐意识到靠单纯的个体是很难生存下去的,于是人们聚集到了一起,形成了人类族群,一起狩猎、捕鱼和采集,共同协作并且逐渐有了明确的分工,男性狩猎,女性进行采集和抚育小孩,获取的食物整个族群共享。这个时期的经济形态称"攫取经济",从某种意义上说,"攫取经济"就是原始的"共享经济"。

旧石器时代中晚期到新石器时代,人类开创了原始的种植业和畜牧业,社会进入通过自身劳动增值物品的"原始生产经济"时代,这标志着人类开始了智力大发展、经济大进步及社会财富的急剧增长,同时也逐渐形成了集生产和消费为一体的社会细胞——氏族,也叫氏族公社,后来一个氏族逐渐和相邻的一个氏族或几个氏族建立紧密的联系,组成为一个部落。从此人们开启了改造自然、利用自然的伟大历史进程。同时,人们也学会了将前人和自己总结的生存智慧与别人共享,燧人氏教会族人如何取火,有巢氏教会族人建造房屋,中华民族的人文始祖伏羲创立了八卦、文字、结绳记事,变革婚姻习俗，教会人们驯养野兽，还发明了乐器，并且任命官员进行社会公共管理。在氏族或部落中合作共享仍然是人们生产和消费的生存方式和生存智慧，因此整个原始社会也叫"原始公社"或者"原始共产主义"。

结束了原始社会，进入了青铜器时代，在中国历史上的五帝时期，也逐渐由部落组成部落联盟，虽然以个体家庭为单位的私有制也已相当普遍，但共享经济仍然占很重要的地位。比如黄帝，在种植、数学、军队、音乐、建筑、衣服、医药、文字等诸多方面都有发明创造共享给大家。神农家尝百草为大家治病。尧舜禹时期，也有诸多发明创造共享给大家，制陶、兴办集市、治理水患，都是不求私利地为天下人服务，那时候提倡的是"公天下"。

到了夏商周时期的奴隶制社会，再到秦汉以后的封建社会，再到孙中山先生带领中华民族推翻封建帝制走向共和，再到中国共产党带领中华民族成立新中国建设以公有制为主的社会主义社会，并追求实现共产主义社会。

可见，从古至今"共享经济"从来就没有在中华大地上消失过，"共享社会"的追求从来也都是中华民族不变的追求。正如孙中山先生提倡的"天下为公"，其实就是出自周朝的《礼记·礼运》：

大道之行也，天下为公，选贤与能，讲信修睦。故人不独亲其亲，不独子其子，使老有所终，壮有所用，幼有所长，矜、寡、孤、独、废疾者皆有所养，男有分，女有归。货恶其弃于地也，不必藏于己；力恶其不出于身也，不必为己。是故谋闭而不兴，盗窃乱贼而不作，故外户而不闭，是谓大同。

这就是著名的《礼运大同篇》，这不正是一幅完美的"共享经济"社会蓝图吗？

中华民族不是这个地球上独立存在的民族，中国也不是这个世界上唯一的国家，从长远的历史进程来看，整个人类社会经济的追求和发展其实是一脉相承的，也就是说，共享和共享经济一直存在于人类社会当中，从来都没有离开过。

随着电话、无线电、轮船和飞机的发明和进步，让洲与洲之间建立了连接，让海洋也无法阻挡世界人民互联的脚步，随着互联网的发明和发展，更让世界各个地区的人可以瞬间建立连接，地球已经变成了地球村，相信在未来，"天下大同"的局面一定会实现，也必将会实现。

第二章 共享经济从何而来

私有不是万恶之源

如果说"共享、共有"是人们对美好生活的向往和追求，同时也是人类未来更好地生存下去的必然选择，那"私享、私有"又是什么？私享、私有是出于人性的私欲吗？私享、私有是源于人性中的罪恶吗？要搞清楚这些问题，我们就得看看"私享、私有"的历史。

单说"私享"的历史，如果从人类进化的角度来说，恐怕在人类还是森林古猿的时候就出现了吧，试想一只森林古猿捡到一个果实，他是先自己吃掉呢？还是先分享给其他的森林古猿吃呢？很明显，他肯定是先自己吃掉，不可否认，这就是"私享"。也就是说，"私享"的行为从人类会采集食物就已经有了。

再来说"私有"，有人说人类的私有化和私有制诞生于距今8000年前的新石器时代，其实自然形成的"私有化"和人为形成的"私有制"早在300万前的旧石器时代就已经有了，因为那时候人类有了对"由人专门制造的非一次性耐用劳动工具"该归谁所有的思考，最起码思考了这个工具应该由谁来保管，最后达成共识，形成规定：谁制造工具就拥有该工具。这也是出于各种考虑：其一，如果没有这样的规定，在大家准备拿工具开始集体劳动时很容易造成混乱与纠纷，因为这些由不同人制造的工具，存在技术和做工方面的差异，有的好用，有的不太好用，由于每个人都愿意用更好用的工具，这就难免会导致无序的争抢和僵持不下的争执；其二，如果没有这样的规定，每个工具都是随机地被个人使用，人们在使用工具时就不会爱惜工具，结果势必大大折损工具的使用寿命；其三，如果没有这样的规定，也就不会有人愿意利用空闲时间主动去制造工具，更不会去想方设法发明新的工具。当然，实际的情况更可能是，原始人一开始就对"谁制造工具就拥有该工具"这一点没有任何疑问和异议。

由于这时的工具简陋，绝大多数工具都能由个人单独制造，个人就成为工具的所有者，除非后来在中、新石器时代出现的那些必须靠集体协作才能制成的较为大型或较为复杂的工具，如独木舟、弓箭之类，在还不够人手一件的情况下，才会暂时属于共同所有。所以一旦有了私有物品或物品的私有化，也就有了私有制，这也是人类第一个"私有制度"。但那时，只是些随身的、轻巧的、简单的个人制造的工具归私人所有，较为大型或复杂的工具仍然是公有的，并且劳动对象或生产对象也仍然是公有的，也就是"生产资料"出现了部分私有，但"消费资料"仍然是公有的。其实我们可以主观地认为，部分生产资料的私有化和私有制也只是人类出于更好地生存下去的需要，而并不是出于个人的私欲。

到了旧石器时代晚期、新石器时代及青铜时代早期，人们出于活得更好的动机而走到一起并组成氏族，在氏族社会内部基本上是只有相互合作的关系而没有相互竞争的关系，也就是说，这时大家是一起通过相互合作来争取每个人都活得比过去更好，而个人与个人之间则不存在谁比谁活得更好的竞争。但在氏族社会外部，氏族与氏族或部落与部落之间，却有了活得更好的竞争。这种竞争有时以和平竞赛的方式展开，有时以战争的方式进行。在竞争中，有的氏族或部落胜利了，有的氏族或部落失败了，胜利的氏族或部落变得强大、兴盛，失败的氏族或部落则变得衰弱，乃至消亡或被胜利氏族或部落吞并。我们熟知的黄帝战炎帝、黄帝和炎帝共战蚩尤就发生在这一时期。

我们看到这个时期的确出现了杀戮与战争，当然是由抢夺生产资料和消费资料而进行的杀戮与战争，同时也有偷盗、争端与欺骗的现象发生，但这个时期在氏族或部落内部基本上还没有出现太多损人利己的恶行。

到了农牧业成为主业的新石器时代后期及青铜时代，氏族或部落内部有的人发现了"偷懒"同样可以享受大家共享创造的消费资料，并且"只出工不出力"并没有相应的处罚措施，于是，更多的人学会了偷懒，这种风气蔓延开来，严重影响了原始社会的整体劳动生产效率，氏族或部落中的人们就开始补救，开始将土地和牲畜等劳动对象私有化。劳动对象的私有制加上先前已有的生产工具的私有制，构成了完整的生产资料私有制。同时也逐渐形成了以个体家庭分散生产经营的局面。

而自从原始社会有了以个体家庭为基本单位的生产资料私有制，在社会内部也开启了人与人之间或家庭与家庭之间的"活得更好"的竞争。这时，人们不仅关注自己是不是比以前活得更好，而且还开始关注自己或自己的家庭是不是比别人或别人的家庭也活得更好。于是，活得更好就从要比自己以前活得更好，变成了不仅要比自己以前活得更好，而且还要比他人甚至所有人都活得更好。这种家庭与家庭之间看谁活得更好的竞争，起初直接表现为生产经营方面的和平竞赛，这就是看谁的生产经营搞得更好，产出的产品更多，后来，竞争也在社会的其他方面展开。显然，这种竞争与按劳分配的激励是一样的，也构成一个巨大的生产引擎，能在客观上持续推动整个社会生产力乃至整个社会的发展，这个推动的原动力就是人们希望过美好生活的愿望。

虽然这些时期，原来只出现在氏族与氏族之间的偷盗、争端、欺骗与杀戮也出现在了部落联盟之中。比如尧帝时期设立敢谏鼓和诽谤木，就是为了解决争端和听取诉讼。舜帝时期的皋陶，设立典刑，创建监狱，就是为了惩治那些犯了罪的人。但我们并不能就此断定说"私有制是万恶之源"，私有制激起的并不都是"卑劣的贪欲"，实际上它也的确只是产生上述罪恶的可能性因素而非决定性因素。因为私有制既不是为了制造"万恶"发明的，也不是由内藏罪恶之心的人发明的，而是出于人们希望过美好生活的愿望。实际上偷盗、争端、欺骗与杀戮的现象早在没有私有之前的原始社会时期就已经存在了，要理解这一点我们只要看看动物世界就明白了。

尽管任何时候我们都不应将追求个人财富视为唯一目的，但是也不能据此一概说追求个人财富就是"卑劣的贪欲"，否则，今天我们所实行或倡导的市场经济、奔小康和发家致富之类，亦都将成为不应当的选择和追求。其实，获取个人财富，并非只有通过犯罪这一条途径，只要不是损人利己地追求个人财富，去享有更好的物质生活，比如勤劳致富、创造致富之类，就是正当的，毫无卑劣可言。《论语》中孔子就曾经说过：富贵如可求，虽执鞭之士，吾亦为之。如不可求，从吾所好。孔子的意思是如果富贵可以求得，即便是去让他赶马车，他也干。可见我们的圣人也没有反对过通过正当渠道去获取财富。《大学》中说：**生财有大道，生之者众，食之者寡，为之者疾，用之者舒，则财恒足矣……仁者以财发身，不仁者以身发财**。可见，我们的古圣先贤们从来也没说过不可以追求财富，也从没把以正当手段追求财富当作可耻的事。

如果说之前的天下都是"公天下"的话，后来，夏启时期的"家天下"出现了，开创了奴隶制王朝，连"人"都可以私有了。再后来商汤把氏族公有财产废除了，提倡私有至上，土地开始国有。到了周朝，便是"普天之下，莫非王土；率土之滨，莫非王臣"了。直到清朝覆灭中华民族走向共和，中国尝试走资本主义道路。再到新中国成立以后的公有制，再到改革开放以后公有制为主体、多种所有制经济共存的社会主义市场经济。

综上所述，我们从中华民族的经济发展历史中就能看到整个人类经济发展历史的基本脉络，我们可以论定，无论是"私有制"还有"公有制"，都是出于人们想更好地生存下去的愿望或者是追求美好生活的愿望。

如果说在原始的私有制出现之前的社会经济形态是一种纯粹的"共享经济"的话，事实上，自几百万年前人类有了私有制起，人类社会一直都是"公有"和"私有"共存，就好像我们村口的水井一直以来都是公有的而我们家的锅一直都是私有的一样（当然也有特殊情况）。因此，自人类出现了私有以来，就从来也没有出现过完全的私有或完全的公有。只不过，在社会不同的发展时期，公有和私有根据社会的发展需要侧重不同而已。

三次工业革命

从长远的人类社会历史来看，整个人类的社会经济发展几乎都是同步的，不过是此起彼伏、彼起此伏而已，不是东风压倒了西风，就是西风压倒了东风，世界人民所经历的3次工业革命，中华民族都明显滞后了，但中国改革开放以后，几乎只用了40年的时间，便迎头赶上，目前已经发展成为世界第二大经济体。

一、第一次工业革命（蒸汽技术革命）

18世纪60年代至19世纪中期，英国率先开始了生产技术革命。1763年，詹姆斯·瓦特改良了蒸汽机，从此以蒸汽机为新动力的工作机器被广泛使用，这是世界技术发展史上的一次巨大革命。通过蒸汽动力所引发的一系列人类新技术改革，使人类社会经济的发展进入了快车道，人类开始进入蒸汽时代。

瓦特蒸汽机的发明和应用，结束了人类长久以来对畜力、风力和水力的依赖。一个全新的能源转换方式已为人类所掌握，同时也出现一个局面：西欧和北美洲每人可得到的能量分别为亚洲每人的11.5倍和29倍。在一个经济力量和军事力量直接依赖于能源获得能力的世界中，这些数字就是意义非凡的。有人认为19世纪欧洲对世界的支配是以蒸汽机为基础的。

第一次工业革命使原来手工工场发展成为了机器工厂，用动力机器代替了手工劳动。从社会生产关系角度来说，第一次工业革命使工业资产阶级和工业无产阶级形成并壮大起来。以蒸汽机为新动力的远洋轮船和越洋电报大大密切加强了世界各地之间的联系，改变了世界的格局，最终确立了资本主义国家对世界的统治地位，率先完成了工业革命的英国，很快成为世界霸主。

二、第二次工业革命（电气技术革命）

19世纪下半叶至20世纪初，随着资本主义经济的发展，自然科学研究取得重大进展，1850年以后，以电气技术为主的各种新技术、新发明层出不穷，并被应用于各个工业生产领域，促进了世界经济的进一步发展。人类进入了电气时代，并且信息革命、资讯革命也开创了前所未有的局面。

在第二次工业革命的推动下，资本主义经济得到了巨大发展，资本主义生产社会化日趋加强，企业间竞争逐渐加剧，生产和资本迅速集中，少数采用新技术的企业很快颠覆了技术落后的企业，并逐渐产生了垄断企业和垄断组织。最初垄断只出现在流通领域，后来又深入到生产领域，产生托拉斯等垄断组织。大量的社会资本逐渐集中到了少数大资本家手里，到19世纪晚期，主要资本主义国家都出现了垄断组织。

同时，控制垄断组织的大资本家们为了获取更多的利润，越来越多地干预国家的政治与经济，甚至跨出国界，去干预别国的政治与经济，形成国际垄断集团，要从经济上瓜分世界，促使各资本主义国家加紧了对外侵略扩张的步伐。造成了19世纪末20世纪初，各主要资本主义国家美、德、英、法、日、俄等相继进入帝国主义阶段。

第二次工业革命极大地推动了社会生产力的发展，对人类社会的经济、政治、文化、军事、科技和生产力产生了深远的影响。资本主义生产的社会化大大加强，垄断组织应运而生，使得资本主义各国在经济、文化、政治、军事等各个方面，发展不平衡，帝国主义争夺市场经济和争夺世界霸权的斗争更加激烈。这促进了世界殖民体系的形成，使得资本主义世界体系最终确立，世界逐渐成为一个整体。

三、第三次工业革命（计算机及信息技术革命）

20世纪中叶，在第二次世界大战间与第二次世界大战之后，原子能、航天技术、电子计算机技术、无线通讯技术不断出现及发展，其中还包括人工合成材料、分子生物学和遗传工程等高新技术。使世界工业出现了全新格局，使人类科技又一次大飞越，使人类的生产方式发生了巨大改变，人类进入信息时代。

第三次工业革命的创造与发明，实在是太多太多，如果蒸汽时代可以用来概括第一次工业革命、电气时代可以用来概括第二次工业革命的话，那第三次工业革命，真的很难用一个单纯单一的时代来概括，也许只能用抽象的"信息时代"。

第三次工业革命不仅极大地推动了人类社会经济、政治、文化领域的变革与发展，同时也深刻影响了整个人类的思维方式和生活方式，随着科学技术的不断改革和进步，人类的衣、食、住、行、玩等日常生活的各个方面都发生了翻天覆地的变化，可以说人类的生活还从来没有如此丰富和便捷过。同时由于通讯科技不断进步，使得全世界地区与地区之间变得几乎没有了距离，让时间与空间不再是人与人连接的限制条件，人们变得越来越近，世界变得越来越小，逐渐成为地球村。这是第三次工业革命给人类的发展带来的积极的一面。

不可否认，第三次工业革命也给人类带来更多的危机和负面影响，如果说第一次工业革命和第二次工业革命给人类带来的主要是战争的话，那第三次工业革命给人类带来的危机和负面影响将是无法估量的和无法形容的。巨大的能源、资源消耗使人类面临空前的全球能源与资源危机、全球生态与环境危机、全球气候变化危机等多重危机挑战，基本都是这次工业革命的后遗症。

从整体来讲，第三次工业革命同时也加剧了世界各国发展的不平衡，使各国的国际地位发生了新变化，有的国家在研发和掌握新科技方面走在了世界前列，因此也就获得了更多的财富和更多的话语权、主导权，因此世界中心国家也从第一次工业革命的英国变成了美国。在社会主义国家与西方资本主义国家抗衡的斗争中，贫富差距逐渐拉大，使世界范围内社会生产关系发生了的新变化。

全人类的危机

实质上，无论历史到现在，人类社会选择创造哪一种经济形态，原始动力都不是因为个体的私欲，更不是个体所组成的集体的私欲，而是出于人们对美好生活的追求，同时也是出于人类能够生存下去的基本需要，没错，是基本需要，追求美好和规避危机是同时存在的。

人类在20世纪100年内所取得的科技成果、所创造的物质财富超过了以往所有世代。人类过上了古人不可企及的富足生活。同时在这100年内也爆发了130次战争，夺去了1.2亿人的生命。进入21世纪，战争和恐怖活动仍然连绵不断，日益严重的能源危机、生态环境危机、食品安全、卫生安全、恐怖主义等等问题，同样威胁着人们的生存和发展。

当今世界，旧的危机依然延续，新的危机频频爆发，人类早已应接不暇，从全球范围看，发展和危机似乎是一个永远不能调和的矛盾，道高一尺，魔高一丈，每当人类离美好生活更近一步时，新的危机也必然跟随而来。正如《道德经》第五十八章中所说：**祸兮，福之所倚；福兮，祸之所伏**。

一、人口问题

所谓人口问题就是指人口爆炸与人口减少。2018年全世界人口总数量已达74亿，中国人口以13.9亿仍然排在第一位，预计世界人口将在2050年达到97亿，2100年达到112亿，全球人口最终稳定在110亿左右。全球人口的高速增长，也必然会出现消费需求的增长，因此也导致了全球性的生态破坏、环境污染和资源短缺等严重问题。

在世界人口激增的同时，全球60个国家也面临着人口减少危机，所以也有专家预测，2100年之前，世界人口将下降至60亿。无论人口剧增或人口下降，都不一定是好事，人口剧增必然将需要更多的资源，而人口下降很有可能是因为疾病、食品、环境污染及战争。

另外，就是人口老龄化问题。联合国发布的最新报告显示，全球人口中有5亿多人年龄在60岁以上（占全球总人口近8%）。人口老龄化给世界各国的经济、社会、政治、文化等方面的发展带来了深刻影响，庞大老年群体的养老、医疗、社会服务等方面的需求压力也越来越大。

二、粮食危机

在粮食问题上，我们面临着越来越多的非传统挑战和日趋复杂的形势，极端天气、用粮食生产生物燃料、国际游资炒作、有关国家囤积性采购等，都是导致粮食短缺和国际粮价上涨的重要因素。

2008年全球经济危机过后，粮食价格骤升和经济衰退加速了世界饥饿的步伐。占世界1/8的人口长期得不到维持健康生活所需要的基本食物。同时，粮食价格波动对粮食安全和人类发展的威胁越来越大。由于越来越频繁的极端天气事件、农产品市场的金融化和汇率波动等因素，未来粮价可能会更不稳定。未来可能将是粮食大国的天下，而非武器大国的天下。

三、资源危机

矿产资源危机。由于社会发展对矿物的需求量和开采量日益增长以及盲目开采、不合理开发和浪费造成了资源破坏、环境污染、生态退化等问题。

土地资源危机。粗放经营、单一种植、过度开垦和不合理的农业灌溉、施肥等人为因素，以及水蚀、风蚀和荒漠化等自然因素共同作用均可导致水土流失、肥力下降、盐碱化和荒漠化。再加上人口膨胀以及城市工业、交通、基本建设用地不断扩大，使其与有限土地资源之间的需求矛盾激化。

水资源危机。随着世界各国工业农业的发展、人口增长及生活水平的提高，其使用水量大幅度增加。加上严重的水污染、水资源分布不均衡等原因，从而出现了严重的淡水资源危机。一方面人类对水的需求与日俱增，另一方面人为的浪费，使水资源不断枯竭。水资源危机将成为21世纪人类面临的最为严峻的现实问题之一。

生物资源危机。包括植物和动物资源危机。植物资源危机主要源于森林滥伐，目前世界上每年约毁林1800万公顷，特别是热带原始森林的锐减，对全球气候变化和生态平衡造成了严重不利影响。动物资源危机表现在因乱捕、滥猎而使动物种类和数量日趋减少，分布范围日趋缩小、甚至灭绝。

非再生资源和再生资源的总量都是有限的，面对世界经济和人口不断增长的压力，自然资源危机将成为经济增长的一个限制因素，尽管技术进步和市场的调节作用可使资源的利用范围和效率不断扩大和提高，但是仍然需给予高度重视。

四、信仰危机

随着科学的发展和进步，量子物理、隐形空间、暗物质、暗能量等许多超出现代科技检测手段的科学理论出现了，许多人对原本的信仰或传统的思想产生了动摇。但现阶段又没有新的、更完备的信仰理论填补，反而是各种伪科学和歪曲宗教本意的伪教义在自媒体时代快速传播。那么，这很容易造成人们的世界观、人生观、价值观的崩塌，加剧了社会的矛盾、对立，不利于国家与社会的长治久安。

五、战争问题

战争与和平的关系问题仍然是国际社会关注的永恒主题。直到今天，人类社会的战争与杀戮依然没有消除。地区冲突、民族矛盾、能源掠夺仍然频频发生，给人类带来了严重的苦难。

六、生态环境危机

生态环境危机主要包括环境污染和生态破坏等方面。目前人类主要面临十大全球环境问题：全球气候变暖、臭氧层的耗损与破坏、酸雨蔓延、生物多样性减少、森林锐减、土地荒漠化、大气污染、水污染、海洋污染和危险性废物越境转移。

七、能源危机

世界经济的现代化,主要得益于化石能源,如石油、天然气、煤炭与核能的广泛投入应用,因而它是建筑在化石能源基础之上的一种经济。然而,这一经济的资源载体将在21世纪上半叶迅速地接近枯竭。化石能源与原料链条的中断,必将导致世界经济危机和冲突的加剧,事实上,中东及海湾地区与非洲的战争都是由化石能源的重新配置与分配引发的。这种军事冲突,今后还有可能更猛烈、更频繁。

八、产能过剩

在资源和能源不足的情况下,我们却又面临着产能过剩,产能过剩将导致物价总水平明显下降,形成很强的通货紧缩压力,增加宏观经济的不确定性。此外,产能过剩的发展将会使企业的投资预期和居民的消费预期下降,由此使经济增长面临越来越明显的下调压力。另外,产能过剩的发展将会导致银行不良资产明显增加,金融风险增大。

九、金融危机

在过去几十年间,越来越严重、越来越频繁的金融危机让全世界苦不堪言。这些金融危机能够迅速蔓延到其他经济部门,并导致全球经济局势的混乱,人们的生活受到影响,社会稳定遭到破坏。2008年全球金融危机导致全球失业人数增加了近3000万。金融危机已经成为人类发展指数放缓最有可能的诱因,并可能带来长期的不利后果。

十、政治问题

全球政治正面临一些严峻的挑战,正在影响着世界和平、发展与合作大局。从全球看,霸权主义与强权政治思维仍在作祟。地缘政治回归、颜色革命蔓延、人权问题政治化等无不与此有关,其将严重阻碍对全球性问题的合作应对。

十一、恐怖主义问题

恐怖主义成为全球公敌。恐怖主义不仅是"20世纪的政治瘟疫",更是21世纪世界安全的头等大事。国际社会在反恐领域不断加大投入,共识日益增多,合作日趋深入,取得了不少积极进展。但是,恐怖主义滋生的土壤并未铲除,国际社会面临的恐怖威胁远未消除,国际反恐形势仍然十分严峻。

十二、核安全问题

其既包括传统安全领域的核战争威胁与军备控制问题,又包括非传统安全领域的"核安全"与"核安保"问题。总体来看,核武器的扩散趋势难以遏制,呈现扩散趋势,加之国际恐怖主义活动加剧,消除核武器的威胁并没有绝对可靠的保障。

十三、互联网安全问题

互联网安全问题已成为各国普遍面临的综合性安全挑战。互联网安全涉及互联网信息安全和互联网设施安全等。当前,随着网络技术和物联网的发展,国家经济社会生活对互联网的依赖日益加深,网络安全直接关系国计民生和国家稳定。一些网络技术发达的国家已着手酝酿"先发制人"网络打击政策,网络军事化趋势有所抬头。

十四、卫生危机

全球公共卫生问题凸显。除了艾滋病等继续蔓延外,禽流感、埃博拉疫情、中东呼吸综合征(MERS)等传染性疾病接踵而至,既引起了世界性恐慌,也影响到社会稳定与经济增长。亿万民众天天面临着疾病和生活的威胁,为他们提供卫生和生活保障的当地和国家体系,在危机和极端事件面前,不知所措或过于脆弱而承受不住打击。

十五、贫困问题

贫困问题是指由于贫穷所直接导致或衍生的一系列社会问题。贫困问题是当今世界最尖锐的社会问题之一。在 104 个发展中国家中，有 12 亿人口的日平均收入不超过 1.25 美元。如果按照多维贫困指数（MPI）来衡量，估计全球有 15 亿多贫困人口。

十六、贫富差距

富国愈富，穷国愈穷，富人愈富，穷人愈穷，这是当今世界的现实。贫富差距悬殊也是发达国家的一个诱发社会不安定的潜在社会问题。美国是发达国家中最大的国家，也是发达国家中贫富差距最大的国家。自 2015 年以来，世界最富有的 1% 的人口所拥有的财富已经超过了全球其余所有人口财富的总和。

十七、移民（难民）潮席卷全球

伴随着商品、服务和投资在全世界流动，人们也以创纪录的数量跨越国界。由于发展中国家人口的爆炸式增长和发达国家人口的老龄化，大批移民从发展中国家涌向欧美等西方国家。联合国人类发展报告数据显示，国际移民占全球人口的 3% 以上。此外，地区性冲突不断和自然灾害频发，导致难民人数急剧增加。

十八、全球经济发展严重不均衡危机

经济全球化背景之下产业结构引发的贸易流向变化，以及主要国家的宏观经济政策导致了全球经济发展严重不均衡。贸易顺差国和逆差国近期均难以做出根本性政策调整，因而国家间经济关系发展失衡将成为未来世界经济的常态。

十九、社会伦理道德危机

由于个人功利要求的不合理性、满足功利要求资源和手段的有限性、功利成果享有的不公平性,当个人欲望无限性与社会公共利益的规范性发生冲突时,便加剧人与人、人与社会的矛盾,便出现寡廉鲜耻、重利轻义、作伪造假、道德失范、行为失控、人性泯灭、人情淡薄,伦理道德危机越来越严重。人心不古,世风日下,凡此种种,都与人的荣辱观、是非观、善恶观、廉耻观等价值观相关。整个人类社会的伦理道德面临着前所未有的考验。

随着现代科技的发展,人类的思维方式、行为方式和生活方式都随之发生了加速度的改变,同时新材料和新能源等高新技术的不断涌现,比如生殖技术方面、器官移植、安乐死、克隆技术、人工智能等等,给现代社会的伦理道德规范产生巨大的冲击。

综上所述,在人类追求和创造美好生活的同时,危机也紧随其后、接踵而来,人类也从没间断过寻求处理危机的解决方案,或者说我们在追求美好生活的同时,也必然面临对危机的处理。在大规模的、广泛的、多样的全球危机环境下,任何个人、组织甚至国家的力量都是渺小的,只有全人类联合起来,集合全人类的智慧和力量,共同面对和寻求解决之道。

第四次工业革命

三次工业革命使得人类社会进入了前所未有的繁荣时代。与此同时，也造成了巨大的能源、资源消耗，付出了巨大的环境代价、生态成本，急剧地扩大了人与自然之间的矛盾。进入 21 世纪，人类面临空前的全球能源与资源危机、全球生态与环境危机、全球气候变化危机等多重危机挑战，这促使人类不得不重新思考，但历史的发展是不可逆的，历史的选择也不以某个人、某个组织或某个国家的意志为转移。世界上唯一不变的是变，所以变革仍然也必将继续。

有人说第三次工业革命还在继续，也有人说第四次工业革命已经来了。**第四次工业革命就是以人工智能、清洁能源、机器人技术、量子信息技术、虚拟现实以及生物技术为主的全新的绿色技术革命。**

2013 年 4 月，在德国汉诺威工业博览会上，德国政府将提出的"工业4.0"向全世界推出。德国学术界和产业界普遍认为，"工业 4.0"概念即是以智能制造为主导的"第四次工业革命"。

2016 年 6 月，时任美国总统的奥巴马公布了一个新的振兴美国制造业的方案。该方案通过刺激被称为"智能制造业"的方法来推动美国制造业的复兴。

2014 年 12 月，"中国制造 2025"这一概念被首次提出。2015 年 3 月 5 日，李克强总理在全国两会上作《政府工作报告》时首次提出"中国制造 2025"的宏大计划。2015 年 3 月 25 日，李克强组织召开国务院常务会议，部署加快推进实施"中国制造 2025"，实现制造业升级，审议通过了《中国制造 2025》。2015 年 5 月 19 日，国务院正式印发《中国制造 2025》。

《中国制造 2025》的指导思想是："全面贯彻党的十八大和十八届二中、三中、四中全会精神，坚持走中国特色新型工业化道路，以促进制造业创新发展为主题，以提质增效为中心，以加快新一代信息技术与制造业深度融合为主线，以推进智能制造为主攻方向，以满足经济社会发展和国防建设对重大技术装备的需求为目标，强化工业基础能力，提高综合集成水平，完善多层次多类型人才培养体系，促进产业转型升级，培育有中国特色的制造文化，实现制造业由大变强的历史跨越。"

《中国制造2025》提出，坚持"创新驱动、质量为先、绿色发展、结构优化、人才为本"的基本方针，坚持"市场主导、政府引导，立足当前、着眼长远，整体推进、重点突破，自主发展、开放合作"的基本原则，通过"三步走"实现制造强国的战略目标：第一步，到2025年迈入制造强国行列；第二步，到2035年中国制造业整体达到世界制造强国阵营中等水平；第三步，到新中国成立一百年时，综合实力进入世界制造强国前列。

世界经济论坛（达沃斯论坛）主席德国经济学家克劳斯·施瓦布在其2016年10月出版的《第四次工业革命》一书中表示，无论是德国的"工业4.0"和美国的"智能制造"，还是中国的"中国制造2025"，都是第四次工业革命的一部分，他还对第四次工业革命做出了自己的定义：**第四次工业革命是以数字化和信息技术为基础，以技术快速发展为驱动力，以物理类、数字类和生物类门类为主的全新技术革命**。其中物理类技术以无人驾驶交通工具、3D打印、高级机器人和新材料技术为代表；数字类技术以物联网、区块链技术、共享经济为代表；生物类技术以生物基因技术和基因编辑技术为代表，三者之间协同整合，相互融合，相互促进。克劳斯·施瓦布认为：第四次工业革命是在第三次工业革命的基础上展开的，相较于第三次工业革命，这一次的发展速度呈现指数级增长，影响所有国家的全部行业。他还认为：**如果说前三次工业革命解放的是人类的体力，第四次工业革命解放的就是人类的脑力。**

笔者深以为然，同时也对这些世代演进的意义做了一些自己的思考，其实无论是什么样的变革、什么样的进步、什么样的历史演进，都是全人类共同的意志和选择，从人类诞生那天起，人类一直想如何使自己变得更强大，因为只有更强大才能更大程度地抵御自然界诸多的难以抗拒的因素，也只有变得更强大才能更加不恐惧地面对自然界难以预测的变化。

人类的历史就是一部如何使自己变得更强大的历史。

如果从这个角度来讲，那其实人类每一次工业革命，每一个技术追求，都是为了延伸自身的能力，我们或许可以做这样的总结：

第一次、第二次工业革命延伸的是人的手和脚，蒸汽机和电气的新动力机器让我们更有力量；

第三次工业革命延伸的是人的眼睛和耳朵，信息技术的发展让我们可以增加更多的见闻，突破时空的限制。

第四次工业革命延伸的是人的心，各种新技术的涌现和新模式的创造，让我们的心获得了前所未来的和人类一直在追求的安全、自由、满足和幸福感。

就是这样，追求强大能力与美好生活才是全人类一直在发展变革的原始动力。之所以追求自身能力的延伸，就是因为自身能力有限，也正是因为能力有限，才不可能预见和防范一切发展过程中危机的出现，所以我们的未来将仍然是也必须是一边发展一边应对危机。因此任何世代工业革命的内容都是一些是对未来新技术的追求，一些是对过去技术所带来危机的补救。

克劳斯·施瓦布也对 2025 年进行了展望，从 23 个方面描述了一幅未来变革蓝图：

变革 1：可植入技术

变革 2：数字化身份

变革 3：视觉成为新的交互界面

变革 4：可穿戴设备联网

变革 5：普适计算

变革 6：便携式超级计算机

变革 7：全民无限存储

变革 8：万物互联

变革 9：数字化家庭

变革 10：智慧城市

变革11：运用大数据进行决策

变革12：无人驾驶汽车

变革13：人工智能与决策

变革14：人工智能与白领工作

变革15：机器人与服务

变革16：比特币和区块链

变革17：共享经济

变革18：政府和区块链

变革19：3D打印与制造业

变革20：3D打印与人类健康

变革21：3D打印与消费品

变革22：定制人类

变革23：神经技术

在克劳斯·施瓦布的23个未来变革描述中，我们看到有的还只是存在于设想阶段，比如定制人类等。而更多的变革已经发生在我们身边，比如大数据、区块链、无人驾驶汽车、3D打印等，尤其是本书论述的主题"共享经济"，已经产生巨大了社会价值和经济效益，正在改变着人们的生活方式与思维方式。

克劳斯·施瓦布认为，第四次工业革命无疑已经开始了，智能手机、人工智能、共享经济以及电子商务等都是第四次工业革命的代表。

当然在学界、业界对第四次工业革命开始与否也颇有争议，欧盟顾问、华盛顿特区经济趋势基金会主席杰里米·里夫金就认为：第三次工业革命尚未发挥其全部潜力，包括物联网在内的各项新技术、新业态其实都是计算机革命的果实，如果非要谈第四次工业革命，必须要有一个划时代的技术变革来支撑。

究竟我们能否用"第四次工业革命"来定义当今这个时代？又是否真的需要一个划时代的技术变革来支撑，我们不禁也要问，一项新技术的诞生真的可以明显地划分一个时代吗？正如我们将第三次工业革命定义成信息革命，其实信息革命在第一次工业革命中就已经开始了，人类发明电报和将越洋电缆连通大西洋两岸，这难道不是信息革命吗？其实每一项新技术的出现都与历史存在着千丝万缕的联系，密不可分。

所以笔者认为这概念不是最重要的，甚至说还只不过是"名词之争"而已，也不一定非得需要一、二、三、四这样的逻辑来排序，重要的是我们的生活一直在变，我们也正亲身感受着这些变化，同样的就世界范围来说，也有很多人的身边没有发生什么。正如劳斯·施瓦布在书中说的那样：从历次工业革命进程看出，总有一些乘客搭不上快速驶来的工业革命列车，当今世界上，仍有17%的人口至今没有享受到第一次工业革命带来的福利，而以计算机应用为标志的第三次工业革命，至今仍落下了全球一半的人口，他们与电脑上网等毫无关联。毫无疑问，第四次工业革命中一定会产生新的赢家与输家，这辆列车有可能比前三次工业革命落下更多的乘客。

无论我们算不算已经进入第四次工业革命，还是未来有可能进入第四次工业革命，或者究竟什么又是标志进入第四次工业革命的划时代的技术？这都不重要，重要的是我们一定会走向未来，或者说像很多人常说那样：未来已来。

我们正在面对和接受着前所未有的巨大变革，在这个越来越不懂的世界，我们该如何应对才是最主要的。要想不成为被变革的列车落下的乘客，面对未来最大的智慧就是增加自己的认知，积极地学习与融入，寻找和创造新机遇，对未来做出更合理的应对部署。让自己不至于成为时代的弃儿或者只是被洪流裹胁的泥沙。

共享经济是全人类的选择

如果说第一次、第二次工业革命发展了资本主义，第三次工业革命则使资本主义发展到极致，世界最富有的1%人口所拥有的财富已经超过了全球其余所有人口财富的总和，这肯定不是全人类所期望看到的局面。孔子说：不患寡而患不均。我们现在是富了，但资源分配的不平衡也给世界带来了诸多的社会不利因素，人与人、国家与国家之间的矛盾也多源发于此。究竟拥有多少才足够？恐怕没有人能够回答这个问题，或许我们永远也无法阻止人类想拥有更多的愿望。当然我们刚才所说的是一个极端的现象，那么普遍的现象是什么？就是一边出现富余，而一边又是短缺，因此，协同共享将是人类下一步的发展方向，也是全人类做出的选择，第四次工业革命要实现的也必将是这样一种局面。

杰里米·里夫金认为：**协同共享是一种新的经济模式，在21世纪的下半叶甚至会取代资本主义，成为人类社会主导的经济形态**。那个时候，生产率极高，物联网发达，边际成本趋近于零。数十亿人既是生产者又是消费者，在互联网上共享能源、信息和实物，所有权被使用权代替，"交换价值"被"共享价值"，人类进入新纪元。

无论资本主义能否被取代，我们都看到了一个事实就是我们的生活与共享经济已经密不可分了，共享经济已经让我们的生活愈来愈丰富、愈来愈便捷。当我们在体验过共享生活的美好之后，我们还会舍弃它吗？

总之，我们喜欢共享经济，随着共享经济将渗透更多的商业领域，我们的生活必将发生巨大的变化，这影响不只在一个地区一个国家，它是世界性的，是影响全人类的，准确地说，不是共享经济改变了人类的生活方式，而是人类选择了"共享经济"。之所以选择共享经济，一是出于人们对美好生活的向往；二是出于处理各种发展危机的需要。

第二章　共享经济从何而来

一、应对发展危机

随着通讯技术及互联网技术的不断发展，全世界的人们已经可以迅速建立信息连接和资源交换，或许这是一个好的方向，也是人类想要更好地生存下去的必然选择，亦或许是老天爷出于怜悯赐予人类这样的智慧，让人类可以有方法有能力去解决这些危机。"共享经济"也正在这样的基础上应运而生，或许共享经济不是终极的危机解决方案，但无疑，它是当下最佳的危机解决方案。所以说，共享经济在令人愉悦和充满想象力的光环下，其实背后是一段令人悲伤的故事。

"共享经济"这一概念起源于20世纪80年代的美国，1978年，美国得克萨斯州立大学社会学教授马科斯·费尔逊和伊利诺伊大学社会学教授琼·斯潘思在《美国行为科学》杂志上发表的论文《共有结构与合作消费：活动规则探讨》中首次提出共享经济的相关概念，即人们通过共同参与一项活动来消费经济产品和服务，它被广泛传播和接受则是在2008年全球金融危机之后。也就是说，"共享经济"的发展与2008年全球金融危机有着密切的关系。

第三次工业革命引发了全球性大规模生产，造成的资源消耗我们暂且不提，大规模的生产就需要大规模的购买来支持，美国福特汽车公司创始人亨利·福特觉察到高产量、高工薪和高消费之间的关系："机器化生产为我们提供了更多的生存手段，而我们又依赖这些手段去购买产品。"说白了就是我们通过生产东西赚到了钱，同时又用赚来的钱去购买别人生产的东西。消费，尤其是高消费已经成了我们生活中的主题和追求，新兴媒体的出现，大量的商品广告充斥着我们的耳目，发现太多东西是我们没有的同时又是我们想要的，于是我们的生活就变成了买、买、买。早期的人们是通过储蓄量入为出的，也就是说我们没有足够的储蓄就无法买到超出我们消费能力之外的东西，可消费贷款的出现打消了人们手中没钱的顾虑，人们开始借钱消费。

最早这种消费贷款在美国的汽车消费领域大规模出现，并且逐渐扩展到其他消费领域，成为美国的主要消费形式。1927年，美国人的消费中，85%的家具、80%的留声机、75%的洗衣机都是以信贷形式消费的。第二次世界大战以后，信贷消费比例迅速增长，50年代美国消费者债务增加了50%，分期付款的赊欠增加了63%，而购买汽车的贷款增加了100%。20世纪90年代，美国家庭平均储蓄率为8%，到了2000年以后，这一比率减少至1%。2007年，许多美国人已是入不敷出，这时银行又开始推行次级抵押贷款（是指一些贷款机构向信用程度较差和收入不高的借款人提供的贷款）。这样就可以少支付甚至零支付现金购买原来买不起的房子，分期付款给美国人带来了消费的愉快，美国住房市场也在超低利率刺激下高度繁荣，为经济复苏及其后来持续增长发挥了重要作用，次级抵押贷款市场迅速发展。但随着美国住房市场大幅降温，加上利率上升，很多次级抵押贷款市场的借款人无法按期偿还借款，导致一些放贷机构遭受严重损失甚至破产，终于在2008年美国金融危机爆发，让美国人民陷入痛苦之中。在全球经济一体化的环境下，美国次贷危机继而影响到了全世界，全球性的金融危机随之爆发。

大众消费的欲望和实现是生产力发展的结果，可这个结果却事与愿违，越来越让人类不堪重负，最终导致了经济危机的发生，2008年从美国开始的次贷危机让人们，特别是年轻一代，对商品所有权的观念发生了质的转变，人们开始意识到没有什么资产是绝对所有的，资产的价值必定会随着时间的推移发生变化，就像房产，并不是一定会升值，同样有贬值的风险，这还不包括向银行借贷的风险，硬性资产看起来也不那么安全了。这种经济形态及消费观念的变化或多或少地促进了"共享经济"的出现与迅速发展。试想，当人们随时随地都能租到车的时候，为什么还要去贷款买车并负担还款压力和银行利息呢？当创业者们很容易能共享办公空间的时候，为什么还要去费力搞一个"麻雀虽小、五脏俱全"的办公楼呢？

2009年底美国失业率已高达10%，这是美国自20世纪30年代经济大萧条以来失业率的最高水平，在这样的经济寒冬里，生活还要继续，很多人就开始将自己家里闲置的房间、汽车和生活物品放到互联网平台出租、出售来贴补家用，或者以物易物达到省钱的目的，并且人们发现这种形式带来的收入在总收入中所占的比例越来越高，人们体验到了共享的好处，共享让人们看到了新的希望，这就是现代"共享经济"的缘起。

另外，更为重要的就是共享经济在处理全球危机方面的功能。国家管理者和学者们也对"共享经济"产生了极大的兴趣，当然，他们的着眼点已不再限于家庭收入的增加，而是从更宏观的角度着眼，从社会可持续发展的角度，这种新型经济模式无疑已经证明了创造财富的可能性，并且实现了闲置资源的充分利用，这个功能在发展极不平衡的当今社会，显得尤为重要，与经济危机相比，过去250年的工业生产和消费导致的资源危机、生态环境恶化与道德危机将更加威胁到人类的生存，关于这些方面我们已经在前文论述到。

所以共享经济的出现暗合了人类对生存与可持续发展的追求。这使得人类发展共享经济已从可能性发展成为必然。

二、对美好生活的向往

物质越多，想要的越多，这不仅仅出于人们私欲，也是出自人们对美好生活的向往。人在还没有出生之前，就已经成为一名消费者，出生以后随着年龄的增长，其所需要和想拥有的消费资料也越来越多，尤其是高品质的消费资料，几乎没有人不是如此。其实想拥有更多的消费资料，这本身没有错，谁不想过好日子？谁不想让自己的生活更富足？这是人与生俱来的愿望与追求。

我们都认同：只要不是以不正当手段获得的财富，而是通过自己的勤劳和智慧所获得的财富，这样的财富一点也不可耻，相反没有比这更光荣的事情了。用合情、合理、合法的方式和途径享有更好的物质生活，也是人的基本权利。

财富意味着什么？意味着我们有足够的与他们交换消费资料的资本，说白了就是有钱就可以购买更多的东西。

可在当今时代，物质已经极大丰富，各种消费品琳琅满目，数不胜数，好像每一个好东西都是我们想要的，我们对已经拥有的仍然觉得不够，还想拥有更多更好的，也就是说，当今时代我们的幸福仍然建立在拥有更多上。如何拥有更多？还像以前那样拼命地购买、拼命地消费吗？我们必须要面对一个现实，就当今社会商品的丰富程度而言，即便你是世界首富恐怕也没有足够的财力把每一种好东西都买回家里享用，更不要说普通人和普通家庭了。

从上文我们谈到的美国人的经历，我们已经知道，并不是拥有越多，我们就越幸福，相反有可能是灾难，事实上就我们现代中国的发达城市和地区来看，我们已经遇到了"拥有"带来的苦恼：冰箱里东西放到变质也没能吃掉；家里衣柜里有的衣服一年也穿不了一次却占着地方；汽车很少开，放在车库里却又怕放坏；投资买房，闲着不住却又怕价格下跌并且还承受着还贷的压力……我们并没有因为拥有而一定快乐。

但无论如何，人们享受更多、更美好的物质体验和消费的追求和愿望没有变，这不是矛盾吗？如何解决这样的矛盾？也就是如何"不拥有但能享用"？那就必须每一种消费资源都花费最小的代价与别人共享，这是唯一途径，也是必然途径。也就是说，在当今社会，物质已经足够丰富，以人们有限的财力，想享用更多，就只有一个途径——从私享到共享。因此，共享经济是社会经济发展必然趋势，未来的美好生活是大家一起共享的生活，每一个人的美好生活都与其他人有关。

第二章 共享经济从何而来

物质已经足够

从历史的角度来看，短短250年的工业制造和人类社会发展所创造的财富和拥有的消费资源已经超过了以往的任何世代。整个社会所创造可以供人们消费的资源实在太多太多了，物质已经极大丰富，甚至是过剩。

一、应有尽有的时代

我们经常会听到一些上了年纪的人发感慨："没想到啊，还能过上现在这样的好日子！"是啊，他们从那个缺吃少穿的年代走过来，看到今天这样的生活，怎能不发出这样的感慨。过去，我们经常为"吃什么"而发愁，因为没有多少东西吃；现在我们仍然为"吃什么"而发愁，因为东西太多了，反倒不知道吃什么好了，经常会听一些家庭主妇们抱怨说："晚上做什么饭啊？不知道吃什么好！"

小时候，听妈妈讲过一个故事，说从前一个麦秆能结十个麦穗，粮食多得吃不了，玉皇大帝很欣慰老百姓能过上这样的好日子，但在有一次下凡到民间视察的时候，却发现有一个妈妈将烙好的大饼给孩子当"尿布"，玉皇大帝很生气，没想到老百姓在这样地浪费粮食，于是就派天狗咬掉了九个麦穗，只剩下了一个，所以我们的小麦就变成了现在这个样子。

有这样的故事或许是源于人们一直希望粮食多得吃不了，但现实又是粮食不够吃的一种自我安慰罢了。但我们的希望从来没有破灭过，我们一直在追求更充裕的生活。终于，我们实现了，在这个应有尽有的年代，只要我们有钱，几乎可以享有我们想要的一切。

我们已经比我们的父辈或祖辈们拥有了太多太多的消费品，我们现在所享受的生活是我们的父辈和祖辈们当年不可想像的。

当我们走进商场，各种商品目不暇接，同样种类的商品就有无数个品牌，不说别的，就说挂面吧，笔者记得 20 世纪末，作为商品的挂面也就那么一两种，现在我们再看超市的货架上，几十种也是有的，粗的细的、宽的窄的、鸡蛋挂面、蔬菜挂面、杂粮挂面、营养素强化挂面、低糖挂面，手擀面、生鲜面、半干面……数不清的各种各样的挂面让人选起来真是头疼，以至于有人还写了挂面选购技巧的文章放在网上让大家借鉴。

以此类推，在我们生活的其他方面，衣服、汽车、食品、生活用品等同样如此，生活的富足和便利使得现代的人们享受着前所未有的美好生活。无论从商品的形式、种类，还是数量，都已经足够多了。

有时候笔者看到这些，甚至会有一些莫名的悲哀，这么多的商品摆在那里，是不是已经超出了人们需求的程度？那些销售不了又到期的产品又将去向何方？

二、一边富余，一边短缺

不用看其他领域，就从全局来看我们的"衣食住行"，会发现我们已经落入了一个"一边富余、一边短缺"的怪圈，这是因为我们很多人对消费行为是缺少深度思考的，久而久之形成了一些消费惯性思维方式。物质的丰富、消费主义盛行导致了我们习惯了不停购买、不断拥有、不断淘汰的惯性消费行为模式。一般情况下，我们不会从社会层面去考虑个体消费行为带来的总体影响，每个人都只关心自己的需求，但事实上在社会上也存在大量人群得不到满足的情况，从而形成了"一边富余、一边短缺"的社会问题。

我们已经很明显地看到一种不平衡，就是在发达国家和地区，消费品相当充足甚至超出了人们的需求，而在一些贫困国家和地区，物质条件仍然很差，当今世界还有 8 亿人没有解决温饱问题，11 亿人没有干净的饮用水，每年世界约 600 万 5 岁以下的儿童因饥饿而死亡。据联合国经社理事会 2017 年发布的《发展融资：进展与展望》报告显示，如果不加强国际合作和国家层面的行动，到 2030 年，全球仍将有约 6.5% 的人口面临极度贫困的威胁。

在发达国家和地区，消费品的更新换代急剧加速，人们占有资源的周期越来越短，在追求新消费资源的同时也造成了大量的旧消费资源闲置，并且

第二章 共享经济从何而来

一个人或一个组织出现的闲置资源，可能正是另一个人或另一个组织所需要的，同时也由于发展的不平衡和信息的不对称，使得闲置资源拥有方和需求方无法实现快速地对接与交易。也就是说，市场有需求，但无法实现，即便实现也是局部的、小规模的。但这种情况随着互联网的迅速发展得到了改善，信息更加趋于对称和透明，共享经济也因此应运而生，并且以迅猛的速度发展和裂变，已经成为一股不可阻挡的经济洪流。

我们可能以为只有发达地区的资源会出现闲置和剩余，其实在一些贫困地区同样存在闲置和剩余，比如在一些贫困地区，有的是大量的闲置劳动力、传统手工艺技术和土特产资源，同时这些资源又有可能是发达地区所需要的，过去由于信息不对称，只能是你富你的、我穷我的，而现在则不同了，一些贫困地区的居民通过互联网交易平台，可以将自己的手工艺品和土特产销往全世界，那些剩余的劳动力原来只能到城里打工才能转换价值，现在在家里就可以赚到钱了，生活也摆脱了贫困状态。这就是"互联网+"时代的共享经济给人们带来的好处。

前段时间，有一部电影《十八洞村》，就讲述了这样一个故事，在这个村子里几乎已经没有了年轻人，年轻人都出去打工了，而出去打工的年轻人在发达城市既能挣到钱，又能享受现代化的生活，当然也就不愿意再回到村里过贫苦的日子，十八洞村的村民退伍老兵杨英俊在家积极种田却被精准识别为贫困户，他不甘心，于是带领一些同样贫困的村民决心打一场脱贫攻坚战，开始了造田运动，想改变这种贫困的面貌，在他的影响下，越来越多的村民加入进来，同时一些年轻的村民也开始在互联网上销售村里的苗绣和酸鱼等特产，村里的生活逐渐好了起来，在外打工的年轻人也都回来了，山村再次热闹了起来。

社会物质和财富的极大丰富是共享经济出现的基础，而一边富余一边短缺则是共享经济出现的必然，是人们的需求和社会经济的发展需要所导致的好的结果。

第三章

基于互联网的万物共享

就共享经济的本质而言，共享经济在原始社会就已经出现了，也一直伴随着人类社会的发展和进步，从没有离开过。但我们平常所说的"共享经济"，当然不是这个意义上的共享经济，而是新时代的共享经济，究竟是什么创造了这样的时代、创造了这样的经济形态，我们不用仔细去思考研究，也能发现，引发这一时代变化的无疑就是——互联网，尤其是移动互联网，所以新时代共享经济准确地说应该是"互联网+"时代的共享经济。

当然，引发共享经济浪潮的不只是"互联网"本身，而是以互联网为中介体的一系列新技术。

第三章 基于互联网的万物共享

基于互联网的互联互通

《道德经》第七十三章中说：**天网恢恢，疏而不失**。随着互联网的不断发展，人类社会仿佛可以"互联网+"一切了，试看当今社会，哪一个人类生存的地区还没有与互联网连接呢？不是绝对没有，太少了，太少了。再说到个人，除了现在完全不与互联网发生任何联系的很老的一辈人，保守一点说，恐怕50岁以下的人的生活都已经离不开互联网了吧，一个孩子恐怕在出生以前就和互联网建立连接了。

"PC互联网"时代，从窄带电话线拨号上网，到宽带上网，再到更快的光纤宽带上网，从早期只能浏览网页、收发电子邮件、文字聊天、下载音乐和电影，到后来可以在线看电影和听音乐、玩网络游戏、上网购物、在线支付、实现高清视频和语音聊天等等。也就是20年的时间，从可有可无到必不可少，让每一个现代人都接受了一场互联网的洗礼。

"移动互联网"时代，从2G到3G，再到4G，让我们的手机从一个只能打电话的工具，到可以发短信，可以享受移动游戏、信息点播、掌上理财、旅行服务、移动办公等服务，到现在，我们已经可以用手机实现和电脑上网一样的功能——在线看电影和听音乐、玩网络游戏、上网购物、移动支付、实现高清视频和语音聊天等等。手机在21世纪已经成为人类的新器官，恐怕我们已经无法容忍哪怕只有一天手机不在身边的日子，看不见手机，仿佛就与世界失去了连接。移动互联网的迅速普及，也让那些难以用有线方式接入互联网的偏远地区，同样可以享受互联网时代的便利，今天，即便一个偏远地区的老农，只要拥有一部智能手机，只有能够有信号，他就可以连接到全世界，观察一线城市发生的新鲜事儿，并且还可以将自己的农产品销往全国各地甚至世界各地。

我们的生活方式已经天翻地覆、斗转星移，我们已经被互联网一"网"

打尽，漏"网"之人，恐怕只能到深山老林里寻找了。

接下来，5G时代马上就来了，2018年12月，工信部向中国电信、中国移动、中国联通发放5G系统中低频段试验频率使用许可。目前，三大运营商分别于试点城市开展了5G规模及预商用实验。国产手机芯片厂商紫光展锐宣布，将在2019年推出5G芯片，实现5G芯片的商用。

5G网络有多快，据说比4G网络的传输速度快数百倍，整部超高画质电影可在1秒之内下载完成。随着国家进一步加大网络提速降费的力度，支持可穿戴设备、消费级无人机、智能服务机器人等产品的创新和产业化升级将进一步加快。

在5G网络下，将有67%的智能家居设备能够接入家居互联平台。智能电视将成为除智能音箱之外的另一个重要家庭设备入口，智能电视带来全新的交互体验，使电视大屏成为家庭娱乐中心，智慧家庭时代已经到来了。

2019年，人工智能将从"专业小众走向广泛普及"。IDC预测，2019年超过65%的智能终端产品将引入人工智能应用，2019年将是人工智能加速落地年。

信息消费已渗透到人们日常生活和工作的方方面面，我们的生活将再次被互联网刷新，有些事物我们还没看明白呢，就已经被淘汰。是的，不是我们不明白，是这世界变化太快，很多还是刚出现在科幻剧中的东西转眼已成为现实，这不是知识的革命，这是对人类生存与发展底层逻辑的革命。

再来说经济领域，试问当今哪一个行业、哪一个企业还存在于互联网之外呢，就连街头卖烤地瓜的都在用手机支付了。从"PC互联网"到"移动互联网"，在传统商业领域我们几乎已经找不到一块还没有"失守"的阵地，互联网影响并改造了几乎每一个行业。

2015年经李克强总理签批，国务院印发了《关于积极推进"互联网＋"行动的指导意见》："'互联网＋'是把互联网的创新成果与经济社会各领域深度融合，推动技术进步、效率提升和组织变革，提升实体经济创新力和生产力，形成更广泛的以互联网为基础设施和创新要素的经济社会发展新形态。在全球新一轮科技革命和产业变革中，互联网与各领域的融合发展具有广阔前景和无限潜力，已成为不可阻挡的时代潮流，正对各国经济社会发展产生着战略性和全局性的影响。积极发挥中国互联网已经形成的比较优势，把握机遇，增强信心，加快推进'互联网＋'发展，有利于重塑创新体系、激发创新活力、培育新兴业态和创新公共服务模式，对打造大众创业、万众创新和增加公共产品、公共服务'双引擎'，主动适应和引领经济发展新常态，形成经济发展新动能，实现中国经济提质增效升级具有重要意义。"同时也提出了明确的发展目标："到2018年，互联网与经济社会各领域的融合发展进一步深化，基于互联网的新业态成为新的经济增长动力，互联网支撑大众创业、万众创新的作用进一步增强，互联网成为提供公共服务的重要手段，网络经济与实体经济协同互动的发展格局基本形成。到2025年，网络化、智能化、服务化、协同化的'互联网＋'产业生态体系基本完善，'互联网＋'新经济形态初步形成，'互联网＋'成为经济社会创新发展的重要驱动力量。"

简而言之，"互联网＋"是互联网思维的进一步实践的成果，它代表一种先进的生产力，推动经济形态的不断发展升级，从而带动社会经济实体的生命力，为改革、创新、发展提供更加广阔的网络平台，充分发挥互联网在社会资源配置中的优化和集约作用，总之就是基于互联网的经济发展新形态。

或许那时候我们还把"互联网＋"看作是互联网发展的新形态和新业态，时隔三年，我们现在再来看"互联网＋"，虽然还没有形成完善的"互联网＋"新经济形态，但已经成为经济常态了，至少也已经成为我们的思维常态了。

互联网已经将全人类紧密地联系到了一起，这要不搞出点事儿，反倒怪了，从1969年美国的"阿帕网"开始，全世界的互联网已经经历了近50年的发展，互联网也在从"信息互联网"逐渐转向"价值互联网"，在我们的生活中，互联网每天都在创造价值，而不只是信息浏览了，互联网的作用也逐渐从"信息共享"走向了"价值共享"。

基于大数据的云端计算

世界万物皆有象、有数、有理，象和理是人类认知这个世界的依据，而真正利用、改造和管理这个世界，就必须依靠"数"，所以叫"数据"。"数"是自然而来的，并不是人类的创造，而"数据"则是人类以数为依据进行各类行为活动得来的。

人类在长期的生活实践中发现，仅仅用语言、文字和图形来描述这个世界是不精确的，也是远远不够的。假如在古时候一个国王问一个大臣：咱们国家有多少人啊，如果大臣只是回答：有"很多很多"人，国王只会哭笑不得。我们也不能说他错，但这终究是无用的答案。这个国家有多少人？"数"就在那里，是自然存在的，如果我们数清了是5000万人，这有了"数据"，政府可以根据这个数据来管理国家，当然这个数据太粗犷，很难作为管理依据，所以就要在这个数据基础上进行细化，5000万人当中10岁以下的多少人？10~20岁多少人？男性多少人？女性多少人？……这样我们就可以知道这个国家人口的年龄状况、性别状况等等。如果我们再数清了这个国家有多少亩地，就可以将两个数据结合，一是用来分地；二是用来控制人口。所以数据与数据之间并不是独立存在的，是可以互相结合起来作为人们决策的依据的。

数据最早来源于测量和统计，所谓数据其实就是对客观世界测量和统计结果的记录，而不是随意产生的，测量是从古至今科学研究的最主要手段，可以说没有测量和统计，就没有科学，亦或者说，一切科学的本质都是测量和统计。

除了测量和统计得出的"原始数据"，新数据还可以由原始数据经计算衍生出来，比如我们将人口数量和土地数量结合在一起，可以算出人均土地是2亩，这就是一个新数据。所以说世上本来没有"数据"，数据是人为测量和计算出来的。

传统意义上的数据，和信息、知识有着完全不同的概念，数据是信息的重要组成部分，而知识则是经过人们的归纳和整理，最终呈现出的有规律的信息。比如一朵花开出了 6 片花瓣，这是个信息，"6"是个数据，而百合花的花瓣都是 6 片，这是知识。

进入信息时代，"数据"的内涵发生了质变，不仅指"有依据的数字"，还统指一切保存在计算机里的信息，包括文本、图片、音乐、视频等等，将所有的信息都转换成二进制的数据编码存在"数据库"里，需要呈现的时候再由中央处理器从数据库提取、解码、执行，然后再写回数据库。因此说，在计算机中，信息本质就是"数据"。因此，现代意义上的"数据"已和传统意义上的"数据"不可同日而语。

随着计算机运算能力、存储能力的不断升级，以及互联网的不断加速，数据的总量也不断增加，并且增加的数据不断加快，甚至是裂变，最后终于迎来的"数据大爆炸"的时代，也就是"大数据"时代。

随着互联网所产生的以及人们所需要的数据不断增加，已经不是一台计算机所能承担得了的了，所以必须采用分布式处理、分布式数据库和云存储、虚拟化技术等技术实现，这就是云计算技术，"云"本身就是一种"共享"的存在。共享经济和云一样，都是资源配置方式的革命性变化。

在共享经济的背后，大数据的云计算支撑功不可没，也可以说，共享经济源于"云"但又高于云。大数据的云计算可以帮助企业了解消费者的现有状态、生活习惯以及各类消费习惯，方便企业制定产品与市场策略。共享经济中，出行领域一马当先，带来了一场改变人类生活方式的资源革命。"共享出行"被普遍认为可以合理配置社会资源，有效提高车辆使用效率，降低出行成本，缓解交通压力，更改变了人们日常的出行习惯。

以滴滴为例，滴滴平台上每天产生超过 50 TB 数据（相当于 5 万部电影），超过 90 亿次路径规划次数，这巨大订单量背后实则体现的是滴滴出行超强的大数据计算能力。通过对每天 24 小时不间断产生的新数据，以及检测这些数据本身产生的二度数据，包括 ETA、路径规划、实际路线、匹配时间等等，进行研究、学习，最终实现订单高效匹配，司机取得更多收入，乘客出行更加快捷。

所以说没有大数据的助推，新时代"共享经济"是不可能实现的。大数据也只有走向共享经济才能实现数据的价值，也可以说大数据的核心战场就在共享经济领域。

同时"大数据共享"本身就是共享经济的一部分，比如滴滴公司在创业之初有没有必要再重建一个地图数据库，当然没有必要，它可以和高德地图、腾讯地图等地图数据库实现共享，并且双方都有获利，所以数据本身是有价值的，并在数据的交互中产生经济效益。

基于信任的在线支付

如果说互联网和大数据是实现共享经济的基础条件,那"在线支付"则是共享经济的最关键环节,可以说没有"在线支付",互联网和大数据就是空中楼阁,有了"在线支付",才实现了互联网从"信息互联"到"价值互联"。

在线支付的方式有两种,一是网银支付;二是第三方支付平台支付。

网银支付就是个人或者企业开通网上银行,直接在网上进行转账,省去了去银行柜台转账的麻烦。

第三方支付平台支付是卖方与买方在信任的前提下,借助第三方支付平台的技术进行支付的方式。

第三方支付平台支付也分3种情况,第一种就是我们熟悉的银行卡(信用卡)支付,也就是我们刷卡用的POS机其实是由第三方支付平台运营的。第二种是网购支付,通常的操作方式就是买方先把网银账户中的钱支付给第三方支付平台,等买方收到卖方的商品或服务后,买方再确认付款,给予第三方付款指令,然后第三方再付款给卖方。第三种是直接扫码支付,通常的操作方式是,支付方使用第三方支付平台的扫码功能直接扫描收款方的收款码,再通过输入密码,给第三方支付平台下达支付指令,第三方支付平台接到指令后再将支付方账户余额中的钱或银行账户的钱(需要支付方开通第三方支付平台网银扣款权限)支付给收款方。这两种第三方支付平台支付,本质上是一样的,只是时效不一样而已。

现在我们经常使用的在线支付基本上就是第三方支付平台支付了,传统的网银支付,我们已经很少用了,最早网银支付只需要输入密码就可以了,后来银行为了支付安全,推出了U盾,现在很多人恐怕连U盾放在哪里都想不起来了吧,甚至连U盾密码也早忘了吧。当然我们现在常用的第三方支付平台支付也是建立在网银支付基础上的，只是大家逐渐忽略了这一环节罢了，因为我们早已经将网银支付的权限开放给了第三方支付平台，由他们帮我们完成这一动作罢了。

现在我们所熟悉的第三方支付平台有很多，比如支付宝、微信支付（财付通）、银联商务、银联在线、京东支付、快钱支付、拉卡拉、壹钱包、汇付天下、易宝支付。当然我们最常用、最熟悉的就是支付宝和微信支付了，这两个第三方支付平台可谓一家占据半壁江山。

我们今天的在线支付已经相当发达，尤其是移动在线支付，更是在线支付的重中之重。中国也已发展成为世界上移动在线支付最发达的国家，没有之一。据有关数据显示，2016年中国第三方移动支付交易规模达到58.8万亿元，同比增长率达381.9%。2017年，移动支付规模达到117万亿元，是PC支付29万亿元的4倍多。随着智能手机的普及和二维码支付市场的爆发，消费者从PC端向移动端的迁移速度加快，预计2018年中国第三方移动支付交易规模将达到170万亿元，这个数字在全球位居第一。

今天，你只要是手机有电、卡里有钱，基本身上不用带一分钱现金，就可以完成任何消费，哪怕是支付一元钱的电动车停车费。

无疑，在线支付给世界带来的是不可思议的颠覆性变化。但回顾中国在线支付只有不到20年的发展历史，又是何其的不容易，充斥着起伏跌宕，同时也酝酿着希望与生机。毕竟支付方式变迁史也是一部社会生活史，回顾历史就是展望未来，我们从过去的各种痕迹中，总能发现未来的端倪。

基础期（20世纪90年代末）：1998年4月16日，伴随鼠标轻点，作为本行员工的彭千通过招商银行"一网通"网上银行支付系统，在互联网上向先科娱乐传播有限公司购买了一批价值300元的VCD光碟，由此成功完成了国内第一笔网上银行支付。自此以后，各大银行相继开通网上银行，人们终于可以不去银行柜台就可以办理转账业务了。这就是网银支付，而第三方支付也正是在网银支付的基础上发展起来的。

萌芽期（20世纪90年代末至2002年）：1999年3月首易信支付开始运行，是中国首家实现跨银行跨地域提供多种银行卡在线交易的网上支付服务平台。2002年3月，中国银联成立。但这些仍然属于网银支付的范畴。

随后，一些B2B、B2C、C2C平台的第三方支付相继出现，这些才是我们现在所常见的第三方支付形式。最早的互联网交易是不通过第三方平台的，但平台以外实现交易的形式仍然不能解决诚信这个大问题，于是第三方支付平台就呼之欲出了。

信用中介期（2003~2005年）：2003年，针对电商平台上商家良莠不齐而引发的信用隐患，阿里巴巴成立了支付宝业务部，并于2004年12月正式发布第三方支付应用——支付宝，支付宝实质上是一个充当信用中介功能的虚拟账户，有效地降低了交易风险，建立了良好的信用交易生态。

2005年，在达沃斯世界经济论坛上，阿里巴巴创始人马云首次提出第三方支付平台的概念。在这一年，第三方支付企业在专业化程度、市场规模和运营管理等方面均取得了较为显著的进步。随着计算机的普及和互联网的迅速发展，电子商务迎来了高速发展期，一时间网上购物成为时尚，第三方支付平台也如雨后春笋一般涌现。2005年9月，腾讯旗下第三方支付平台财付通成立，全球支付霸主PayPal高调入华。另外50家第三方支付公司也在同年宣告成立。因此，2005年也被称作是第三方支付的元年。

尽管第三方支付平台层出不穷，但是由于智能手机等移动互联网终端尚未广泛普及，第三方支付也仅限在电脑上实现，并且仍扮演着信用中介的角色，国家当时也还没有出台对第三方支付平台的资质认定和信用支持，因此很多人仍对第三方支付平台持怀疑和观望态度，以至于第三方支付的发展速度并未尽如人意。

普及期（2006~2010年）：随着第三方支付的不断更新迭代和时代的发展需要，第三方支付很快发展成为集网上支付、电子支付、充值卡支付、代收代付等多功能于一身的支付平台。2006年有调查结果显示：8成以上的网民正在使用第三方支付平台进行网上交易而不担心其交易风险。

2009年，中国第三方支付市场交易规模达到5766亿元，与第三方支付相关的企业已达300多家。但此时的第三方支付行业处于政策监管的空白期，挪用资金，非法套现等行为接连发生，整个支付行业陷入了混乱。

2010年,央行出台了《非金融机构支付服务管理办法》,确立了第三方支付相关的配套管理办法和细则,通过审核发放第三方支付牌照的方式开始把第三方支付机构纳入国家金融监管的领域内。并规定无支付牌照的第三方支付机构不得从事支付相关业务。

高速发展期(2011~2016年):2011年5月26日,央行正式发放首批第三方支付牌照,首批27家第三方支付企业获得牌照。随后,第二批13张支付牌照也相继发放到第三方支付企业手中。2011~2015年,是央行发放第三方支付牌照的高峰期,共有267家第三方支付企业获得了牌照。

同时,随着各种以智能手机为主的移动互联网终端的迅速普及,中国的第三方支付也迎来一个高速发展期,在这短短的几年间,不但给中国来了翻天覆地的变化,也让全世界为之瞩目。余额宝、微信红包、收款码等支付方式一次次地刷新着人们的眼球。各种第三方支付形式已经完全能满足日常生活所需。

未来随着人工智能的普及,第三方支付的发展也进入了新的阶段。声波支付、脸部支付、指纹支付早已经不再新鲜。在未来,最有潜力的三大支付方式是移动支付、城市支付和跨境支付。

可以说,未来以移动支付为主的在线支付已经突破了时间与空间的限制,无论在何时何地,人们都能通过无线网络进行生产和消费,这也是共享经济爆发的一大原因,也正是移动支付才使得互联网的价值共享得以更大程度地实现。

基于发达的现代物流体系

像大数据一样,现代物流业不但是共享经济的重要基础,同时本身也是共享经济的重要资源,共享经济未来的发展离不开发达的现代物流体系。同时"共享物流"也将成为共享经济的重要领域。

现代物流包含了产品的原材料采购、生产、包装、运输、仓储、装卸、加工、整理、配送、信息等方面的全部流通过程,甚至还有回收,可以这样讲,现代物流包含了产品从"生"到"死"的整个物理性的流通全过程。现代物流是以用户为中心提供的多功能、一体化、标准化的综合性服务。

现代物流与传统物流有很大的不同,传统物流环节很少,只有包装、运输、装卸、仓储等几个方面,并且大多是被动服务、人工操作、无标准。而现代物流在传统物流基础上逐渐被集成化、增值化、标准化、智能化和系统化,现代物流业已经发展成为一个新型的跨行业、跨部门、跨区域、渗透性强的复合型产业。过去物流业是末端产业,而现在已经上升为引导生产、促进消费的先导产业。

中国的传统物流向现代物流的转型升级,与中国电子商务的兴起有密切的关系。电子商务兴起之后,传统物流业已无法满足电商行业快速发展的需要,物流业越来越需要标准化、智能化和信息化等特征,于是电子商务的爆发式增长驱动了传统物流向现代物流转型升级。随后,电商之间的竞争已愈发明显地表现为物流的竞争,诸如阿里、京东等企业纷纷打出物流牌,竞争已然成为一片红海,为物流业的发展持续地注入新的动力,电商业界常说:得物流者得天下。

可以说中国传统物流的转型升级是在迅猛发展的电子商务倒逼下完成的。信息流、资金流和物流是电子商务的 3 个重要环节,而物流环节则是早期电子商务发展的最为薄弱的一环。

传统商业的物流模式，商品一般是从厂商，到分销商，到零售商，再到消费者，实物在空间上实现逐级"仓到仓"的转移，实际上分销商和零售商乃至消费者承担了运输、仓储和配送的角色。而电子商务的物流模式，商品通常是以单件的形式，借助快递从卖家经过多个环节的集散和分拨，最终到达消费者手中。这就客观上形成了物流服务商必须为电商和消费者提供高品质的物流服务，所以作为现代物流重要组成部分的中国快递业也就因此而发展壮大起来。

中国快递业的迅猛发展同时促进了其他物流领域的转型与升级，整个现代物流业越来越呈现出快速化、集成化、信息化、标准化、智能化、社会化与绿色化等特点。

现代物流的不断发展进步提升了经济活力，尤其是在共享经济领域起到了至关重要的作用，可以说在共享经济的很多领域，假如没有现代物流作为后台支持，这些领域是不可能运营共享模式的。

现代物流不光是共享经济的重要基础，现代物流业本身也是非常适合发展共享经济的领域。随着现代物流的网络化、标准化、信息化等特征的不断增强，现代物流业可以共享的物流资源也越来越多，物流信息资源、物流技术与设备资源、仓储设施资源、终端配送资源、物流人力资源等，都是物流业非常适合共享的优秀资源。在共享物流的推动下，过去物流业信息不对称、资源不共享、系统不协同、各物流体系不能互联互通的状况产生了颠覆性的变化，避免了物流资源的浪费，大幅度降低了物流成本。比如我们经常用到的菜鸟驿站、丰巢、货拉拉、牛到家等，都是共享物流模式的典范。

基于万物互联的物联网

有人说物联网就是下一代互联网，将广泛地出现和应用于我们未来的生活中，也有人说物联网是空中楼阁，是没什么实用价值的技术，广泛的物联网很难实现。

其实物联网早就存在于我们的生活之中了，比如商品条形码，就是物联网的技术之一，在20世纪70年代，美国就已经开始使用条形码，条形码现在已经在全世界被广泛使用。再比如我们的国家电网，从发电、变电、输电到用电，都广泛使用了物联网技术，运用了大量的传感技术、电子测量技术、云计算和无线通讯等技术实现对整个电网的监控与运营。可以说，物联网技术已经与我们的生活紧密相关了，在很多的领域，物联网技术越来越成熟，应用越来越广泛。

究竟该怎么定义物联网，在科学界也是众说纷纭，因此我们也很难几句话把物联网讲清楚。物联网（Internet of Things，IoT），顾名思义，就是物物相连的互联网。具体来说，物联网就是通过识读设备、射频识别（RFID）装置、红外感应器、全球定位系统和激光扫描器等信息传感设备，按约定的协议，让所有能够被独立寻址的普通物理对象与电信网、互联网相连接，进行信息交换和通信，以实现智能化识别、定位、跟踪、监控和管理的一种网络。

物联网基本上包含两层意思：其一，物联网的核心和基础仍然是互联网，是在互联网基础上延伸和扩展的网络；其二，其用户端延伸和扩展到了任何物品与物品之间，进行信息交换和通信，也就是物物相联。物联网也因此被称为继计算机、互联网之后世界信息产业发展的第三次浪潮。

物联网是互联网的应用拓展，与其说物联网是网络，不如说物联网是互联网的业务和应用，也就是"互联网+"的一种。

物联网和共享经济又有什么关系呢？或者说，物联网在共享经济领域中究竟如何应用？这才是本书关心的内容，其实我们无论再怎么分析和论述物联网技术，仍然很难搞清楚物联网在共享经济领域的应用。

我们不妨以共享单车为例来看看物联网在共享经济领域是如何发挥效用的，因为共享单车就是物联网在共享经济领域最经典的案例，也可以说共享单车是物联网的第一波大突破和爆发式应用。

相信很多人都使用过共享单车，过程非常简单，用手机APP扫描共享单车上的二维码，实现开锁，然后骑行，骑行完毕后锁车并在手机上完成自动扣款。

整个过程的实现其实就是通过物联网应用架构："手机端—云端—单车端"，这也是一种比较常见的物联网架构。

手机端和云端的技术已经相当成熟，所以这整个物联网的重点就在单车端了，单车端的重点又在于"智能车锁"，而在智能车锁中最为关键的，就是"无线移动通信模块"，也就是能够实现物联的最关键环节。

"无线移动通信模块"，其实就是SIM卡，也就是我们常用的电话卡，大多数人应该都不会意识到车锁里面还集成了SIM卡，但这个SIM卡其实与我们常用的电话卡还有所不同，它属于物联网SIM卡，正是这个物联网SIM卡承担了与云端连接的任务，说白了就是智能车锁的各个单元通过物联网SIM卡进行无线上网，与云端完成信息的交互，实现了消费者在使用中的找车、开锁、还车和计费。如果没有物联网SIM卡这个无线移动通信模块，那这个智能车锁就是废铁一块，共享单车这个系统也就无法实现闭环了。

进一步说，即便有了物联网SIM卡，如果网络信号不好，智能车锁依然不能完成与云端的信息交互，又进一步说，即便有网络信号，但车锁没电了，智能车锁同样停摆。因此，智能车锁的完美应用又最终取决于网络信号和车锁的功耗。

假如一辆共享单车在一个网络信号不好的区域，我们就无法实现共享单车的开锁，也不能实现锁车后的计费和车辆释放。同样地，如果智能车锁的电池没电了，或者刚好骑行结束后没电了，也不能实现开锁和锁车后的计费与车辆释放。

而现在这些问题都不存在了，最新的智能锁已经采用了 NB-IoT 技术。NB-IoT 就是窄带物联网（Narrow Band Internet of Things，NB-IoT）"，这种 NB-IoT 的技术优势在于：

强链接：在同一基站的情况下，NB-IoT 可以比现有无线技术提供 50~100 倍的接入数。一个扇区能够支持 10 万个连接，可满足大量设备联网需求。

覆盖广：NB-IoT 网络比现有传统网络信号覆盖强度提升了 20dB，相当于可以多穿 1~2 堵墙。

低功耗：对于一些不能经常更换电池的各类传感监测设备，长达几年的电池使用寿命是最本质的需求。NB-IoT 设备功耗可以做到非常小，设备续航时间可以从过去的几个月大幅提升到几年。

低成本：低速率、低功耗、低带宽给 NB-IoT 芯片以及模块带来低成本优势。

靠技术的不断创新异军突起的共享单车，利用 NB-IoT 破解了管理和应用难题，使多方共赢成为可能。对于共享单车而言，可同时满足用户体验、制造成本、运维便利性 3 个方面的要求。

2017 年初，三大运营商就开始紧锣密鼓布局 NB-IoT 网络。

2017 年 6 月，中国电信已完成 800M NB-IoT 全网覆盖，全国 31 个省市实现 NB-IoT 网络的商用。2018 年 5 月，中国电信今年物联网连接将突破 1 亿。

2018 年 5 月，中国联通 NB-IoT 基站规模将超过 30 万个，基本可以做到全国覆盖。物联网连接平台已经超过了 8000 万的连接，近 2 万的企业用户，每月新增连接数在 300 万~400 万左右，目前已经成为全球最大的单一连接管理平台。

2018 年 5 月，中国移动 NB-IoT 一期网络建设已经覆盖 346 个城市，物联网连接平台数达到 4220 万，企业用户数超过 7500，物联网连接数超过 2.3 亿。到 2018 年年底实现县一级覆盖。

随着 NB-IoT 网络的不断发展，NB-IoT 技术不只用在共享单车领域，在未来的智慧城市、智慧农业、资产跟踪、智能停车、智慧医疗、智能家居等物联网应用领域将产生海量连接,远远超过人与人之间的通信需求。

NB-IoT技术的应用在物联网的完善和升级过程中起到了关键性作用,解决了关键问题,物联网如此迅猛的发展和共享经济的爆发是分不开的,事实上也只有共享经济才能孕育出如此数量惊人的物联网应用场景,反过来物联网的不断进步和扩展又是对共享经济发展的极大促进,两者相辅相成。

第四章

互联共享的价值创造

随着移动互联网、大数据、云计算、第三方支付、现代物流、物联网技术的不断发展与快速升级，社会生产力的提升速度也是日新月异、今非昔比，但任何事物有一利也必有一弊，全人类取得可喜成绩的同时，伴随而来的危机同样是人们亟待解决的问题，人们也不得不一次次地更新自己的价值观来看待我们的世界。也许我们还会思考，过去创造的价值有没有意义？未来可能创造的价值是不是我们真正想要的？或者说是不是我们应该要的？

在"互联网+"时代下的共享经济既然是社会经济的一种形态，是人类在当下时代必然的选择以及发展趋势，那它就必须有价值创造和价值体现，无论它算不算社会经济的最理想形态。

第四章　互联共享的价值创造

共享平台本身的价值创造

当今世界已经全面进入了共享经济的新时代，新时代共享经济的概念以及基本模型是从美国兴起的，但是很快就在全球多个国家和大型城市扩散开来。

Zipcar 是美国的第一家共享经济企业，创始于 2000 年，到现在全球已经有超过数万家各类共享经济企业，他们在各个行业影响着人们的生活和消费方式。根据著名风投机构风向标（CB Insights）2017 年发布的全球"独角兽"公司（一般指投资界对于 10 亿美元以上估值，并且创办时间相对较短的公司）榜单 TOP10 显示，分别是：

（1）优步（Uber）——美国（估值：680 亿美元）

（2）滴滴出行——中国（估值：500 亿美元）

（3）小米——中国（估值：460 亿美元）

（4）AirBnB 爱彼迎——美国（估值：293 亿美元）

（5）太空探索技术公司 SpaceX——美国（估值：212 亿美元）

（6）大数据公司 Palantir Technologies——美国（估值：200 亿美元）

（7）WeWork 众创空间——美国（估值：200 亿美元）

（8）陆金所——中国（估值：185 亿美元）

（9）美团大众点评——中国（估值：180 亿美元）

（10）Pinterest——美国（估值：123 亿美元）

我们看到，只有第五名的太空探索技术公司与共享经济没有关联，可见未来共享经济在全球经济中，尤其在创新经济中所占的比重。同时我们也看到中国共享经济企业的异军突起，在以上的榜单中，中国企业就占了四席。

中国共享经济的发展之快、之迅猛，让全世界为之震惊、为之钦羡，在2017 年，中国共享经济规模集中大爆发，人们生活方式剧烈改变的同时，也成就了许多新时代的创业神话和创富传奇。

2018年2月,国家信息中心分享经济研究中心、中国互联网协会分享经济工作委员会在京联合发布《中国共享经济发展年度报告(2018)》。报告显示,我国共享经济继续保持高速增长,2017年我国共享经济市场交易额约为49205亿元人民币,比上年增长47.2%。

在拉动就业方面,共享经济发挥了重要作用,做出了巨大的贡献。报告显示,2017年我国提供共享经济服务的服务者人数约为7000万人,比2016年增加1000万人;共享平台企业员工数约716万人,比2016年增加131万人,占当年城镇新增就业人数的9.7%,意味着城镇每100个新增就业人员中,就有约10人是共享经济企业新雇用员工。

报告还提出,中国共享经济领域的创新创业取得了巨大成就,成为全球共享经济创新者和引领者。截至2017年年底,全球224家独角兽企业中有中国企业60家,其中具有典型共享经济属性的中国企业31家,占中国独角兽企业总数的51.7%。

未来几年中国共享经济活动的市场价值将以40%的速度增长,到2020年,大约将占GDP的10%,2025年预计达到20%。中国共享经济的用户规模、每天产生的订单规模,都是全球第一。

创新的力量是世界经济的趋势,可以说,至少在15年内,共享经济这种模式都有极大的价值。

激活闲置资源

当经济发展到一定程度后，资源利用效率就会出现结构性变化，很多资源就可能成为闲置资源，为共享经济的发展提供了"供给基础"。或者说，在物质丰富的背景下资源配置的不均衡是共享行为发生的基础，通过构建共享平台来高效激活闲置存量资源，正是共享经济商业模式最根本的追求和功能。实质上，共享经济的核心内容就是激活存量资源。

也正是因为资源配置的不均衡使"共享经济"这一最原始的经济模式重新获得新生。它能在有效的资源容量情况下，优化资源配置效率，让资源配置趋于平衡，进一步促进社会生产效率发展，提升资源使用效率，提升社会整体运行效率。说白了就是不必"你有我有全都有"，但求"你用我用大家用"。

经过两百多年人类的智慧创造，工业生产大范围地替代了自给自足，以交换和购买必需的生活用品发展到了对物质更多形式的消费体验，市场供应充足，我们也拥有了更多的消费选择和自由，但与此同时，在经济较发达地区，市场的供应已经远远大于需求，过去供不应求的局面早已一去不复返。

也就是说，我们在享受便利生活和拥有消费自由的同时，生产过剩的情况也越来越普遍地出现在了社会经济中，市场经济的缺陷就在于厂商企业的自主性增强，因此也导致了社会的重复生产，我看你的产品卖得好，我就也制造同样的产品投放市场，最终不但利润都会减少，而且还会出现生产的过剩，大量的原材料和产成品就会出现闲置，因此说生产过剩也是产生闲置资源的重要因素之一。

共享经济商业模式中的互联网平台具备"平台调试+按需提供服务"的中介功能，人们可以及时把手中的闲置资源出售、出租，或者是有针对性地进行购买和租赁，这一模式最直接的价值创造体现在激活了存量资源。共享经济下利用了互联网、云计算、大数据、物联网、现代物流、第三方支付等技术手段整合一切可利用的资源，进行资源调配，颠覆传统的消费行为，以最低的成本消费和生产，实现产品和服务的利用最大化。

据欧盟关于"共享经济"的一份报告里估计，现在世界汽车保有量大概在13亿辆，而8亿辆属于一个人独自拥有和支配，私家车有95%的时间是闲置的，生活中有80%的汽车座位都是空着的。另外报告中还显示，平均每个家庭里有3000美元的东西是闲置无用的。比如像Uber、滴滴等打车软件，就是有效激活了原本闲置的汽车资源，创造了新的价值。而闲鱼、瓜子二手车之类的二手物品交易平台则是有效地激活了家里闲置物品，交易后各得其所。

社会的闲置资源存量内涵非常丰富，不仅有闲置的汽车、闲置的生活物品，还包括闲置的房产、闲置的土地资源、闲置生产设备，以及闲置的资金、时间、智慧、技艺、经验等，在"互联网+"大环境下，涌现出大批的共享平台，实现二手物品交易、短长租、众包、众筹等市场交易，这些共享经济商业模式高效、无缝地实现供需双方的匹配，盘活了存量资源，同时也提高了新增资源的利用率，极大地刺激了市场的交易、交换率。

共享经济不是眼球经济，不能一味追求抢眼、标新立异。业界需要认真思考如何充分用好闲置资源，提高社会资源的利用效率，降低社会运行成本，在创新中找到一条适合可持续发展、推动经济结构调整、创造更大价值、最终惠及民生的发展之路。

化解过剩产能

生产过剩的背后必然是产能过剩、重复建设，而产能过剩的危机被激化，与金融危机爆发、全球经济显著下滑、造成世界范围内需求严重萎缩有直接的关系，也由此引发失业浪潮的到来。加上环境恶化、新世代新价值观的诞生以及技术的迅猛发展等时代背景因素，共同推动了共享经济的到来。共享经济强调人人参与，使用权和所有权分离，优化资源配置，提高利用效率。这一新的经济形态正冲击着传统价值观和消费理念。

当前，中国拉动经济增长的"三驾马车"中，投资和出口动力不足，消费的潜力尚未充分激发，使得进入新常态的中国经济面临着巨大的下行压力。为此，中央提出供给侧结构性改革，包含5项重要任务：去产能、去库存、去杠杆、降成本、补短板。作为未来最核心的政策主线，供给侧改革中化解产能过剩问题备受关注。习近平主席多次强调要做好产业结构调整，化解产能过剩。李克强总理曾表示：产能过剩越来越成为经济运行中的突出问题，要坚定不移地化解产能矛盾，按照既利当前又利长远的原则抑制盲目扩张。

因此，在去产能化过程中，需注意既要消耗过剩落后产能，又要保证当前市场供应平稳。在这看似矛盾的局面中，共享经济模式将大显身手。它主要是通过对闲置生产力的挖掘利用，来保证在降低产能的同时，不会影响到市场正常供给。

根据国家出台的文件，我国制造业31个行业，至少31%的行业都受到不同程度的产能过剩的冲击，有的是长期的，有的是暂时的，有的是有形的，有的则是虚拟的，有的与流程、网络和经验有很大关系，这些已经成为了阻碍经济发展的重要因素，而共享经济商业平台的功能就是通过产品和服务，将过剩的产能进行化解和释放，促进产业转型升级，激发并创造新的价值。

通过共享经济模式化解过剩产能一般有两种情况：

一种情况通过对资源使用权的分割、整合及合理供应,很好地消化过剩产能,挖掘社会资源新的价值,实现社会效益的最大化。比如将工厂里闲置的设备通过互联网共享平台租赁出去,或者是将设备闲置的时间段租赁出去,也可以说是激活闲置的生产资源。比如在工程机械领域,截至2016年年底,中国工程机械主要产品保有量约为672万~728万台,设备闲置率却达到了60%。工程机械的租赁市场规模为6千亿元左右,仅占到了整个机械市场的35%,而欧美国家的租赁率为80%,增长空间巨大。南京智鹤电子科技旗下的"攻城兵",就是以共享工程机械业务为主的共享平台。

另一种情况为过剩的产能提供一个与外界联通的窗口,通过对产能的对外开放,扩展了营利渠道,创造大量新的价值,共享平台也实现了高效利用与赢利。比如大街小巷的饭店、餐馆,如果按照传统的人们外出就餐的餐饮消费方式,恐怕没有多少饭店、餐馆的接待能力正好得到满足,大多数饭店、餐馆的服务能力都是过剩的,自从一些主营外卖服务的共享平台出现以后,很大程度上释放了饭店、餐饮的过剩产能,增加了营收,同时也实现了多方共赢。

共享经济在"互联网+"大环境下,开发的创新产品和增加的服务形式,尤其利用信息的集约与大数据挖掘闲置资源发展生产力,为助推供给侧改革发挥了重要作用,创造了巨大的社会价值。

开源和节流

商业行为无非两件事：开源和节流。历史上任何一种新的经济形态或商业模式的产生和普及，无不围绕着这两点展开。在市场竞争如此激烈的今天，传统商业模式的空间扩展和成本控制都可谓达到了极限，赔本赚吆喝的事已经屡见不鲜，令商家痛苦不堪，无不在挖空心思寻求各种突破。开源和节流，能够做到其中一项的模式已经算是好模式，而共享经济同时做到了。

一、开源

任何商业模式都希望无限扩展自己的市场空间，增长消费者数量，但传统的商业模式，由于受团队、资源、资金、信息、数据、经验等方面的限制，经营的区域、市场的规模、企业的发展到一定程度就会出现瓶颈，甚至是无法突破的死局，即便是能够将市场网络发展到最大可能性的传统连锁加盟模式，也会出现资产重、管理难等一系列问题。

而共享经济商业模式则不同，共享经济商业模式运用了互联网、大数据、云计算、现代物流、第三方支付、物联网等技术，从一开始就是从全网、全局做部署，而不是从一城一域出发，再发展延伸到全国、全世界。

当今共享经济领域流传着一句话：没有一个房间也可以开酒店，没有一辆车也可以开租车公司，没有一件商品也可以开商场。这是什么样的酒店、租车公司和商场？当然不是在某城某地开一间酒店、一个租车公司和一座商场，而是运用互联网做平台，整合酒店、汽车和商家，在虚拟的市场里做实实在在的生意。而这个虚拟的市场空间在拓展层面有无限的可能，不受时间与空间的限制，商业连接可以无限多、无限大，销售网络末梢可以伸展到最小区域和最小单位。

传统企业也可进入共享经济领域，运用共享经济的商业模式，在互联网上拓展自己的业务，一时间让天下皆知，将自己的产品和服务销往全国、全世界，并且使销售和服务渠道层次更扁平化，大大增加了企业利润。

二、节流

历史上任何一种新的经济形态或商业模式的产生并能普及的关键在于能否通过制度、组织的创新使交易成本最小化。企业也正是基于此条件而产生的，简单来说企业的存在就是为了节省交易成本，企业这种组织之所以能替代自由市场就是因为市场上的交易成本太高。

但传统的企业也只是在一定程度上和一定领域内解决了市场交易成本太高的问题，对于更广泛更细分的市场而言，传统企业就显得无能为力了。所以传统企业发展到一定程度，必然就会面临交易成本的瓶颈、市场的瓶颈。有些资源，虽然有供给也有需求，但是，由于相互寻找、讨价还价、订立合同的成本太高，所以无法进入市场交易，只能闲置，而互联网，尤其是移动互联网的出现减少了交易费用，使得这些资源产生了交易的可能，从而进一步产生了庞大的共享经济规模。

共享经济的本质，也在于降低交易成本，更重要的是共享经济商业模式的交易成本可以做到比传统企业的商业模式还要小、还要节省。并且使原来不可交易的资源进入可交易的范围，共享经济的商业模式触及了传统企业无法触及的范围和领域。所以也就使得共享经济颠覆传统企业、传统商业成为可能，而且非常轻松。

共享经济的一个颠覆性影响是互联网及移动互联网的发展导致交易领域的革命，它降低了信息不对称，减少了交易成本。基于大数据下的信用记录加强了市场主体的信用约束，而社交网络的扩展有利于实现规模效应。这些变化导致企业边界的变化和个人与组织关系的变化，互联网和云计算在局部上大幅降低了企业间的交易成本。消费者通过互联网和云计算的消费过程也创造出新的专业化价值，并带来个体经济的强势回归。互联网及移动互联网减少了获取价格信息的成本、比较的成本，尤其重要的是使过去认为不可能的潜在交易变成了可能，更为重要的是它解决了从人格化交换到非人格化交换中的诸多问题，使远距离的陌生人的交易成为可能，解决了信息不对称问题。新时代共享经济既不是传统意义上的市场，也不是传统意义上的企业，而是全新的经济形态。

共享经济中的共享平台既有市场的功能又超出了传统的市场，它突破了传统市场的时空限制，这是对传统市场经济配置资源理论的又一种拓展。共享平台公司并不直接拥有固定资产，而是利用移动设备、互联网支付等技术手段有效地将需求方和供给方进行最优匹配，通过撮合交易，获得佣金，从而达到双方收益的最大化。

共享经济中的共享平台实际上是一种匹配程序，是供给与需求者之间的中央派位制度，它大大地降低了交易费用。而对于共享平台而言，规模效应明显，用户越多，匹配的可能性就越大。可见，只有建立在一定体量的基数之上，通过信息交互、系统撮合，需求的匹配才能达成。互联网使潜在的交易变成现实的交易，潜在的需求变成现实的需求。

与传统经济下的交易相比，共享经济因为共享平台上的供求双方直接交易大大降低了供给和需求双方的交易成本，这不仅体现在金钱成本上，而且还体现在时间成本上。

扩大公众有效需求

价格永远是消费者做出消费决策的重要依据之一，同时也是最敏感的市场因素。共享经济商业模式的原理和运行逻辑从根本上与传统商业模式同出一辙，就是开源和节流，也可以说是拓展市场和降低成本。拓展市场是企业主观上寻找和扩大市场需求，并且得是有效需求。而消费成本的降低则是从客观上形成了市场需求，而这种市场需求是广泛的、有效的市场需求，消费者因为消费成本的降低而做出了消费决策。

共享经济商业模式所运用的"互联网+"技术使市场的供应方和需求方可以完成高效匹配和最优匹配，有的原本市场上没有的产品和服务，现在有了；原本离我们很远的，现在变成触手可及了；原本不是必需的产品和服务，现在仿佛变得必需了。

原本市场上没有的商品和服务，现在有了。共享经济商业模式中出现很多新鲜事物，并且创新还在继续，速度也在不断加快，这些全新的商品和服务内容，让消费者获得了全新的、更便捷、更丰富的消费体验。比如共享医疗，原来我们求医问药，就必须得去医院或诊所，有了共享医疗平台，我们就可以在平台上完成这一过程，并且所享受的服务甚至比去医院更加周到和细致。

原本离我们很远的，现在变成触手可及了。共享经济商业模式是建立在互联网、物联网、现代物流等基础之上的，解决了信息不对称和资源配置不平衡等问题，让原本遥不可及、不可想象的东西，可以很方便地进行交易和交换。

原本不是必需的产品和服务，现在仿佛变得必需了。在有些共享经济商业模式出现之前，他们所提供的产品和服务，原本不是生活中的必需品，有它没它都可以，但现在仿佛衣食住行中，成了离不了的消费。比如共享单车，虽然有人说共享单车之类的商业模式是伪共享经济，但是毕竟它出现了，而且成为人们生活中不可或缺的消费。共享单车所提供的服务原本并不是必需生活用品。这就是典型的从无到有，引领和创造了公众的有效需求，而且成为爆款。

随着社会经济的不断发展和进步，生产资源和消费资源日趋丰富，人们的需求也变得越来越多元化，处于长尾区域的需求蕴含着潜力巨大的开发价值，而共享经济商业模式能够将这些个性化需求与资源连通起来，实现社会资源的有效利用，并极大地丰富人们的工作与生活。

总而言之，有了共享经济商业平台，公众的实际消费能力在市场供给越来越丰富的情况下被放大，同时在消费成本降低的情况下，消费需求得到了推动与提高，使长尾客户的消费活力得到了释放，社会资源得到了多样化的输出窗口，进而，共享经济实现了对公众有效需求的扩大，带来新的经济增长点，为市场上的微观参与主体创造出了无限的价值。

助推创新创业

2018年政府工作报告提出：要提供全方位创新创业服务，推进"双创"示范基地建设，鼓励大企业、高校和科研院所等开放创新资源，发展平台经济、共享经济，形成线上线下结合、产学研用协同、大中小企业融合的创新创业格局，打造"双创"升级版。

在"大众创业、万众创新"的背景下，创业创新已成为时代潮流，这无疑是给有理想有抱负的人提供了更广阔的机会。那么提到"创新"，必然联想到"共享经济"，而在"创业"领域，"共享经济"无疑又是绝佳的经济领域，共享经济的不断发展必然对"大众创业、万众创新"产生极大的促进力。

共享经济时代的快速发展，加速了中国大众创业、万众创新的进程。移动通信、互联网的发展普及使整个世界的知识结构扁平化，市场信息的传递更加便捷，大大降低了非专业人员参与创新的成本，为大众创业、万众创新奠定了坚实的技术基础。共享经济下，互联网、云计算、大数据、智能手机、智能终端系统、现代物流服务让遥不可及的"创业"梦成为现实，并成为经济增长的新引擎。

在"共享经济2.0"环境中，万众创业就业方式呈现出的四大新特征：身兼多职、工作家庭化、网状协同、任务型组织。与工业经济时代的创业就业形态相比，互联网技术大大降低了创业门槛，打破传统就业方式，为灵活创业就业创造了更多的可能。人们从工业时代的"螺丝钉"变成了有面孔的人，人们所从事的工作从流水线的简单重复到互联网上的瞬息万变。

在共享经济的模式，大众创业、万众创新是借用大众智慧共同探索新的产业变革趋势，能够发掘并培养出新的经济增长点，更有利于满足分散化、精细化的市场需求，以供给创新激发和释放新的消费潜力和投资空间。让每一个创业创新者拥有以勤劳致富、实现梦想的公平机会，这将极大地调动广大人民群众的积极性，并释放出巨大的经济发展活力。

在"共享经济2.0"时代，创新创业模式可能开始由"小众精英式"转向"大众社会式"。创业创新、探索新领域、打破旧思维这些理念是新时代所特有的，它们正在日益成为富有时代气息的社会价值导向的生活方式。在共享经济时代，人们的个性更加释放，敢于挑战权威和打破不合理规则的束缚，对工作的态度不再是墨守成规，他们更愿意寻找自由放松、发挥个性的工作。

共享经济为创业创新提供了一种新思维，既要充分利用自身资源，又能通过互联网等技术手段持续降低原始投资成本，为普通创业者创业提供了更多的创业选择与商业渠道，也为广大民众寻找就业机会、发挥自身价值搭建新的平台，从而创造出更多商业模式和生活方式。

促进产业新旧动能转换

中国正处于产业新旧动能转换的关键阶段,什么才是旧动能转化为新动能的核心驱动力?能源消耗严重、污染环境的传统产业从长期看再难以成为拉动中国经济高速增长的主要驱动力,未来需要新的产业动能挑起新时代经济的大梁,传统产业面临着新旧动能转换的产业转型。

中国经济2010年以后经历了长达六年的增速下行,GDP增速从2010年10.6%,下降到2016年一季度6.7%,如此长时间的经济调整,在改革开放以来还是第一次,其内部驱动因素也与之前的经济周期有明显的不同。这轮经济下行既不是工业社会早期的生产相对过剩型经济危机,又不是工业社会中期的有效需求不足型经济衰退,而是工业社会后期的"供给老化型经济下行"。

2002~2007年,中国经济体现出典型的供给扩张特征,在工业化和城镇化的带动下,钢铁、公路、房地产、汽车、家电等供给扩张行业带领中国经济高速增长。2010年以后的太多产业处于供给老化阶段,经济整体的需求创造能力大幅降低。

上述老化供给经济经历了长达六年的调整,2016年市场出清已接近尾声。与此同时,新动能形成和扩张对于经济的拉动作用逐步显现,经济进入新旧动能转换的关键阶段。随着产能利用率和产销率双双回升,老化供给对于经济的下行压力明显降低。随着过剩产能逐步退出,企业的库存压力得到明显缓解。随着老化供给持续出清,老化供给对于经济的影响已经趋稳,这也是2017年GDP增速回升到6.9%的原因,这与2017年共享经济的全面井喷有很大的关系。

即便如此,中国目前经济的局面仍然是85%的传统产业与15%的高新技术产业,传统产业目前的产能几乎全部过剩,整体来讲,就是低端供给严重过剩，而高端的供给又严重不足，中国当前面临的是典型的产业结构失衡问题，所以仍然需要将新旧动能转换继续推进，而共享经济无疑是推动新旧动能转换的重要力量。

共享经济推动新旧动能转换的核心思想就在于整合资源、降低成本、减轻资产、化解过剩产能和增加服务型消费，以低投入高获利的优势吸引消费者，引领人们转变传统的消费观念与生活方式，从而促使整个社会产业转型升级和结构调整。随着共享经济的不断发展增量，社会经济将向产业绿色化、市场服务化、产品高质化、消费绿色化方向发展，从宏观层面上为国家经济实力的提高、社会发展的进步创造出巨大的价值。

提升社会信用程度

共享经济从本质上来讲,其实就是一种信用经济,供给者与需求者双方如无信任的建立,共享经济的交易便无从谈起,健全的信用体系为共享经济的崛起奠定基础。从共享经济商业模式的组织运行者角度来看,也就是说共享平台一方,首先需要建立的就是植根于社会信用体系的信用机制、交易规则以及保障机制。另外,商家如果想参与到共享经济领域中来,必然也要遵守社会信用公约与平台信用规则,在信用的基础上向社会提供产品和服务,否则就将失去参与共享经济的机会。同样,作为个体消费者要想享受共享经济带来的便利,也必须按照共享平台在社会信用体系基础上所设定的信用规则来消费。

如何促进社会信用程度的提升与社会信用体系的健全,还需要具体的方法和措施,不能是也不可能是共享经济参与各方的一厢情愿,需要整个社会及技术手段的共同努力。

爱彼迎(Airbnb)的联合创始人兼首席执行官布莱恩·切斯基(Brian Chesk)在第二届世界互联网大会·乌镇峰会曾提过这一问题的根源所在:共享经济的核心是"信任"。而"信任"的风险仅仅依靠道德及法律约束是无法制衡的,这也是征信体系存在的重要意义。完善的征信体系可以将共享经济中的不安全因素最大限度地排除在外,同时,由共享经济体系中产生的用户违约违规失信行为,也可以为征信系统评估个人信用级别提供重要依据。

在共享经济领域,无论在美国还是在中国都出现了信用问题。

2012年12月至2015年8月之间,美国优步(Uber)表示其共收到5起强奸和近170起性侵案件。强奸案件发生率为九百万分之一,性侵案件发生率为三百三十万分之一。

而在中国共享经济领域也是问题频发,比如在共享金融P2P平台领域,由于制度建设的滞后及监管不力，出现了众多的问题，平台失联、提现困难已经屡见不鲜，甚至超过了半数。另外还有平台诈骗、警方介入、平台跑路、暂停运营、平台清盘等问题（可参考"网贷天眼"）。

在共享交通领域，存在共享单车损坏、共享汽车跑单等问题，甚至还有更为严重的刑事案件发生，根据中国裁判文书网，2016 年至今，该网收录的有关网约车司机在接单运行中发生的刑事案件判决书有 10 余份，平台全部为滴滴出行。按照案发量多少，这些案件所涉罪名为故意伤害罪、强奸罪、诈骗罪、盗窃罪、聚众斗殴罪、危险驾驶罪等。其中济南女孩遇害案与乐清女孩遇害案，更是受到社会的广泛关注，滴滴也是宣布顺风车功能无限期下线。

相对来讲，在共享经济领域信用问题方面，美国还是要比中国要完善很多，那美国是怎么做到共享经济在良好社会信用体系基础上运行的呢？这有赖于美国完善发达的征信体系，美国是一个市场驱动征信体系发展的国家，征信机构独立于政府和美联储之外，按照纯市场化的方式运作，并以营利为目的向市场提供信用信息产品和服务，政府和美联储仅扮演监管者的角色。

我国征信行业与国外相比起步较晚，无论是征信业务的普及度、商业模式的成熟度还是征信系统的完善程度，都较国外有很大差距。目前我国大致形成了以央行为主导的公共征信为主、商业征信并存的征信体系。

而公共征信在与共享经济对接方面存在明显的不足，因此也就逐渐产生了以服务互联网平台模式为主要征信业务的征信公司，如芝麻信用、腾讯信用、前海信用、拉卡拉征信等公司。

目前中国信用体系尚不完善，相关制度还不健全，公民失信成本低，对"信用"还未产生成熟的认知，这也是大部分人在体验共享经济之前都会产生不信任态度的主要原因，也给中国的共享经济在高速发展的路上设下了一道路障。而对于共享经济模式，更需要通过市场教育、相关法律、失信惩罚体制来约束失信行为。

2015 年 1 月，中国人民银行印发《关于做好个人征信业务准备工作的通知》，要求芝麻信用、腾讯征信、前海征信等 8 家公司做好个人征信业务的准备工作。目前这些征信公司通过与电商平台、社交应用、租车应用、租房应用、金融贷款应用等场景化数据对接，将个人征信体系通过大数据整合，已经开始实现中国征信行业的重大进步。

共享经济风口已到，信用体系的建设需要快步跟上，成为共享经济发展的重要基石，同时共享经济的发展也必将促进社会信用体系的建设与健全。所以说，共享经济的发展与社会信用程度的提升相辅相成、互为促进，为中国共享经济开启新的时代。

创造集合价值

共享经济长尾效应的发挥，本质上是一个规模效应问题。规模效应对于共享经济是一个核心的要求，特别对于营利性共享经济。共享经济利用互联网技术构建一个服务平台，形成共享标的的集聚，规模效应日益凸显，共享经济服务的边际成本不断降低。同时，共享经济存在相对高频的交易，这样使得共享标的使用权暂时让渡的收益在总量上显得较为可观，即呈现显著的规模效应。还有，网络时代下社会成员处在多种相互关联的虚拟社区之中，社交网络的拓展迅速提高了共享经济的规模效应，即所谓的集合价值（Aggregate Value）。以信息技术为支撑的网络社区对于资源使用、配置和管理成本可能低于实体市场或行政体系下的交易成本。规模效应提升了共享经济的收入，同时降低了共享经济的成本，从而形成了成本收益的可持续性。规模产生的过程就是一个价值共创的过程。对于营利性共享经济而言，只有规模足够大，供求双方才能高效地进行匹配，有效提高需求响应速度，有效降低服务供给成本，使得共享标的的使用成本低于拥有所有权的成本，并成为一个成本可负担的业务模式。

在"互联网+"背景下，众多互联网媒体的出现实现了社会人群的互联互通，人们通过共享平台，使得供需双方的资源得到高效匹配对接，认知盈余获得合理的价值定位，集合价值的产生使得社会主体受益。也就是说，共享平台上活跃的用户数量越多，其释放的集合价值也就越大。如滴滴出行、易到用车，都是以这个思维模式颠覆了传统的出租车行业，并快速占领出行领域，将大量的用户集合起来，快捷方便地实现供需双方的高效匹配，发掘出巨大的集合价值，迅速发展成为炙手可热的独角兽企业。

共享平台，既整合了要素、资源，又构建智能化的运行系统，在庞大体量的用户基数之上，通过信息交互、系统匹配，让资源的供需双方达成交易与交换，从而产生体量惊人的集合价值。

集合价值是共享经济带来的极富潜力的一块巨大蛋糕，其能够使社会的闲置资源得到充分的利用，规模效应产生明显的优势，为每一个参与组织和个体创造出巨大的价值。

增强社会公平性

《道德经·第七十七章》：天之道，其犹张弓与！高者抑之，下者举之，有余者损之，不足者与之，天之道损有余而补不足。人道则不然，损不足，奉有余。孰能有余以奉天下？其唯有道者。

老子的大概意思是：天地宇宙自然的法则，是损减有余的来补充不足的，让一切趋于均衡、公平。人类社会世俗的做法则恰恰相反，是损减不足的来供奉有余的。谁能让有余来供奉天下实现天下为公呢？唯有有道之人。

老子道出了一个事实：人类社会经常与天道背道而驰，并不是趋于平衡地去改造和利用自然，而是为满足利欲去剥削和掠夺。观当今社会，资本越多，掠夺资本、资源的能力就越强，导致富的愈富，而穷的愈穷；发达的地区越是发达，欠发达地区的资源和人才就越是往发达地区流动，导致发达愈发达，而落后愈落后。

看到这些，我们自然也会想到"马太效应"，但马太只是表达了一个观点、描述了一个现象，而老子是给出了解决方案的。

老子最后提出了一个问题，并给出了一个答案：如何才能使天下均衡发展、增强公平性呢？只有让懂得天道的人来主导这个世界，或者说只有遵循天道，人类的发展才会呈现良性的态势。我们也可以扩展一下思维来看"有道者"，有道者不一定就只是指"有道之人"，还可以理解成"有道之法"。

可以说人类从来都没有停止过思考和求索，一直在追求最佳的人类社会发展方案。换个角度来说，人类必须遵循天道发展才有出路，人类历史上走了好多弯路，因为人类总想按照自己的意愿去有为于天下，结果导致人类生存危机频发，迫使人们不得不重新思考未来的出路。

今天的"共享经济"是未来最好的出路吗？不一定是，但它的确是人类共同的智慧选择。或者从某种程度上说，"共享经济"就是"有余以奉天下"

的"有道之法",因为它的确能解决当下人类社会的诸多问题,尤其是社会公平性问题。

财富的分配不均衡,资源配置不平衡,都是当今社会最突出的社会矛盾,这种社会的不公平性已经严重影响了社会的稳定及可持续发展。"共享经济"是在经济全球化背景下孕育兴起的,其速度、广度、深度前所未有,也为各国经济增长带来了无限的机遇,大大解决了经济增长带来的包容性不足问题,也就是社会公平性的问题。

如果一部分人受益越来越多,另一部分人受益越来越少,资本回报和劳动回报差距越来越大,产业发展和就业受到的冲击就越来越难以弥补。解决这些问题,可以说不仅具有经济意义,也具有社会意义。

以互联网、大数据、云计算、物联网为代表的共享经济,不仅创造了新的供给和需求,大大拓展了发展空间,而且也给各方带来更多平等参与的机会。几乎每个人都可以借助互联网,更加便利地创业创新创富。现在,在中国偏远山区里的农民,他们的特色农产品也能够在一两天之内通过网购、快递,迅速进入中国的大城市,价格是在当地销售的若干倍。这个事例表明,如果充分地把这些机遇提供给所有人,只要他们有能力而且愿意创造,他们获得的就是前所未有的机遇,而且中小企业和大企业也站在同一起跑线上融通发展,催生了更多的新领军者。

共享经济使得劳动力和资源闲置的问题得以解决,使社会资源的不平衡现象得以合理调配,市场潜力得以充分发挥,社会和区域的分化得以弥补,增强了社会公平性,实现相对均衡的良性发展与可持续发展。

促进现代化经济体系建设

中共十九大报告中明确提出新发展理念——建设现代化经济体系。习近平总书记站在新的历史起点上,高瞻远瞩,审时度势,对建设现代化经济体系做出全面部署。

建设现代化经济体系具有重要的时代意义,一是开启全面建设社会主义现代化国家新征程:到2020年,全面建成小康社会;到2035年,基本实现社会主义现代化;到21世纪中叶,把我国建成富强民主文明和谐美丽的社会主义现代化强国。二是符合了我国社会主要矛盾转化推进经济建设的客观要求;我国社会主要矛盾已经转化为人民日益增长的美好生活需要和不平衡不充分的发展之间的矛盾。三是适应了我国经济已由高速增长阶段转向高质量发展阶段的必然要求。

报告同时也提出了建设现代化经济体系的总体纲领:一是坚持质量第一、效益优先,以供给侧结构性改革为主线;二是着力加快建设协同发展的产业体系;三是着力构建市场机制有效、微观主体有活力、宏观调控有度的经济体制。

报告还进一步明确建设现代化经济体系的主要任务:一是深化供给侧结构性改革。二是加快建设创新型国家。三是实施乡村振兴战略。四是实施区域协调发展战略。五是加快完善社会主义市场经济体制。六是推动形成全面开放新格局。

尤其在深化供给侧结构性改革方面,这是建设现代化经济体系的主线。我国经济已由高速增长阶段转向高质量发展阶段,制约经济持续健康发展的因素既有供给问题又有需求问题,既有结构问题又有总量问题,但供给侧和结构性问题是矛盾的主要方面。所以必须把发展经济的着力点放在实体经济上,把提高供给体系质量作为主攻方向,显著增强我国经济质量优势。具体部署有7个方面：一是加快建设制造强国，加快发展先进制造业，推动互联网、大数据、人工智能和实体经济深度融合，在中高端消费、创新引领、绿色低碳、共享经济、现代供应链、人力资本服务等领域培育新增长点、形成新动能；二是支持传统产业优化升级，加快发展现代服务业，瞄准国际标准提高水平；三是促进我国产业迈向全球价值链中高端，培育若干世界级先进制造业集群；四是加强水利、铁路、公路、水运、航空、管道、电网、信息、物流等基础设施网络建设；五是坚持去产能、去库存、去杠杆、降成本、补短板，优化存量资源配置，扩大优质增量供给，实现供需动态平衡；六是激发和保护企业家精神，鼓励更多社会主体投身创新创业；七是建设知识型、技能型、创新型劳动者大军，弘扬劳模精神和工匠精神，营造劳动光荣的社会风尚和精益求精的敬业风气。

我们看到在当时的报告中，共享经济还只是其中一个着力实现增长的领域，而经过2017年的共享经济的大爆发、2018年共享经济的进一步发展，共享经济所涉及的领域不断扩大和深入，几乎已经涉及了消费市场与社会生活的方方面面，特别是在供给侧结构性改革方面，共享经济的功能在不断增强，影响面在不断扩大，在供给侧结构性改革的整体部署中，共享经济已经发挥出了其巨大的作用。

共享经济商业模式在互联网、大数据、人工智能方面的应用已经越来越成熟，这将极大地促进中高端消费提升、引领创业创新、倡导绿色低碳、完善现代供应链、改善人力资本服务，形成新动能。

中国共享经济已经形成了自己的模式，并在未来引领世界潮流，因此也必然会促进我国产业迈向全球价值链中高端。

在去产能、去库存、去杠杆、降成本、补短板方面共享经济更是能发挥不可替代的先进能力。

优化存量资源配置、扩大优质增量供给、实现供需动态平衡本就是共享经济最大的优势。

共享经济的大潮会吸引更多的社会主体投身创业创新，出现一大批知识型、技能型、创新型的社会人才。

共享经济在中国的供给侧结构性改革中,能够发挥出不可替代的中坚力量,并且在现代化经济体系的其他主要任务中,加快建设创新型国家、实施乡村振兴战略、实施区域协调发展战略、加快完善社会主义市场经济体制、推动形成全面开放新格局。

第五章

共享经济商业模式

共享经济的商业模式在全球范围迅速崛起，以优步（Uber）、爱彼迎（Airbnb）为代表的共享经济商业平台，以超乎想象的速度在影响和改变着人们的生活方式、商业的运行模式、组织管理模式，也给传统的商业领域带来了巨大冲击和压力。

在中国，从2012年的出行领域开始，共享经济的商业模式逐渐在更多的行业和领域显现出来，从出行到短租平台、从物品的分享到技能和知识的分享、从C2C、B2B到B2C。一大批的创业者和创新者在这条道路上探索。据统计，2015年中国共享经济规模占GDP的2.83%，2016年中国共享经济规模占GDP的5.30%，2017年中国共享经济规模占GDP的6.91%。据预测到2020年这一比重将增加到10%，到2025年这一比重将增加到20%。

作为一种新的基于互联网技术的商业模式，共享经济企业在过去十多年不断摸索和创新。共享经济商业模式已经渗透进了越来越多商业的领域，成就了许多发展迅猛的企业，更有为数不少的独角兽企业，但每一企业的共享商业模式又不尽相同，都有其独有的特点。成功的共享经济创业企业，在共享资源的发现、技术的创新、运营的机制方面都有其独特的领悟和实践，也值得不同行业的人和更多新进入者的学习。

共享知识模式

从远古时代到现在,"知识"一直都在实现共享,伏羲氏、燧人氏、有巢氏都是将自己在实践中认识和改造客观世界的成果共享给大众,所以"知识"从出现的那天起,它的使命就是共享,它的价值也在于共享。

在所有可实现共享商业模式的资源当中,知识是最具共享基因的资源,创造的共享价值、经济价值及社会效益也将最大,但却又是人们最容易忽视和轻视的共享经济领域。

自从互联网出现以后,知识的共享就呈现了全新的局面,因为互联网改变了知识传播的速度和广度,随着移动互联网的成熟,知识的共享更是再度升级,从免费到付费,共享知识领域的各种商业模式不断成熟,人类的学习变得前所未有的便利,知识价值的变现速度也是今非昔比。

据电子商务研究中心(100EC.CN)监测数据显示,截至2017年年底中国知识技能共享规模约为1360亿元,增长率为122.95%。短短两年时间达到6倍增长。此外,知识技能共享服务提供者人数超过3000万人,参与用户数达7亿人。

业界也将共享经济环境下的"共享知识"服务称作"知识付费"。2016年可谓是名副其实的"知识付费元年"。问咖、值乎、分答、知乎Live、得到、喜马拉雅FM……2016年以来,几乎每月都有知识付费产品走红。

共享知识商业模式(知识付费)兴起的原因:一是居民消费结构悄然改变,发展型消费提高;二是移动支付普及,对内容和知识的付费意愿和消费观发生转变;三是用户知识获取方式发生变化,从漫无目的接受变为主动获取,知识选择行为更为成熟。

与其他技术驱动的风口不同,知识付费这一轮崛起,与其说是技术上的演进,不如说是社会需求的爆发所致。

表 5-1　　2018 年共享知识产品排行榜

排名	产品	简介
1	知乎	知乎 live、值乎、读书会等结合的知识平台
2	得到	专栏订阅型知识平台
3	喜马拉雅 FM	以音频为媒介的专栏付费知识平台
4	樊登读书会	结合视频、音频、图文等的读书精华解读平台
5	腾讯课堂	在线教育平台
6	网易云课堂	在线实用技能学习平台
7	豆瓣时间	音频、文字等形式的付费专栏
8	有书共读	语音领读结合书籍精读的读书平台
9	百度问咖	"百度知道"孵化的付费交流平台
10	千聊	在线付费问答平台
11	知识星球	以创作者连接铁杆粉丝的知识交易平台
12	开氪	36 氪媒体付费专栏
13	混沌大学	互联网知识学习平台
14	在行一点	原"分答"为国内付费语音问答平台
15	新世相读书会	以精讲、听书为基础的知识服务平台
16	在行	一对一付费问答平台
17	小鹅通	专注内容付费的技术服务商
18	大牛家	为企业对接专业人士的服务平台
19	好多课	"插座学院"线上课程学习平台
20	馒头	职场知识经验分享社群

共享经济环境下的知识共享的本质是通过快捷的变现手段使得人们乐意共享自己的知识积累和认知盈余，通过便利的互联网传播达到社会知识结构的优化配置。

未来的共享知识行业不但会成为一个行业，成就一批企业，还会直接改造和融合现有的教育业、培训业、出版业、广告业、咨询服务业，成为万亿元以上规模的巨大产业。

知识在传统媒体中的构成是有体系的科目内容，但是在共享经济环境下的"共享知识"中，这一概念已经被大大拓宽，涵盖一切知识分享、技能培训和教育内容等，这些都可以看作是"共享知识"，这样一来，知识共享又会与共享技能、共享教育产生包容和交叉关系，同时它们又都属于内容变现的范畴。

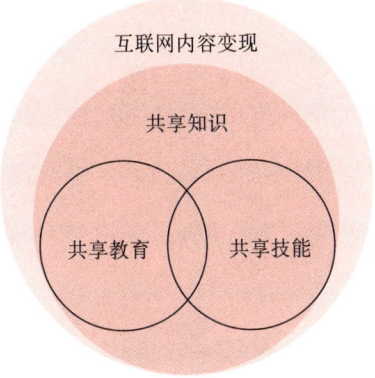

图 5-1　互联网内容变现

随着共享经济在知识领域的不断渗透，其用户群体不断扩大、应用领域逐步拓展、模式日渐成熟，知识的共享将迎来更大的发展契机。国内共享知识不断发展，领域逐渐分化，内容更加深度化、垂直化，从起初单领域向更多细分领域扩展，都将成为共享知识行业发展的趋势。

一、知乎

知乎是网络问答社区，连接各行各业的用户。用户分享着彼此的知识、经验和见解，为中文互联网源源不断地提供多种多样的信息。

准确地讲，知乎就是由论坛衍生出来的功能化社区，用户围绕着某一感兴趣的话题进行相关的讨论，同时可以关注兴趣一致的人。对于概念性的解释和知识点的搜索，网络百科站点几乎已经满足了用户所有的需求，但是对于发散思维的整合，却是知乎的一大特色。

知乎 2010 年 12 月正式上线，创立之初定位为免费的知识社区分享平台，同大多数互联网创业公司一样，前期也一直在烧钱，经过近 8 年的发展，截至 2018 年 6 月，知乎注册用户数达 1.8 亿，移动端月活和平均日活用户分别达到 3500 万和 950 万。知乎已提供 15000 个知识服务产品，生产者达到 5000

名,知乎付费用户人次已达到 600 万,每天超过 100 万人次使用知乎大学。

图 5-2

在原始用户的基础之上,每天还有更多不同职业、不同背景的新用户加入知乎。用户结构也发生大幅变化,大量二三线城市的用户在知乎进行讨论、分享和交流。拥有体量如此庞大的用户,对于平台来说应该是实现流量变现的有力支撑。

一直以来,知乎产品的盈利来源主要依靠于广告收入与出版知乎周刊、知乎"盐"系列所获得的版权收入。不论是从产品的盈利模式还是商业化程度,知乎似乎总是给外界一种不温不火的印象。

随着"互联网+"技术的不断进步成熟,知乎走向商业化道路,也是水到渠成的事,目前的知乎已经成功踏上了商业化之路。目前,知乎建立了完整的知识市场产品体系,包括知乎书店、读书会、知乎 Live 等;知乎"知识市场"也已升级为"知乎大学",向用户提供包括通识知识、专业知识和兴趣爱好方面的优质内容,帮助知识生产者更自由地传播知识,并为知识消费者提供更体系化的知识服务,同时也实现了高效的内容变现。

到 2018 年 7 月 9 日,知乎共完成 5 轮融资,融资总额接近 1.8 亿美元。

2018 年 8 月,知乎完成新一轮 2.7 亿美元的融资,本轮估值接近 25 亿美元。由尚城资本领投,腾讯、高盛、阳光保险、今日资本、光源资本等跟投。

二、得到

得到,2016年5月正式上线,是由罗振宇的罗辑思维团队推出的一款主打利用碎片时间获取知识的APP,得到提出只服务人群中2%的终身学习者,打造你的私人"翰林院",让用户在这里学知识、长见识、扩展认知,终身成长。得到的付费订阅学习模式是得到的主要商业模式。

在"得到"中,我们可以通过听书、电子书和纸质书等多种方式满足学习需求,得到设立了六大学院:能力学院、商学院、视野学院、人文学院、社科学院、科学学院,在这些学院中有众多知识大咖,罗振宇、薛兆丰、吴伯凡、吴军、张潇雨、刘润、王煜全、刘澜、梁宁、熊逸、宁向东、万维钢(同人于野)、傅佩荣、武志红、何帆、刘苏雨、施展、郑也夫等集体入驻,为用户带来世界顶级的知识内容。更有罗辑思维、李翔知识内参等免费知识分享版块。

图 5-3

得到的内容包括商业、方法技能、互联网、创业、心理学、文化、职场等等。在得到上,无论是音频解读、音频讲座,还是电子书,无一不是通过精选碎片化的内容组合,除了降低了用户学习的门槛还提供附加值,优化了体验,节约了时间成本。可以说"得到"顺应了互联网时代碎片化、流动化、社会化的趋势。用户在"得到"利用碎片时间,听懂一本好书、建立全球视野、升级自我认知,已经成为一股小众潮流。

在得到上线之前，从 2012 年 12 月开始，罗振宇的"罗辑思维"免费知识脱口秀视频和音频就在优酷和喜马拉雅平台播放，赢得了一大批以年轻人为主的忠实粉丝。经过 3 年多的沉淀，这些粉丝在 2016 年 5 月得到上线以后，几乎全部成了"得到"用户。也可以说在拥有了这些粉丝之后才有了"得到"。

同时"得到"从上线那天起，商业模式就是非常清晰和实际的，在此之前，罗振宇就已经在微信公众号上开始卖书了，或者说就已经开始进行商业模式的探索和实践了，这也为以后"得到"的商业运营打下了良好的基础。

从粉丝到用户，一切都显得那么自然，那么水到渠成。罗振宇在微信公众号卖书的时候验证了他的一个判断：未来的商业的本质是基于人格层面的信任，跟功能和价格没有关系。因此"得到"APP 从一开始被赋予了罗振宇的人格，最初来"得到"的用户也是罗胖的粉丝，这群人有一个共同的特点就是个性化的消费，他们生活在各个圈层中，认同某一价值观，可谓都是与罗胖志同道合的人。

"罗辑思维"就是一个在年轻人群体中影响力极大的互联网知识社群，许多年轻人都成了罗振宇和罗辑思维的粉丝，罗辑思维的这些优质资源和忠实粉丝，创造性的知识获取和传播方式，后来转换成"得到"的优势。

"得到"的知识服务主要包括收费和免费两种形式，前者以让用户买到挑选过的对口知识、持续学习为目的，后者则是为了满足知识体验和对外分享推广的需求。

越来越多的知识大咖的入驻，更是使得到的发展进入了快车道，以"薛兆丰的经济学课"为例，目前已经是 28 万人同时参与学习的经济学课堂，当之无愧的世界最大的经济学课堂。

"得到"上线后，"罗辑思维"栏目仍然是免费的，以这一块免费的知识服务再加上罗振宇的人格魅力，进一步达到圈粉和引流的目的。

另外，罗振宇从 2015 年 12 月 31 日开始，每年还要做一次"时间的朋友"跨年演讲，并号称要连续举办 20 年，"时间的朋友"已经获得了非常大的影响力，也成为"得到"发展的良好助推器。

"得到"的使用流程非常简单，操作较为简洁，并且其所有关键内容最终都指向购买。在得到的使用场景中，几乎没有不付费的。所有的栏目都指向了一个词——知识付费，即便是在免费版块的罗辑思维，罗振宇几乎每一次讲座都会推销得到的收费内容，这就是得到的价值观。

"得到"的收费体系设计也是一大亮点。"得到"所有的定价都没有超过用户的期望，都是用户能够很容易接受的价格，并且很容易做出购买决策。得到的内容几乎覆盖了中高端所有人群，得到拥有近千万以男性为主的用户群、携头部内容为中高层用户提供高质量的收费内容。

得到"内容为王"的战略导向，吸引了大量忠实的用户，得到的成就正是基于碎片化的知识服务，满足了繁忙用户的碎片化阅读学习需求。用户对得到的评价几乎都是积极的、正向的。

在这个追求社群经济的时代，知识社区成功与否的关键仍然在于用户，在用户和流量的增长之上，怎么把用户沉淀下来才是重中之重。知识平台首先应该考虑能够为这个社群创造什么样的价值，而不是单纯追求经济效益。知识平台只有首先做到了被社群需要，才能反过来被社群"关怀"，这样才能产生源源不断的商业价值，很显然，得到做到了。

三、掌门直播

从 PC 时代到移动互联网时代，一批搭乘红利期快车的知识创业者迅速实现了盈利。明星效应将知识付费市场带动起来，让自带光环的大 V 们赚了个盆满钵满，但对众多拥有知识盈余的普通的具有专业知识、专业技能人才来说，获利却不是一件容易事，渠道仍然很少。有的人在斗鱼、快手和抖音上提供知识内容，进行价值直播，但这些直播平台的主要功能是娱乐，而非提供价值，所以在这些娱乐直播平台上共享知识价值，收益甚微，这些娱乐直播平台的用户，付费获取知识的意愿度非常低，他们更喜欢去看高颜值和猎奇。

2015 年，一些价值直播平台相继出现，改变了"娱乐直播"一统直播市场的局面。比如 2015 年 9 月上线的"掌门直播"，就是"以社群为基础，以直播为工具"的在线知识服务平台，采用 C2C 商业模式，打造 PGC 社区，通

图 5-4

过视频、音频和文本等形式，提升用户参与度，让普通知识创业者们在这个流量红利消失、获客成本高昂、互联网用户整体增长乏力、知识创业竞争愈发激烈的时代，以低成本、高效率迅速抢占种子用户，成功突围。

通过 C2C 直播的模式，掌门直播成功实现了知识创业者与用户高度实时互动，帮助知识创业者低成本吸粉：用户惊喜地发现在掌门直播平台学习就像线下见面一样，能清晰地看到老师的每一个表情，而且提出的问题通过社群互动或实时动态能够及时获得解决和反馈。完全可以与线下课堂相媲美的教学场景，能够让用户迅速消化所学知识，收获大，体验感好，用户的付费意愿与忠诚度自然提高。

此外，由于掌门直播带来的是社群化学习模式，该模式下有着共同学习需求、兴趣的用户聚集一处，学习也由一个人的"个体行为"变成了一群人的"群体活动"。这种社交力量驱使下，大家相互督促学习，注意力平均只能集中8秒的学习障碍也被打破。而创业者只需每天按时授课，保障高质量内容输出，就可以轻松实现内容"创收"，并借助平台社群推广功能完成课程裂变、用户引流。

不同于传统的在线教育、知识付费服务平台，掌门直播自上线之初便定位为价值直播、商业直播、社群直播和知识分享的平台。作为"知识付费+直播"这一模式的先行者，截至目前，掌门直播已帮助平台创业者们获取种子用户数千万人。

在笔者看来，掌门直播能成功帮助普通用户实现知识付费创业，恰恰证明了平台在"消费场景细分"以及"精准流量获取"上商业模式的正确性。比如，在消费场景细分上，掌门直播已有的垂直频道包括：亲子、琴棋、书画艺术、读书、国学、健康养生、美食生活、身心灵、培训、语言、幼儿园、技能兴趣，自然实现了场景和用户的划分，而且满足了知识付费的多元化，让用户在一个平台可以找到感兴趣的内容。

另外，在授课模式上，掌门提供包括直播、音视频、录播、回放等多种授课方式，同时支持幻灯片播放演示、短视频录制、四方连线等辅助授课功能，更有一键分享的社群推广模式，让平台用户主动进行传播推广，造成口碑效应，无形中帮助创业者实现内容的快速传播。

除此之外，知识提供者可以将知识内容按照自己的意愿定价，可免费也可收费，在平台方面，既有不收费的家庭号，也有收费的专业号。定价机制非常灵活，给了用户更多的选择，增加了知识提供者的黏度。

当今知识创业领域战火正在迅速蔓延，而创业者面临的也将是更加激烈的市场竞争。不过，幸运的是，还有像掌门直播类的平台在为普通创业者保驾护航，为创业者在吸粉、传播、变现上提供直接、有效的帮助。因此，我们有理由相信，未来还会有更多像掌门直播一样的优秀价值平台出现，普通知识创业者的春天将不再遥远。

共享生活模式

一提到共享经济的商业模式，恐怕人们更容易想到的是共享单车、共享汽车这些带有明显"共享"标签的共享经济商业模式，诸多书籍文章在论述共享经济时，也大多以共享单车、共享汽车为先例，其实共享经济的商业模式林林总总，内涵也随着共享经济的发展越来越丰富，猛一回头才发现，原来许多我们每天都要关注和使用的，其实也属于共享经济的范畴。

比如微博、微信等社交平台，已经从信息的交换、共享，产生了价值创造。不但平台产生了巨大收益，平台的参与者也在依托平台不断地生产和创造出新的信息资源，得到了相应的收益。

又比如，快手、抖音、微视等短视频、直播APP，可以说，从创立之初就直接引爆了市场，产生了巨大的经济效益。

从这几个平台的宣传主题来看，不难发现他们的业务和口号都指向了一个内容——生活。

微信，是一个生活方式。

微博，随时随地发现新鲜事。

快手，记录世界　记录你。

抖音，记录美好生活。

微视，发现更有趣。

所以从一定意义上来讲，这几个平台都是以"共享生活场景"为主的商业模式，人们拿起手机，拍摄自己的生活及身边发生的事情，上传到平台，供大家"围观"。在微信与微博中，人们不但分享自己的生活，很多用户还将其作为媒体传播自己的产品与服务。而快手与抖音则是通过视频直接分享自己的生活与观点，并逐渐产生许多"网红"，带动兴起了"网红经济"，并且经济价值在不断攀升，流量变现的力量令人惊讶。

一、微信

"微信,是一个生活方式",从我们手机上电池的耗电量排名来看,它确实做到了。现在一个成年人,如果一天不看微信,那肯定觉得生活少点什么,人们已经习惯了通过微信来关心身边朋友的生活状态。

微信于2011年1月推出,最早的微信最好玩的是"摇一摇"和"附近的人",随着微信通讯录里加进了更多的QQ好友和电话通讯录好友之后,微信的生态开始发生变化,变成了一个基于熟人圈子的封闭社交平台,传承的是腾讯"交流"基因,但又不太一样,QQ上可以很容易加到陌生人,而微信很难加到陌生人,微信是熟人社交网络。但是微信现在的用户量越来越大,这个关系网也有点淡化。

图 5-5

现在的微信已然发展成为了一个庞然大物,腾讯2018年的第一季度,微信月活用户已经突破了10亿大关。可以说微信已经从一个社交软件转变成了一个社交媒体。

从微信5.0版本开始,商业化进程正式迈开步伐,微信的商业化也已经走过了一段艰难的旅程。拥有如此庞大的用户群体,微信可以做的事情很多,从微信支付、O2O、电商、游戏、广告、小程序、数据库乃至生活需要涉及的各个领域,微信都拥有了营利模式,从在微信里进行的各种消费中就可以体会到。

以微信支付为例,直接的服务有:信用卡还款、微粒贷、手机充值、理财通、生活缴费、Q币充值、保险服务等，这些业务都能给微信带来直接的收益。另外还有很多微信承载的第三方服务，如火车票机票、滴滴出行、京东优选、美团外卖、酒店、吃喝玩乐、拼多多、蘑菇街女装、唯品会特卖、转转二手、电影演出赛事等，都会给微信带来间接收益。

种种迹象表明，微信用户参与度在稳健增长，受惠于小程序及微信支付所提供的使用场景不断增加。小程序加深了不同行业间的渗透。用户在微信上的活跃度提升，受惠于社交短视频点击、发表的强劲增长，日发表量达数亿次。

同时，微信还推出了小程序与微信支付结合的扫码购。尤其在小程序方面，未来将给微信带来巨大的收益。另外还推出了企业微信，为企业提供更多的服务以获取更多的收益。微信提供越来越多的高效、高兴趣的场景可以让我们在里面生存，从而把用户的时间留在微信编制之内，把线上线下打通，贯穿全部，形成完整生活的闭环。

作为公众，如何从微信或者说是利用微信来获利呢？也有很多种渠道，比如通过发朋友圈、微信广告投放、公众号、微信群、小程序等都可以实现引流客源的效果，让自己从事的商业活动增加收益。有能力的个人和商家也可以提供接入技术开发等一系列的服务实现赢利。

二、微博

微博就是微型博客（MicroBlog），也就是从博客发展而来的一种通过关注机制分享简短实时信息的广播式社交网络平台。微博是一个基于用户关系信息分享、传播以及获取的平台。

现在在国内一提起微博，似乎就是特指"新浪微博"，而更早的时期，微博并不是新浪的专利，很多互联网公司都有自己的微博业务，除了新浪微博，还有腾讯微博、网易微博、搜狐微博等等，但后来新浪微博一家独大，其他网站的微博业务也就逐渐淡化甚至消失。

2014年3月27日，在中国微博领域一枝独秀的新浪微博宣布改名为"微博"，并推出了新的LOGO标识，新浪色彩逐步淡化。可以说现在已然是新浪微博一家占据了"微博"这个大IP。

第五章 共享经济商业模式

图 5-6

微博与微信恰恰相反，微博是一个开放式的社交平台，具有很强的媒体消费属性。微博用户之间属于弱社交关系，没有强烈的交流需求，更多的是一对多的传播形式，信息传播极快且广。微博用户人际关系网相对比较简单，他们对自身圈子外发生的事情比较感兴趣。很多想要表达自己，热衷于热点话题的年轻一代更喜欢微博。此外，微博还有大量明星、大V入驻。微博的形式更加丰富，除了基本的文字图片，还包括长文本、视频多媒体。丰富的产品形式和相关工具支持使得微博成了原创内容最佳平台。

根据微博发布的2018年第一季度财报显示，微博月活跃用户数已增至4.11亿，成为全球第7家活跃用户规模突破4亿的社交产品。受益于用户的规模效应和全媒体内容生态体系的完善，微博商业化步入高速成长阶段。

新浪董事长兼CEO、微博董事长曹国伟表示：微博的营收和利润强劲增长，这得益于用户规模扩大、平台效应增强和变现效率提升。微博平台集合了社交、移动和视频的特性，也持续受益于广告预算向上述特性平台转向的趋势。

微博有六大商业模式，分别是互动精准广告、社交游戏、实时搜索、无线增值服务、电子商务平台以及数字内容收费。无论如何，在微博的商业逻辑中，我们已经看到了它的价值体现：

（1）信息源渠道价值的体现。微博用户在微博上根据自己的爱好兴趣，寻找各自认同、欣赏、膜拜的博主，加入他们的粉丝群体。形成以博主为纽带，以博主发布的信息为主题进行互动的群体。博主源源不断为粉丝们提供信息，产生信息源，形成互动主题，粉丝们在与博主的互动中得到满足，粉丝转发主题则又成为博主，以此类推，用户们在信息传递过程中，不断地转换身份，粉丝与博主间建立良好的信息交流渠道，将有共同需求爱好的微博用户聚集在了一起，一起在信息渠道中进行价值创造。

（2）信息本身价值的体现。优质有价值的信息与信息传播渠道是相辅相成的，高效的信息传播渠道有助于有价值信息的广泛传播，反之，有价值的信息也在增强传播渠道的竞争力。信息源时代的渠道价值在传播过程中得到落实，信息的价值将在这基础上得以实现。

（3）微博平台价值的体现。商业化的信息传播渠道为信息的传播建立了稳定高效的渠道，不过我们也看到这样的商业模式是建立在将传统的传播渠道小型化、微观化，并不是对传统信息传播渠道完全地弃用，是在其基础上进行升华地应用。信息源的信息传播渠道将传统传播渠道从单一的大渠道，细分为众多小型专业化渠道，众多小型专业渠道更高效完成单一大渠道的信息传播任务，微博平台的价值就是这种渠道价值另一方式的应用。

在社交媒体领域，微博在持续扩大领先优势，依然是内容传播和公众讨论的首选平台。以2018年世界杯为例，有1亿人在微博上参与了相关讨论，总互动量超过10亿，短视频播放量超过170亿，话题阅读量近1000亿。

三、快手

快手是北京快手科技有限公司旗下的产品。快手的前身，叫"GIF快手"，诞生于2011年3月，最初是一款用来制作、分享GIF图片的手机应用。2012年11月，快手从纯粹的工具应用转型为短视频社区，成为用户记录和分享生产、生活的平台。后来随着智能手机的普及和移动流量成本的下降，快手在2015年以后迎来市场。

第五章 共享经济商业模式

图 5-7

快手已经成为中国流量最大的手机 APP，2017 年 11 月，快手 APP 的日活跃用户数已经超过 1 亿，进入"日活亿级俱乐部"，是的，你没看错，是"日活"，不是"月活"，每天产生超过 1000 万条新视频内容，是仅次于微信、QQ 和微博的第四大中国社交应用。与微信、微博不同，前者更多的是基于熟人社会和获取信息需求的社交平台，而快手则重构了自己的社交生态。在用户数、日活用户数、流量等指标上表现优异的快手，非常容易就俘获了主流投资机构的认可，估值也水涨船高。

快手的成功之处在于，它的界面非常简单，主页 3 个栏目：关注、热门、同城。而每一个栏目的界面都是一样的，由不同小视频的封面图片组成，对哪个感兴趣，就点击进入观看小视频或直播，还能进入到视频发布者的主页观看他的其他视频以及关注他。并且获得直播权限的用户可以进行视频直播。

"简单、好用、真实、有趣。"快手创始人、CEO 宿华这样概括快手的核心优势。但快手的成功不仅仅因为产品，更多是因为其迎合了三、四线城市人群在互联网化过程中的精神需求。

快手没有像微博一样主打名人、明星，而是把目光投向了那些生活中最普通的人。他们也同样渴望网络表达、刷存在感，但主流的社交软件并没有给他们这样的机会。而快手，凭借精准的定位成为这些人专属的地盘。

从用户分类来看，快手平台草根出身较多，而达人用户也是从草根发展而来的，明星用户几乎可以忽略不计。宿华为快手的用户画像是：热爱分享、喜欢热闹、年轻化的普通人，约87%的快手用户是90后。

目前快手正在尝试的商业模式有3种。比微信、微博的商业模式要单薄许多，按重要性程度排序分别为信息流、粉丝头条和直播。

所谓信息流，就是在视频流中插入广告视频，目前快手已经开始尝试。

而粉丝头条是通过付费帮助内容发布者增加推送，这个是针对内容创作者的。

最后的变现模式是直播，这是目前快手收入占比最高，但是排位最后的业务。虚拟礼物的收入在扣掉20%的税后与直播用户五五分成。

公众参与快手获利的机制也很简单，在快手上发布自己记录生活的小视频，发到一定数量，快手平台就会授予直播权限，成为主播。主播在直播时，如果直播的内容大众感兴趣，就会有人花钱购买虚拟礼物给主播打赏，主播收到这些礼物后便可在平台提取税后和分成后的现金。

快手在让越来越多的普通人能够获得曝光甚至成为网红并获得收益的同时，也存在着很大的社会导向问题。2018年4月，《国家广播电视总局严肃处理"今日头条""快手"传播有违社会道德节目等问题》公告发出，责令快手进行整改。

快手CEO宿华亲自在快手官方微信公众号中发表了名为《接受批评，重整前行》的道歉信，向公众承认错误，随后组织全公司管理人员进行了深刻反省，并宣布进行了重点整改。我们也期望快手通过进一步整改和净化平台环境，为社会和公众贡献一个优秀的社交平台，让底层民众有参与互联网并从正方向创富的机会。

四、抖音

抖音于2016年9月由今日头条推出，是一款可以拍短视频的音乐创意短视频社交软件，也是专注年轻人的15秒音乐短视频社区。用户可以通过这款软件选择歌曲，拍摄15秒的音乐短视频，形成自己的作品。也可以记录自己生活中的趣事分享给大众。

第五章 共享经济商业模式

图 5-8

抖音用户群的地理定位、年龄构成，决定其热门内容能在一定程度上反映当今一、二线城市 95 后、00 后的审美情趣和内容偏好，这与定位三、四线城镇市场的快手截然不同。

快手和抖音这两款视频 APP，笔者都体验过，相比之下，抖音可以说更吸引笔者，竟然连续刷了几个小时，最后的结论是，这东西"有毒"。"毒"从何来？一是时尚，在抖音上感觉到更多的是时尚；二是高清，抖音的视频画面更清晰，人们视觉感受更好；三是颜值更高，抖音上有大批的明星入驻，当然颜值没得说，抛开明星不说，抖音上的帅哥靓女实在不少，随手一翻，颜值都爆表，拍的景色也都美出新高度；四是更有才华，在抖音里，要博得人们的眼球，是要靠才华的，抖音上面唱歌的、搞笑的、美妆的、健身的……单从类别来说，就会让人看一天都不觉得腻，所有生活中看上去积极乐观正能量的事情，都浓缩在 15 秒或更短的视频里；五是有创意，能看出一些视频段子的背后，作者是花了心思的，而不是简单的模仿；六是线下互动，很多抖友在私家车后面贴上抖音车贴以示加入组织，并且还有"一长二短"的鸣笛接头暗号（这个暗号是学习内涵段子的）。

在上线一年多的时间里，垂直音乐短视频领域里的黑马抖音一路狂奔，现在还经常被拿来与快手相提并论。截至 2018 年 10 月，抖音国内的日活用户突破 2 亿，月活用户突破了 4 亿。

抖音与大家印象中展现底层生活的快手不同，带点魔性的抖音释放出了自己的调性，并深深扎根在一、二线城市年轻人的生活以及认知中。抖音的用户画像是：有超过85%的用户在24岁以下。

随着用户的快速增长，抖音另一个显著的变化体现在内容层面，也向着更加主流化、多元化的方向转变，其中最突出的表现是高度丰富的平台内容。

2亿日活的抖音，已经使抖音具备了商业化运营的能力，抖音的口号就是：记录美好生活。要打造的是一种美好感，所以吃喝玩乐类的都适合的。大家也可以看看在抖音上火爆的产品的共同属性（产品类型、用户属性等），越接近抖音的调性，产品越容易火。官方可以带给用户更有归属、更为正统的认知，作为又一个新兴社交媒体，抖音可以给品牌带来更碎片化、更视觉化的品牌内容输出，填补了微信、微博端的空白区。

2018年3月，抖音开始运营平台广告，广告主可以选择的广告位是在抖音的开屏广告以及信息流广告。抖音用户还可以跟抖音官方合作，发起官方挑战，做品牌推广。

抖音也开始了对用户开放直播权限，使得用户可以通过当主播进行变现，这和快手的直播变现差不多，不过抖音的用户要在拥有5万粉丝以上且作品均赞为100以上才能获得开播权限以及拍摄更长时间的视频，另外还有技术流及发布优质多元化内容的达人、积极参与抖音产品内测的体验师，平台也会为其开放直播权限和长视频权限。

在抖音爆火的同时，同样也是问题频发，从很多方面也透露出了抖音"价值观"的缺失，相关监管部门也因为这些内容问题多次约谈抖音，对其进行了严肃的批评并责令整改。抖音也对违规的账号根据情况严重程度，相应给予审核不通过、删除违规内容、内容不推荐、后台警示、限制上传视频、永久封禁、报警等处理结果。

共享交通模式 1——共享汽车

在共享经济大环境下，随着移动互联网、云计算、大数据、物联网、第三方支付等新技术的发展，交通领域也就成为最容易与这些技术产生碰撞融合的领域，从而诞生了全新的交通出行模式——共享交通模式。共享交通模式凭借其创新的资源利用、快速的需求响应和便利的支付方式，在短时间内成为影响范围较广、活跃程度较高、备受消费者追捧和市场关注的热门领域。共享交通模式成长并成熟于巨大的存量市场，有效地盘活了社会上大量可利用的汽车资源、司机资源、停车位资源等，在改变人们出行方式的同时，指数级地提升了交通出行资源的利用率。

另外，共享单车商业模式当然也属于共享交通模式，但因为目前流行的共享单车并非是对闲置资源的利用，而是对新生产创造出来的资源的利用，与共享汽车的商业模式有本质的不同，所以我们另设一个章节来论述。本节只论述"共享汽车"的商业模式。

共享汽车模式主要有共享租车、共享驾乘、共享停车位 3 种类型。Zipcar、PP 租车属于共享租车，Uber、滴滴出行属于共享驾乘，共享停车、丁丁停车属于共享停车。

一、Zipcar

Zipcar 是美国的一家分时租赁互联网共享汽车平台。该平台由被誉为共享经济鼻祖的罗宾·蔡斯（Robin Chase）和安特耶·丹尼尔斯（Antje Danielson）于 2000 年共同创办。这家企业目前已经在 2013 年 1 月被租车公司巨头安飞士集团（Avis Budget）以 4.91 亿美元的价格收购。也就是说这家企业已经不存在了，但作为公认的共享经济企业的鼻祖，本书也绝对有必要写上重要的一笔。

图 5-9

当时支持 Zipcar 共享商业模式的技术还是相当落后的，因为那时还没有现在的移动互联网、云计算、大数据、物联网、第三方支付等新技术。

Zipcar 是通过接收会员、发放会员卡来运营。Zipcar 的汽车停放在居民集中地区，会员可以直接上 Zipcar 的网站或者通过电话搜寻需要的车，网站根据车与会员所在地的距离，通过电子地图排列出车辆的基本情况和价格，会员选择汽车，进行预约取车。使用完之后于预约的时间内将车开回原本的地方，用会员卡上锁。公司透过网络寄发电子账单，由会员的信用卡支付费用，所有费用均从信用卡上自动划账，在当时来说，可谓方便快捷。

Zipcar 为人们租车出行提供了最为简单、快捷、方便的优质服务，成为 21 世纪前 10 年中全球发展最快的初创公司，也是目前美国最大的网上租车公司，它颠覆传统的租车模式，努力简化一切环节，将租车变得更经济便捷。2011 年 4 月，Zipcar 在纳斯达克上市，估值最高时超过 12 亿美元，但之后股价一路下跌，最终被传统租车业巨头安飞士集团收购。

Zipcar 曾是美国分时租赁互联网共享汽车平台的领军企业，也是汽车分时租赁行业上市第一股，在受市场短暂青睐后又迅速走向衰落，这里面有诸多的因素，但第一个吃螃蟹的人总是勇敢的，不可否认，Zipcar 的共享思维与商业模式也成为了全世界共享经济业界学习的重要内容。

从 2000 年成立公司，Zipcar 先后经历了市场定位、资本运营和细化子品牌等多方面的努力，实现了企业的快速发展，这一切都来自于Zipcar"共享汽车"的共享理念。

随着汽车产能过剩情况严重和城市汽车保有量的爆炸式增长，人们在享受汽车所带来的便利出行的同时，也不得不面对城市停车位匮乏的窘迫。

Zipcar的价值就在于，通过优质便捷的租车服务，让市民既享受到了汽车带来的便利，又免去了买车的巨大支出和寻找停车位的麻烦，从而为用户创造出一种更便捷更高效的出行方式，也使汽车发挥出最大的交通价值。

"你身边的轮子"（Wheels when you want them）这句口号是Zipcar所一直秉承的共享汽车理念，基于这个理念，Zipcar为客户提供公开、透明、自主、个性的空间服务和选择自由，优化了人们的租车体验，自然也就赢得了消费者的青睐和认同。

在资本癫狂、巨头林立的租车行业，Zipcar以其"共享汽车"的价值理念为指引，借助网络化、自助式的服务模式，不仅打开了传统租车市场的缺口，成功挤占了传统租车业的市场，甚至还颠覆重构了传统的租车服务模式，成为互联网时代汽车租赁行业的领航者。

成功的商业模式，是Zipcar价值理念和服务模式能够顺利落地的重要保障，也是Zipcar快速崛起的关键因素。特别是在信息爆炸、物质富足、创新不穷的互联网时代，任何企业、品牌或产品的成功都必须以明确的市场定位为前提，而Zipcar也正是通过精准的市场定位，解决了人们租车的需求痛点，为他们打造了极致的汽车租赁体验，从而获得消费者的青睐和忠诚，实现了公司的快速发展。

二、优步（Uber）

Uber（Uber Technologies，Inc.），中文译作"优步"，是一家美国硅谷的提供打车服务的科技公司。Uber在2009年由加利福尼亚大学洛杉矶分校辍学生特拉维斯·卡兰尼克（Travis Kalanick）和好友加雷特·坎普（Garrett Camp）创立。两个联合创始人从20万美元起步，现在最新的估值是680亿美元，是全球排名第一位的独角兽公司。

2009~2016年　　　　2016~2018年　　　　2018年9月以后

图 5-10

从 2011 年 11 月 3.3 亿美元的估值到如今 200 多倍的翻滚增长，Uber 已经成为历史上价值最高的风投支持的初创企业。在这个万马奔腾的互联网时代中，如果说在美国脸书（Facebook）改变了人们的社交方式，优步（Uber）则是改变人们的出行方式之外，还掀起了一场商业模式革命。这场革命正在蔓延，已经带领我们进入一种全新的经济生活中。

Uber 提供的是一个互联网平台，实时提供私家车司机和乘客的信息，并把他们相匹配。当用户在使用 Uber 叫车服务时，附近的司机就会接单赶来，用户也就得到了最快的打车服务。更重要的是，按传统的叫车服务如果预约一辆出租车，出租车公司和司机会告诉你他已经出发，而你并不知道他开到哪里了。在 Uber 中，一切都是可见的，用户可以看到其预约的车辆实时地理位置信息和行驶轨迹，系统还可以计算出汽车到达的时间。

在保障用户体验方面，Uber 也做得相当彻底：Uber 的司机没有选择用户权，也没有拒载权。一旦用户发出了叫车信息，Uber 会自动将其分配给最近的空载车辆司机，不想去也得去。

事实上，Uber 模式的利好对象并不仅是用户，它使更多的劳动力、闲置的私家车主进入了市场，并获得了灵活的劳动时间。在正职工作的空闲，或是上下班的时间顺路拉两趟客人，顺利的话，能把所有油钱都赚回来，何乐而不为呢。

这正是 Uber 模式大获成功的地方，一种弹性的、可选择的工作方式。想做的时候，门槛很低：有一辆车并且会开；不想做的时候也随时可以选择不做，不受出勤制度或劳动合同的约束。这样轻松的心态，也的确促使了更多私家车主加入到这个行列中来。

创始人卡拉尼克将 Uber 比作"生活方式和运输方式的交汇点"。"所谓互联网的生活方式，就是点击，然后实现。"他说："Uber 想要成为真实世界的生活方式，那就是点击，然后享用。5 分钟时间，我们可以将人运输到各处；同样 5 分钟，我们也可以用不同的方式运输其他东西。"

图 5-11

2014 年 3 月，Uber 正式进入中国大陆市场，确定中文名"优步"，并与支付宝合作。而不到两年，在与滴滴一场血战之后，Uber 终究没有打破"跨国互联网公司中国本土化不成功"的魔咒。

2016 年 8 月，滴滴出行正式收购优步中国的品牌、业务、数据等全部资产。

根据双方签署的战略协议，滴滴出行和 Uber 全球将相互持股，成为对方的少数股权股东。根据双方的公告，Uber 中国作价大约 70 亿美元并入滴滴出行，总共占滴滴出行 6.66% 的股权，但享有滴滴出行 20% 的经济权益。其中 Uber 全球持有滴滴出行 5.89% 的股权，享有 17.7% 的经济权益。优步中国的以百度为首的中国股东获得滴滴出行 0.77% 的股权，合计享有 2.3% 的经济权益。滴滴出行也因此成为了中国唯一一家腾讯、阿里巴巴和百度共同投资的企业。同时，滴滴出行创始人兼董事长程维将加入 Uber 全球董事会。Uber

创始人特拉维斯·卡兰尼克也将加入滴滴出行董事会。

这一里程碑式的交易标志着中国共享出行行业进入一个新的发展阶段。

三、滴滴出行

滴滴出行,是目前中国最大的一站式出行平台。目前滴滴出行旗下拥有滴滴出租车、礼橙专车、滴滴快车、滴滴企业版、滴滴顺风车、滴滴代驾、滴滴公交、滴滴小巴、滴滴豪华车、青桔单车等等多项出行业务。成立于2012年的"嘀嘀打车"经过改名、与"快的打车"战略合并以及收购优步(Uber)中国,目前已经成长为估值500亿美元左右的独角兽公司。

图 5-12

滴滴出行的业态比较丰富,但基本还是围绕着"共享汽车"为核心的共享经济业态,其每个业态的商业模式也是不尽相同。

总的来说,滴滴出行改变了中国人的传统出行方式,它是在移动互联网时代背景下应运而生的现代化的出行方式。滴滴打车的诞生更是改变了传统打车市场格局,颠覆了传统电话约车、路边拦车的传统模式,乘客利用移动互联网终端进行约车,让司机师傅根据乘客目的地按意愿"接单",完成行程后进行线上支付,画出了一个乘客与司机紧密相连的O2O完美闭环。最大限度优化了乘客的租车体验,节约司机与乘客沟通成本,降低空驶率,最大化节省司乘双方资源与时间。

目前滴滴出行涉及的领域有快车、专车、出租车、顺风车、单车、代驾、公交、自驾租车、敬老出租、豪华车和二手车 11 个板块，现有国内网约车竞争格局滴滴出行集大成于一家，能够满足不同用户在不同使用场景下的需求。而其他网约车 APP 只能更专注于垂直细分领域。

整体来看，滴滴出行在国内仍是一骑绝尘，虽然有美团打车强势入围，但美团打车成长起来尚需时日。数据显示，2017 年，滴滴出行以 58.6% 的渗透率位居各平台之首，远超其他网约车平台。滴滴出行长久建立起来的知名度和品牌优势更能获得用户信任，在国内网约车市场占据绝对的领导地位。

滴滴出行之所以成为国内网约车行业的巨头，与其背后的资本力量有很大关系。在滴滴的发展过程中，资本可以说是如影随形。截至 2018 年 4 月，滴滴已经完成了 18 轮融资，成立以来融资总额超过 200 亿美元。

在获得资本助力后，滴滴出行开始走上称霸之路。2016 年，滴滴日单量从百万冲到千万，2017 年底日均 2400 万，高峰时达到 2500 万单。截至 2018 年 3 月初，滴滴的日单量保持在 2600 万～2700 万单之间。

目前滴滴出行已经占据头部位置，全国 1.4 亿网约车用户当中有 1.2 亿是滴滴的用户。但进入到 2018 年，网约车的竞争态势仍在不断升级，越来越多的企业将触角伸至网约车领域，出现了一批极具竞争力的网约车平台，比如美团打车、风韵出行、高德地图等。

作为国内网约车第一品牌，2018 年上半年滴滴传出 IPO 计划，然而，在滴滴顺风车事件风波过后，滴滴彻底打消了现阶段 IPO 的计划。如果滴滴以 700 亿～800 亿美元（约合人民币 4400 亿～5040 亿元）的估值完成 IPO，就会把 Uber 远远甩在身后，成为全球最大的独角兽公司。

（1）滴滴出租车。滴滴出租车是滴滴的初创业务，成立于 2012 年 9 月，通过"互联网+交通"思维，运用大数据匹配人们全天 24 小时的出行需求，改变了以往路边扬招的传统打车方式，让城市出行变得高效、智能、安全，同时也帮助出租车司机提高了收入。滴滴更通过技术和平台支持，积极帮助传统出租车行业转型升级，促进巡游出租车和整体共享出行行业的加速融合。目前，滴滴出租车已经覆盖 360 座城市，拥有注册司机 168 万。

（2）礼橙专车。礼橙专车的前身是"滴滴专车"，是当时的"滴滴打车"

宣布推出的为高端商务出行人群提供优质服务的产品，也是针对传统出租车行业推出滴滴打车软件之后上线的第二款产品。滴滴打车软件面向出租打车用户群体，而滴滴专车则面向中高端商务专车群体，这意味着对用车市场的覆盖将更加全面，也能够为用户提供更加多元化的出行方式。

2018年6月，滴滴专车宣布品牌和服务全新升级，正式启用"礼橙专车"为新的品牌名称，并发布了全新的品牌标识。除了滴滴主APP入口之外，礼橙专车还将开发独立APP，为核心高频用户提供更为便捷、更高品质的出行选择。

（3）滴滴企业版。滴滴企业版是滴滴出行推出的第三款产品，于2015年1月正式上线。滴滴企业版是专为企业打造的用车管理平台，企业只需开通企业账号并充值预存车费，员工就可以通过企业版APP为自己因公出行叫车，由企业账户直接支付，简化财务流程，有效提升效率。企业可以通过管理后台了解员工行程和费用详情，确保因公用车符合公司制度，实现用车合理管控。

滴滴为企业提供的服务具体包括：接送客户、高管用车、员工出行、差旅服务、会议活动、团建出游等。

（4）滴滴顺风车。滴滴顺风车是滴滴出行在移动出行领域推出的第四款产品。滴滴顺风车业务开始于2015年4月，由于其在滴滴出租车、滴滴专车、滴滴快车积累的强大的数据库和信息流，滴滴顺风车迅速发展成为中国拼车业务的老大。

在滴滴出行众多的业态里，滴滴顺风车是最符合"共享经济"形态的一种拼车业务，也是最绿色环保的一种出行方式。滴滴顺风车通过智能化行程匹配，让顺路的车主和乘客实现共享车辆出行，从而有效提高车辆利用率，降低能源消耗和空气污染，缓解城市交通高峰期出行压力。

滴滴顺风车基本上都是兼职的，在不耽误自己的行程的情况下，把自己空闲的车座共享给大众，从而降低了车辆的出行成本。乘客使用滴滴顺风车，如果选择的是"可拼车"的话，价格相对比较便宜，如果运气好的话就能享受到近乎滴滴专车的服务。目前滴滴顺风车是中国最大的拼车业务平台，以节约社会资源为主题，延续"让出行更美好"的理念，为用户提供安全、经济、舒适、绿色环保的出行体验。

然而，在2018年8月的东清顺风车事件后，滴滴在全国范围内下线了顺风车业务，开始重新评估其业务模式和安全保护措施。

（5）滴滴快车。滴滴快车从2015年5月7日起正式登陆滴滴打车APP，该服务属于营利性搭车服务，乘客的所有付费，软件平台收取大约25%费用。滴滴快车以灵活快速的响应和经济实惠的价格为大众提供更高效、更经济、更舒适的出行服务，给人们生活带来了美好的变化。

现在使用滴滴快车，乘客可以通过滴滴出行APP内的"快车"入口直接呼叫滴滴快车。订单发送后，距离乘客最近的一辆车便会接单，叫车的整体流程与平时叫出租车、专车没有任何差别。

（6）滴滴代驾。2015年7月28日滴滴出行宣布正式上线滴滴代驾业务。滴滴代驾致力于为车主提供便捷、专业、可信赖的司机服务。滴滴代驾利用智能的调度和派单体系，让车主享受到快速响应及接驾的代驾服务。通过对代驾司机的严格考核和培训，打造专业的司机服务标准。同时，滴滴代驾还为满足不同车主的多元化需求，提供了酒后代驾、商务代驾、旅游代驾、取送车代保养、新手代驾等定制化服务，解放车主的时间和精力，让车主更自由地享受有车生活。

共享交通模式 2——共享单车

在共享经济领域，同样属于共享交通模式的"共享单车"的商业模式无疑带来了一波巨大的创业浪潮，甚至可以说引领了中国的共享经济商业模式。

智能手机的升级迭代、物联网技术的发展、大数据及云计算的进步、移动支付的普及，为共享单车的出现提供了成熟的技术基础，共享单车充分地利用了手机互联网时代的优势，近两年在各大城市呈现井喷式的发展，摩拜单车和 ofo 小黄车的市场甚至已经拓展到国外，真正地实现着中国的智慧输出。共享单车的绿色低碳、价格低廉、方便快捷都为市民的短途出行提供了相当出色的解决方案。某种意义上，共享单车改变着中国的出行方式。

共享单车的模式其实在很多年前就已经出现，我们之前使用的"有桩共享单车"就是共享单车，只不过是办卡租用模式，无需手机支付。直到摩拜单车和 ofo 小黄车等"无桩共享单车"的异军突起，"最后一公里"的解决方案，由理想变成了现实。我们通常所说的"共享单车"，一般就是特指"无桩共享单车"。

自 2014 年中国第一个共享单车运营商——ofo 小黄车开始运营至今，经过四年多的迅猛发展，中国已经出现了近 30 个共享单车品牌，当然也有很多共享单车的品牌已经退出市场了。

众所周知，中国是世界自行车第一大国，可以说几乎每家都有自行车，也就是说，即便没有共享单车，我们自己的自行车也能满足短途出行需要，但为什么还会出现共享单车爆发的情况呢？这与资本市场的推波助澜有很大的关系，近几年，共享单车俨然成了资本市场追逐的宠儿。背后的原因何在？

其实我们不难发现共享单车实际上非常符合互联网+共享经济的投资逻辑，互联网+共享经济所需要寻找的业务和产品是什么呢？就是刚需、海量、高频的产品，而共享单车恰恰非常符合这 3 项要求：它是刚需的，每个人都要出行；它是海量的，很多人需要骑单车；它是高频的，每天都要骑，上下班都要骑。所以资本就开始青睐共享单车，因此，共享单车也就成了爆款。

2018年，也是共享单车的多事之秋，ofo小黄车面临的现金流危机，ofo押金问题集中爆发，排队退押金的用户一度超过1000万名，保守估计，ofo需退还押金总额至少10亿元。而摩拜单车自2018年4月被美团点评收购8个月后，曾说"不会离开摩拜"的CEO胡玮炜还是离开了，至此，摩拜创始团队基本全部退出。相对于ofo和摩拜现在的命运，后来者哈罗单车上演的几乎是一出逆袭的戏码，至少在现阶段哈罗单车在共享单车领域是唯一一家"丰衣足食"的企业，2018年9月哈罗单车完成了约40亿元的新一轮融资，这无疑给处于寒潮中的共享单车行业带来一股暖流。另外还有滴滴出行的自有共享单车品牌青桔单车也在2018年1月上线，含着金钥匙出生的青桔单车为国内共享单车行业的竞争格局带来了变数。

那些波诡云谲的市场变化实在难以捉摸，我们还是从共享单车的商业模式层面去观察这些企业，毕竟这是一种取得了巨大成功和影响力的商业模式，也毕竟有一些共享单车还健康地活着，这就说明，整体的共享商业模式没有问题，有问题的只是企业的发展运营。

一、ofo小黄车

2014年3月，ofo创始人兼CEO戴威与4名合伙人创立ofo，提出了"以共享经济+智能硬件，解决最后一公里出行问题"的理念，创立了国内首家以平台共享方式运营校园自行车业务的新型互联网科技公司。2015年6月ofo共享计划推出，在北大成功投放2000辆共享单车，全球首创"无桩单车共享"模式。短短几年间，ofo小黄车也发展成为全球领先的无桩共享单车出行平台。

用户只需在ofo官方APP、支付宝小程序、微信服务号或微信小程序输入车牌号或扫码，即可解锁用车，随取随用，享受随时随地有车骑的共享出行服务。有赖于技术领先的移动物联网智能锁以及全球领先的人工智能大数据平台"奇点"系统，ofo建立起从用户舒适骑行到以物联网为载体、人工智能为核心的科技闭环。

图 5-13

ofo 自 2015 年 6 月启动以来，已在全球连接了超过 1000 万辆共享单车，日订单超 3200 万，为全球 20 个国家、250 座城市、2 亿用户提供了超 40 亿次高效便捷、绿色低碳的出行服务，共计减少碳排放超 216 万吨，相当于为社会节约了 61515 万升汽油、减少了 103.5 万吨 PM2.5 排放。

ofo 致力于倡导绿色出行理念，通过整合自行车产能及供应链，在全球推广共享单车的出行理念，为各大城市提供便捷高效的绿色出行服务，满足用户的美好生活需要，同时推动自行车行业转型升级，打造城市绿色交通体系，提升城市出行效率，助力信用城市、智慧城市建设。

ofo 的愿景是："让世界没有陌生的角落"。ofo 希望人们在全世界的每一个角落都可以通过 ofo 解锁自行车，满足短途代步的需求。

ofo 同样以开放平台和共享精神，欢迎用户共享自己的单车加入 ofo，以共享经济的互联网创新模式调动城市单车存量市场，提高自行车使用效率，为城市节约更多空间。

自行车出行+移动互联网技术，这种模式的提出提高了自行车共享和使用的效率，而单车共享的模式，让一辆自行车的使用效率从 5 分钟提升到 76 分钟，提高了 16 倍，一辆自行车可以服务的人从 1 人变成了至少 10 人，提高了至少 10 倍。通过共享经济的方式，从所有权的让渡转变为使用权的共享，提高了自行车使用效率，减少了城市资源浪费，为城市减少拥堵，帮助城市节约更多空间，促进绿色低碳出行。

ofo 曾尝试在全球各个城市陆续开启运营,成为中国创业初期即向海外输出商业模式的互联网公司之一,成为中国企业出海的新时期代表之一。

然而,2018 年年底,ofo 面临资金链断裂,用户退押金问题集中爆发,未来的命运恐怕是凶多吉少。

二、摩拜单车

摩拜单车,英文名 mobike,是由胡玮炜创办的北京摩拜科技有限公司研发的互联网短途出行解决方案,是无桩借还车模式的智能硬件。摩拜单车创建了全球首个智能共享单车模式,自主研发的专利智能锁集成了 GPS 和通讯模块,使用了新一代物联网技术,通过智能手机 APP 让用户随时随地可以定位并使用最近的摩拜单车,骑行到达目的地后,就近停放在路边合适的区域,关锁即实现在线付费结算。

摩拜单车于 2015 年 1 月成立,2016 年 4 月 22 日地球日当天在上海正式推出智能共享单车服务,并已先后进入中国、新加坡、英国、意大利、日本、泰国、马来西亚、美国、韩国等 12 个国家超过 200 个城市,运营着超过 700 万辆摩拜单车,为全球超过 2 亿用户提供着智能出行服务,日订单量超过 3000 万,成为全球最大的智能共享单车运营平台和移动物联网平台。摩拜单车每天产生的骑行数据超过 30TB,在全球拥有最为全面的骑行大数据,为智慧城市、健康城市、低碳城市的规划提供科学参考。

图 5 – 14

摩拜在所到的城市中掀起骑行的热潮，推动"让自行车回归城市"，为更多人的出行带来方便，也给城市倡导绿色出行提供了可持续发展的智能解决方案。自正式运营以来，摩拜用户累计骑行超过 56 亿公里，节约碳排放量超过 126 万吨，相当于减少了 35 万辆小汽车一年来行驶的碳排放量。

摩拜单车在全球开创了"智能无桩共享单车"模式，旨在用科技和商业创新的方式，让人们更加便捷地骑行，从而缓解交通拥堵、大气污染等城市问题。谈及如何将环保运动融进一个创新的商业模式时，胡玮炜表示："当环保、科技、商业结合在一起，会成为一件非常酷的事情。我们可以让环保成为一种生活方式，同时也成为一个可持续发展的商业模式。"

三、哈罗单车 Hellobike

在过去的中国互联网历史中，老大和老二胜出后，老三往往处境堪忧。而在共享单车领域，哈罗单车正在打破这个魔咒，大有后来者居上的趋势。

笔者经常使用的就是哈罗单车，因为它不收取押金，哈罗单车是第一个推出免押金骑行的，只要芝麻信用评分达到 650 分，哈罗单车可以免押金使用。这多少让我们看到了哈罗单车的诚意，所以哈罗在很短的时间内就俘获了用户的心。后来，哈罗又推出了哈罗助力车，虽然还车需要到指定地点，但骑行不费力啊，所以选择哈罗助力车的人群也越来越多。

哈罗单车虽然起步比较晚，但是凭借着蚂蚁金服对其的融资，规模迅速壮大，而且还利用了农村包围城市的方法，不仅熬死了比它出现更早的共享单车公司，而且还发展出了更多的出行生态。

2016 年 11 月，哈罗单车宣布完成 A 轮融资，彼时，摩拜和 ofo 已相继完成数千万美元的 B 轮融资，而哈罗单车创始人杨磊和他的哈罗单车更像是资本的"弃儿"。杨磊找到 GGV 管理合伙人符绩勋，符绩勋仍然心存疑虑，他问杨磊："ofo 和摩拜已经融了一大笔钱，具备先发优势，你凭什么超越或代替他们？"

杨磊用一年时间回答了这个问题。2017 年 10 月，哈罗和阿里系的永安行合并。2017 年 12 月，蚂蚁金服成为哈罗 D 轮领投方。2018 年 6 月 1 日，蚂蚂金服全资子公司上海云鑫对哈罗单车增资 18.93 亿元人民币。此轮融资结束后，哈罗估值达 23 亿美元。某种程度说，哈罗打了一场非常漂亮的反击战。至于哈罗单车到底做对了什么，杨磊总结其成功反超的关键在于：效率、团队、中小城市。

2018 年 9 月 17 日，哈罗单车宣布企业正式更名为"哈啰出行"，并启用全新的品牌标示系统。自成立以来，哈啰出行已从单一的共享单车企业成长为囊括哈罗单车、哈罗助力车和汽车等综合业务的移动出行平台，呈现多元化业务特征，因此，公司也从"哈罗单车"更名为"哈啰出行"。

图 5-15

2018 年 10 月 11 日，哈啰出行更名不到一个月，就悄悄上线了网约车入口，同日，哈啰出行宣布正式接入嘀嗒出行。2018 年 11 月 21 日，哈啰又正式宣布携手首汽约车。

2019 年 1 月，哈啰出行宣布旗下顺风车业务车主招募，首批试运营城市包括上海、杭州、广州、东莞、合肥、成都 6 座城市，其他城市将陆续开通。

从哈罗单车到哈啰出行，不仅仅是名称的变化，更准确地说是内在的蜕变，当其他共享单车平台在过冬的时候，哈啰出行进一步升维，蜕变进化为"出行新势力"。

在共享单车行业的下半场，哈罗单车（哈啰出行）走出了一个逆势向上的轨迹。

共享旅居模式

在共享经济领域,共享旅居也算是起步比较早的一个业态,共享旅居从2008年创立于美国的爱彼迎(Airbnb)兴起传播而来,起初,业界普遍不看好中国的共享旅居市场,认为这种商业模式,必定遭遇水土不服,即使在美国,共享旅居市场也没有完全成型,各种竞争和发展模式都在探索当中。

近年来,随着人们共享意识的逐渐增强,以及"互联网+"技术的不断进步,共享经济出现在越来越多的行业领域,旅居领域也不例外,国内的途家、小猪短租、蚂蚁短租等共享旅居平台悄然兴起,并受到年轻人的追捧。

"共享旅居"基本就是旅行房屋的短期租赁业务,也就是通过共享平台将旅游人士和家有空房出租的房主撮合在一起,有效地利用了空置房源,减少资源浪费,是共享经济的典型商业模式。随着市场的发展和成熟,共享旅居越来越受到消费者的欢迎,共享旅居相比酒店住宿具有不可比拟的优势,这也是共享旅居商业模式快速崛起的原因,业界将这种模式称作"在线短租"或"共享民宿"。

相对于酒店住宿,共享旅居的房源有覆盖广、种类多、选择丰富等优势,特色民宿、四合院、花园洋房、绿皮火车房、森林木屋等多样化房源,让用户住宿体验最优化。此外,共享旅居利用闲置资源直接出租,无需投入巨额费用就可以扩展房源,边际成本小,因而价格更低,低价优质的房源当然更具有吸引力,更易获得消费者的青睐。共享旅居平台提供的个性化住宿,区别于标准化、同一化的酒店,为在异乡的旅行者提供了真正"宾至如归"的服务。

近两年中国共享旅居行业发展得非常迅猛,业务内涵与服务内容也在不断扩展,单纯的旅居中介服务已经不能满足市场的旅居需求,人们希望在住得舒心的同时,还能在旅居地玩得开心,这恰恰是旅游最核心的目的。所以人们更希望在旅居地有更系统更完善的旅居度假综合服务,"环游天下"就是基于这一市场需求建立的共享旅居度假平台,通过整合线上线下的各种旅游资源,打造候鸟式的度假天堂。

整体来看,国内共享旅居行业还处于起步阶段,但随着未来人们对旅游消费的需求及国内旅游市场的迅速发展,在共享经济的大趋势下,共享旅居商业模式必将迎来新的发展爆发期。

一、爱彼迎(Airbnb)

Airbnb 是 AirBed and Breakfast(Air-b-n-b)的缩写,2017 年 3 月 Airbnb 从 1000 个方案中给自己挑选了一个中文名:爱彼迎,取"让爱彼此相迎"之意。

图 5-16

Airbnb 是一家联系旅游人士和家有空房出租的房主的服务型网站,它可以为用户提供各式各样的住宿信息。Airbnb 成立于 2008 年 8 月,总部位于美国加州旧金山市。2011 年,Airbnb 服务令人难以置信地增长了 800%,爱彼迎用户数量自此开始高速增长,又经过 7 年发展,现在每天都有 200 万用户入住位于 81000 个城市的 Airbnb 房源。超过 500 万个 Airbnb 房源遍布 191 个国家和地区,这个数字比五大连锁酒店加起来还要多。公司估值也已高达 310 亿美元(约 2018 亿元人民币),是仅次于优步(Uber)、滴滴出行、小米的全球第四位独角兽公司。

Airbnb 并不拥有任何房间、任何旅行项目，但却创造了一个基于互联网连接的超级轻资产"另类旅行业或酒店业"。Airbnb 就是利用世界各地闲置的有形和无形资源，将他们连接起来，转变个人的社会角色，创造有价值的产品或服务。

Airbnb 平台，不是简单地买卖出租交易，而是创造了一个智能化旅居解决方案。比如，它能通过先进的搜索技术精准地匹配旅居房屋供需之间的地点、出租类型、租赁特点、有效日期、价格等。

屋主可以自定义租住规则，自由地展示自己的房屋以及自己的社交理念。旅行者也可以在平台上创建理想中的房屋空间特性，或梦想的出行计划。同时 Airbnb 开发的移动终端，能在当地定位各种屋源，让用户可以方便、快速地找到和选择理想的房屋和屋主。

有人说 Airbnb 是一个互联网＋传统酒店服务业后的创新商业模式案例，其实也不完全准确，它并不是互联网＋传统酒店，而是互联网＋旅居需求的新产业。

Airbnb 通过不断的总结与完善，已经打造出了领先的共享经济领域的共享旅居商业模式，成为共享经济的典范，成为其他同行业者争相学习的对象。

但拥有如此良好业绩的一家新型公司，在进入中国市场的过程中却充满了波折，2012 年 Airbnb 在香港设立第一个办公室，因为当地政府指责其抬高房价而转到新加坡。直到 2015 年 8 月，Airbnb 才正式宣布进入中国内地。但进入中国之后 Airbnb 也和进入中国的优步（Uber）一样，发展之路并不顺利，也同样遇到了"水土不服"的诸多问题。

因为此时的 Airbnb 在国内早有了一群效仿者，在 2011～2012 年间，途家、游天下、住百家、蚂蚁短租（现已被途家收购）等先后进入共享旅居市场。艾瑞统计数据显示，中国共享旅居市场在 2012 年加速起步，市场规模为 1.4 亿元人民币，2017 年中国共享旅居市场交易额已达到 131.46 亿元，并保持增长态势。

中国共享旅居市场之所以能发展得如此迅速，是因为国内创业平台并非纯粹模仿 Airbnb 的 C2C 模式，只起一个中介作用，而是为了适应国内环境，改进后变成了 B2C 的经营模式。

以途家和小猪短租为代表的 B2C 模式中，短租平台并不只作为一名中介商，而是通过对线下房源的集中发掘、统一管理，并在盈利后按一定比例与房东分红的模式运营。将没有标准化的共享经济"C2C"模式尽可能地标准化，显然更符合中国市场的需求。比起 Airbnb，它们虽然欠缺全球范围的庞大房源，但是却更懂中国用户需要什么。

同时，Airbnb 在中国的运营又很不接地气。一是 Airbnb 上国外的房源信息的中文优化问题；二是中国用户和国外房主之间的沟通问题，都影响了 Airbnb 在中国的运营。

在国内房源方面，Airbnb 平台上的数量十分有限，后台优化选取可显示的仅有数千个，且集中在北京、上海等大城市地区，来自整个亚洲地区的也不超过总量的 1/10，且主要集中在韩国、日本和新加坡。

因此，要想在中国市场施展拳脚，Airbnb 势必还有很长一段路要走。而且，也许未等 Airbnb 一展拳脚，本土的产品早已盘踞市场。

二、途家

途家，全球公寓民宿预订平台，于 2011 年 12 月 1 日正式上线。

作为中国领先的民宿短租预定平台，途家致力于为客户提供丰富、优质、更个性化的出行住宿体验，同时也为房东提供高收益且有保障的闲置房屋分享平台。

图 5-17

途家现已覆盖国内345个目的地和海外1037个目的地,在线房源超过100万套,包含民宿、公寓、别墅等住宿产品及延展服务,可满足以"多人、多天、个性化、高覆盖"为特征的出行住宿需求。包括但不限于家庭出游、商务差旅、休闲度假、聚会团建和过渡性住宿等各类需求。用户可通过电脑、手机、微信、7×24小时客服电话等多种渠道轻松预订,即刻体验当地人的生活,同时享受这一新兴住宿方式带来的温馨、舒适和便捷。在服务保障方面,途家会对平台房屋执行实地验真,并为房客提供高达1000万元人民币的"安心租"先行赔付保障基金,确保消费者的每一次安心入住。

途家欢迎有闲置房屋的房东,来途家分享房源,分享收益和社交快乐。途家凭借旗下途家网、蚂蚁短租、携程民宿、去哪儿民宿、大鱼自助游五大平台的海量用户入口,高效运营及贴心的服务,通过最简便高效的"途家管家",使房东在免费发布房屋信息、轻松赚钱的同时,还可以与来自世界各地的房客相互交流分享。途家专业的房东保障计划及经营指导,免去房东们的后顾之忧,使分享赚钱更省心。2017年,为了帮助更多的闲置房源发挥价值,途家创行业之新潮,推出了RBA服务,从上房订价,到布草洗涤,利用智能物联,结合全方位的管家业务,为房东们提供了"一键托管,轻松入账"的卓越服务。

资本市场方面,随着国内分享经济的逐步升温和途家预订业务的不断增长。2015年8月3日,途家网完成了D及D+轮融资,总估值超10亿美元,正式进入互联网行业的10亿美元"独角兽"俱乐部。2016年6月6日,途家宣布战略并购蚂蚁短租,进一步强化了住宿分享市场的领导企业优势。2016年10月20日,途家宣布战略并购携程、去哪儿公寓民宿业务。2017年10月8日,途家网线上平台完成E轮融资,总估值超过15亿美元。2018年1月,大鱼自助游加入途家,正式形成"携程民宿、去哪儿民宿、途家、蚂蚁短租、大鱼自助游的民宿短租入口"五大平台的矩阵,形成新途家集团。

作为中国共享旅居的引领者,途家凭借创新的商业模式、强大的品牌优势和专业的运营能力,目前已与国内218个政府机构签约,并与TOP100的大部分房地产开发企业达成战略合作,签约管理资产超过1500亿元人民币,签约储备房源超 100 万套。

相信未来的途家在中国旅游市场迅猛发展的态势下，必将迎来绝佳发展机遇，成为中国共享经济领域的行业优秀企业。

三、环游天下

山东环游天下旅游服务有限公司创建的"环游天下"共享旅居度假平台，自 2015 年起就已经开始着手旅游产业链全体系布局，历经了四年时间，山东环游天下旅游服务有限公司依托于山东云游天下房车俱乐部有限公司、山东车游天下网络科技有限公司、山东梦之旅房车有限公司而成立，秉承"畅享旅途，与爱同居"的企业理念，以为中国家庭实现"健康旅居"为企业愿景，立志创导旅居度假产品，采用独特的商业联盟模式整合各类资源平台，结合互联网数据库，推出颠覆性旅居度假产品，计划 3～5 年在全国规划并斥巨资打造 1000 家旅居基地顶级连锁品牌。

图 5-18

世外桃源般的度假基地、星罗棋布的基地布局、风格迥异的旅游风情，得以实现真正自在随心、自在随行的候鸟式度假慢生活。未来环游天下将打通旅游目的地、旅行社、航空公司、租车、餐饮等各个环节，创造一个完整的旅居度假综合服务系统，为国人营造一个老少皆宜的度假天堂。

环游天下共享旅居度假平台，依托云游天下共享房车平台而创建，调动800城市合伙人及万名会员，以独家连锁的模式布局全国，凭贵宾卡可一卡通行，尽情享受候鸟式旅居度假生活。不断探研符合中国国情的旅游产业和养老产业的整合之法，最终形成政府政策支持、酒店式管理、业主自助选择、俱乐部为依托的创新度假模式，四位一体的互动合作模式，资源整合，实现了政府、社会、客户、企业的多赢。

　　环游天下共享旅居度假平台，充分尊重旅居度假的本义，精心撷选怡人养生的度假胜地，通过在旅游资源带或旅游度假区及周边自建、自营及拓展连锁度假基地，真正实现自游、悠游、畅游的度假方式。2019年首期规划在吉林、山东、河南、江苏、浙江、内蒙古、甘肃、陕西、海南、云南、广西等地建立环游天下度假基地，提供线上线下标准化服务，打造国内候鸟度假市场的第一品牌。

共享旅游模式

移动互联网是共享经济茁壮发展的土壤，共享经济2.0不断扩展，各个消费领域都正在被高度共享化。不同种类资源的共享，让越来越多的闲置资源得到了有效利用，提高了资源的利用效率，也促进了环保事业的发展。共享经济的边界也越来越模糊，比如我们前文所说的"共享生活""共享交通""共享旅居"，从某种程度上又与"共享旅游"有着掰不开、理不清的联系。我们在旅游的时候一样可以发微信、微博、快手、抖音，分享我们的旅游经历，当然旅游也离不开交通工具，所以也离不开共享汽车、共享单车，共享旅居更不用说了，本身就是共享旅游的一个重要内容，还有我们后面会提到的共享餐饮、共享房车，都与共享旅游有着莫大的关联，也就是说在旅游过程中，涉及的食、住、行，都会有共享经济的影子。

所以说"共享旅游"是个大词，它涉及的领域非常广泛，内涵相当丰富，因此也就很难对广义的"共享旅游"进行非常具象的描述。前面我们已经对"共享生活""共享交通""共享旅居"进行了论述，所以本节主要是对"旅游认知盈余"共享模式的论述。什么叫"旅游认知盈余"？其实就是我们旅游行程中所产生的各种认知，具体来说就是旅游行程中的吃喝玩乐经验、住宿感受、旅行见闻、行程路线以及心路历程等等内容。如果将这些形成旅游攻略或游记，再通过互联网平台分享给社会大众，就形成了一种新生的认知资源和互联网内容，互联网术语叫UGC（用户生成内容），而这些认知资源和互联网内容正是共享经济最理想的共享资源，因此也必然会形成经济效益。

如果我们将这些旅游认知盈余，通过微信、微博等生活平台共享给大众，无论是对共享平台还是对消费者，基本上不会产生什么直接的经济效益。而一些专业旅游共享平台的出现解决了这个问题，一些共享旅游认知盈余的商业模式，给旅游经济和共享经济增添了新的形式和内容。

马蜂窝、驴妈妈、穷游网都是这样的共享旅游认知的互联网共享平台。旅行者们将自己的旅游认知盈余共享到互联网共享平台上，获得积分、虚拟币、现金红包、优惠券等。现金可以消费和提现，而积分和虚拟币可以在平台进行与其他资源的交换，比如在平台商城里换东西，或者抵免住宿费用，优惠券则可以实现打折或满减。这种只有价值没有价格的交换模式，实际上也是旅游区块链的一种应用场景。

在爱彼迎和途家的平台上也有类似的功能，可以通过邀请好友、预订、评价、晒图、参与活动等方式获得旅行基金、积分和礼金券，而旅行基金、积分和礼金券可以抵免平台的房费。

一、马蜂窝旅游

马蜂窝旅游，原名蚂蜂窝旅行网，2006年由陈罡和吕刚创立于中国，2018年2月，正式更名为"马蜂窝旅游"。马蜂窝旅游是中国领先的自由行服务平台，是广受中国年轻一代追捧的旅行网站，提供优质的旅游信息决策及产品预订服务，被誉为中国的"旅行圣经"。从旅行社区起步，马蜂窝已成为中国领先的自由行服务平台。2015年年初该公司发布自由行战略以来，逐渐探索出一条与传统OTA（在线旅行社）截然不同的营运模式——基于个性化旅游信息构建旅行产品交易平台，让垂直优质内容与旅游供应链实现连接。

马蜂窝的景点、餐饮、酒店等点评信息均来自上亿用户的真实分享，每年帮助过亿的旅行者制定自由行方案。马蜂窝以"自由行"为核心，提供全球超过60000个旅游目的地的旅游攻略、旅游问答、旅游点评等资讯，以及酒店、交通、当地游等自由行产品及服务。

截至2018年年底，马蜂窝已经完成D+轮融资，成为估值20亿美元的创业公司。马蜂窝将继续扩大旅游攻略在旅游消费决策上的优势，并加强旅游大数据的技术壁垒，帮助旅游行业重塑自由行产业链，为中国旅行者提供效率更高的全球旅游消费指引和服务。

随着"内容+交易"商业闭环体系的形成，马蜂窝在"内容入口"和"决策服务"上优势明显，并连续两年在酒店、交通、当地玩乐等自由行产品

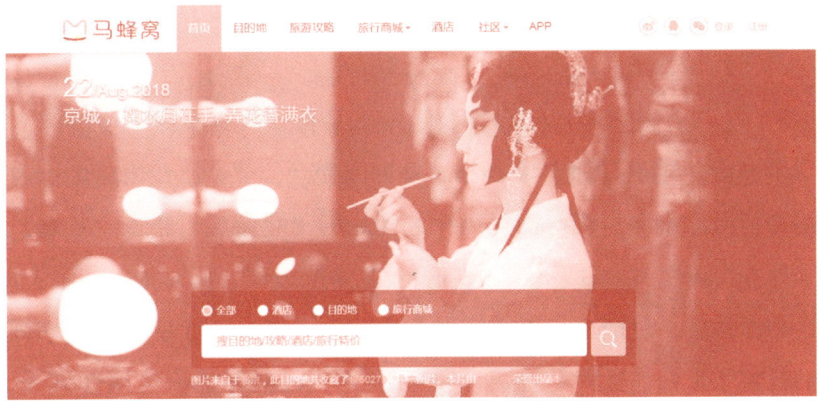

图 5–19

交易上实现成倍增长。马蜂窝也成为了近两年来中国成长最快的在线旅游公司之一。

马蜂窝联合创始人、CEO 陈罡表示，马蜂窝将继续在旅游攻略和数据开发上加大投入，深耕自由行供应链，扩展酒店、目的地市场资源，建立强大稳定的供应商体系，为消费者提供更优质的旅行消费决策、指引及服务，将马蜂窝的流量、内容、用户与大数据优势发挥到极致，引领在线旅游产业的进化。

对于马蜂窝从社区到平台顺利升级的战略意义，马蜂窝联合创始人、COO 吕刚诠释称，"从中国最大的旅游社区，到行业领先的大数据公司，再到如今覆盖全球 6 万余个旅游目的地的自由行服务平台，我们的核心竞争力，来源于结构化的海量 UGC、旅游大数据及越来越智能化的交易（服务）平台，更来自于我们对每一位用户及其所贡献内容的尊重，对旅行永不止熄的热爱。"

"年轻一代的中国消费者成长于移动互联网时代，更喜欢通过深度的自由行，来探索未知的世界。"泛大西洋资本董事总经理兼中国区负责人张弛表示："马蜂窝深耕在线旅游行业多年，始终坚持以服务用户为中心，积累了大量高质量的原创 UGC 内容以及良好的用户口碑，并持续进行移动产品创新及交易平台升级，我们十分看好马蜂窝服务新一代消费者的潜力，坚定看好中国市场的消费升级和互联网创新，并会持续进行投资，携手行业内最优秀的企业一同成长,为中国的消费者提供更好更优质的服务。"

二、穷游网

穷游网由肖异于2004年在德国留学期间创立,至今已经发展为国内领先的出境旅行服务平台。穷游网提供原创实用的出境游旅行指南、攻略,旅行社区和问答交流平台,以及智能的旅行规划解决方案,同时提供签证、保险、机票、酒店预订、租车等在线增值服务。穷游网"鼓励和帮助中国旅行者以自己的视角和方式体验世界"。目前,穷游网也已经是估值达到近30亿元人民币的在线旅游企业。

图 5-20

在中国互联网早期的历史上,有过一段田园牧歌的年代,人们把互联网当做一个崭新的精神家园,穷游网就是在那时候诞生的,创始人肖异就是中国互联网最早的一批忠实粉丝,而且他还是一个文艺青年。2004年,穷游网诞生在德国汉堡一个中国留学生的宿舍里。当时刚刚开始在欧洲留学的肖异(网名:方便面)无意中听说某瑞士四星酒店有一欧元一晚的特价促销,他以试试看的心态订到了这家酒店。分享资讯的热情让他搭建了最初的穷游网。

在穷游网成立的前四年时间里,这个拥有众多粉丝的网站一直都只有一个员工,就是网站创始人肖异,这种独特的运营模式让穷游网在一开始就带上了非常强烈的个人色彩。或许也正是个人色彩让这家网站在一开始就充满了人性的温暖,正是这种人性的温暖随着时间的流逝渐渐成就了一家公司的核心竞争力。如果用一句话来形容这种核心竞争力,那就是:高黏性、高消费能力的垂直社群。因此,从诞生开始,穷游网就注定是一家感性的公司。

其对资本的吸引力就在于此。对竞争对手的抵抗力也在于此。因为在时间里沉淀出来的美好事物注定是不可替代的。

"以自己理解的创造打开世界，保持对生命的好奇，对世界上瘾，从而跟自己生存的小世界和解并拥抱一个大世界。"——这是穷游网从诞生之日便开始借助内容所倡导的生活方式。

随着用户的增加，穷游网上的出行锦囊从欧洲拓展到了全球，穷游也回到中国发展。在13年的发展中，网站的口号（slogan）从"旅途永无穷尽"再到"对世界上瘾"，但"穷游"的性格，从未改变。而这当中所体现的是作为一家公司战略发展的路径，穷游网最初的基本含义"budget travel, wonderful life（穷也可以游）"，从精神层面上被拓展了，而这在现实中拓宽了内容变现的可能途径。

客观地说，穷游网的调性，总带着一点文艺青年的理想和傲娇，甚至还有那么一点漫不经心的味道。

随着业界同类攻略型网站的崛起，穷游网也开始了各种有趣的商业尝试。一个明显的特点是，穷游网对于商业模式的探索，是按照内容逻辑而来的。基于社区、锦囊衍生而成的用户行程助手，进而提供机票酒店选择的电商平台，这是流量变现的第一步。而生活美学品牌"JNE"（Journey Never Ends 的缩写）的推出及 JNE Gallery 的成立，则是线上向线下、虚拟向现实延展的第二步。

实际上，穷游网的用户理念始终很简单：服务好核心用户群体，服务好每一个爱穷游的人。也正因此，穷游网的民宿服务随后上线。穷游网的民宿服务与爱彼迎进行了战略合作，在穷游的网站里就有爱彼迎的接口。

而喜欢讲情怀的穷游，似乎更乐意从内容上获得更多的盈利空间。这个逻辑来自——虽然旅行交易本身是低频消费行为，但是旅行内容的消费并不如此。比如用户会为一场相关直播付费，也会乐意购买一本旅行相关的书籍。

在互联网用户开始有为内容付费的习惯之后，这些旅行内容也都已经成为了穷游网的盈利增长点。灵魂和身体，总要有一个始终在路上，这也意味着总有一个值得埋单。

共享房车模式

相信很多人都有开着房车载着一家人出去旅游的梦想，随着社会经济的不断发展，人们生活水平的不断提高，已经有少数的一些人实现了这样的梦想；还有很多人并不是买不起房车，但房车的利用率是一个现实问题，我们没有时间一年到头都开着房车去旅游。所以假如我们购买了一辆房车，那么恐怕一年中绝大多数时间都是闲置的。

随着互联网背景下共享经济的不断发展与成熟，共享房车模式也应运而生，人们可以通过共享房车平台共享一辆房车，来满足短期的房车使用需求，同时又省去了购买和养护房车的诸多费用。

共享房车模式是一种新兴的共享经济商业模式，它既有共享汽车、共享旅居的成分，也有共享旅游的成分，但又与三者不尽相同。共享房车的用户属于特定的圈层，他们一般都有较高的社会地位，有钱有闲还有情怀。所以共享房车模式一经出现，就受到社会中高端阶层的追捧。

目前，国内真正成熟的共享房车平台只有一家——山东云游天下房车俱乐部有限公司。

云游天下共享房车成立于2017年，由中国房车界十大领导品牌——（巨威）梦之旅房车与资深房车界、金融界、营销界、互联网界大咖联合成立。

云游天下以共享房车为移动载体，以共享驿站为落地支撑，秉承"让房车生活进入大众家庭，让出游更美好"的使命，以巨威房车（梦之旅房车）——万台房车生产线为实体依托，并提出"转着玩，玩着赚，免费玩房车"理念，是涵盖房车租赁/运营/旅游、露营地连锁运营、会员管理等于一体的出游平台。

云游天下凭借"互联网+"时代共享商业模式，整合房车露营领域各方面资源，争取率先在中国实现房车落地自驾、异地取还、房车共享的网络化新格局,进而打造全球第一房车运营平台。

图 5-21

云游天下体系拥有车游天下、梦之旅途、深圳新域房车、玩趣网络、游游链等多家控股公司,并先后入股飞鸟房车、不同车镇、蜗牛房车、天津乾港等九家房车露营相关行业公司,形成房车露营旅游产业集群,其中覆盖房车研发、制造、销售、运营、线路、俱乐部、平台,共享驿站(露营地)建设、运营、连锁,自驾游市场等。

目前,云游天下共享房车经过一年的快速发展,在全国已经拥有几十个地市级服务中心,近千个区县级服务网点,初步形成全国网络化布局。第一阶段的渠道通道已经打通,同期在内蒙古呼伦贝尔、海南、重庆、贵州等开展房车自驾游线路运营,在新疆试行合伙人参与的房车自驾游新模式,并推出共享驿站——百万水电桩计划,以旅居小镇为代表的全国几百个生态旅居小镇项目也同期启动。

云游天下布局体系不断扩大,先后与甘肃民航局、上汽大通、CCTV10 等形成全面的战略合作,并被"第二届中国产业转型投资峰会"授予"共享模式最佳创新奖"。

2018 年,关于露营地运营、房车旅游路线运营、房车租赁运营等方案相继开展并进入实质性运营阶段。一个以共享房车为载体,以共享驿站为落地支撑,以房车旅游线路为串联,以线上平台为运营依托的具有区块链底层技术架构的新旅游产业集群呼之欲出！

一、云游天下共享房车的诞生

梦之旅房车成立于2011年，目前无论在品牌知名度还是在产品销售量上都稳居全国前三名。梦之旅房车通过长期研发生产及市场销售总结，以及对行业市场的分析以及十万级的意向客户的研究，加之现有全国数千名车友的回访，最终进行全面总结，发现在现有的国内房车行业内有意向购买的客户群体间存在3个最大的痛点：

一是我国房车的发展起步相对欧美发达国家晚，发展慢，房车市场处于萌芽发展状态，属于小众范围，房车文化欠缺；

二是与房车配套的露营地发展缓慢，房车旅游落地支撑不足；

三是房车购买者渐多，但存在一次性投入偏高，房车游玩的性价比低，利用率不高。

为了解决市场痛点，解决客户的后顾之忧，以及后期市场的行业发展问题，梦之旅房车最终决定正式组建云游天下房车俱乐部有限公司，打造共享房车商业模式，从而全面解决市场痛点。

云游天下共享房车，是集合房车销售、租赁、运营、服务为一体的综合性服务平台，并依据国家对共享经济的号召，采用了"互联网+"的思维、自媒体营销的渠道以及商业会销模式来进行平台的运营与落地。

二、云游天下共享房车的体系

云游天下共享房车的发展分阶段进行，前期市场的"城市合伙人体系"进行全国布局，而后期通过"房车落地运营体系"进行落地运营。

在云游天下的城市合伙人体系内我们分3个层面：一是市级服务中心，二是区县级城市合伙人，三是加盟商。最终通过以房车租赁、房车线路为主体的会员落地。通过四位一体的定位最终实现全国的布局，从而实现全国区域内所有会员的"落地自驾，异地还车，共享房车"。

云游天下共享房车打造的不只是共享经济商业模式，也是一种全新的旅游服务模式。云游天下共享房车在全国运营体系的搭建将以全国2800多个区域、300个城市为基础，招募各地符合条件的运营商或代理商，由总部投放车辆，区域运营商负责当地市场的具体运作，共同推进房车旅游在国内的发展，制定相应举措，让更多人了解房车、走近房车生活。推出落地项目运营，以共享房车为载体，推出全国运营、落地自驾、会员服务、线路指导、房车管家服务等，实现一体化的房车新旅游服务。

2018年，云游天下将在100个城市设立共享房车服务中心，1000个区域设立区域运营商，分阶段、分步骤完成全国的体系搭建，改变出游方式，让出游更美好。

图5-22

三、云游天下的盈利架构

云游天下招商体系的合伙人通过3种方式进行盈利：一是前期布局阶段的合伙人加盟，二是运营阶段云游体系内云卡会员的发展，三是运营市场的车辆增值运营。同时所有体系内的合伙人，最终会以平台为中心进行全国内资源的对接以及行业内项目的开发从而获得更多的盈利点。

云游天下共享房车将用3~5年的时间实现全国所有区域内的"落地自驾，异地还车"，从而实现国家共享经济下的共享房车。

四、旅居小镇、房车营地、驿站

云游天下共享房车在房车露营地建设方面投入巨资，规划在全国范围内建设100个具有一定规模的旅居小镇和1000个房车营地或驿站，将房车生活体验和特色露营地天然契合，打造共享房车产业链，自相关项目筹划以来，备受社会瞩目。

2018年5月,云游天下发布共享驿站——水电桩计划,宣布将在全国投放近10万个水电桩,打造2万个共享房车与新能源汽车共享驿站。本次合作将为后期营地建设投放10万个水电桩,完美解决车友们房车露营水电补给不足的困惑,切入行业痛点,快速推进中国房车露营产业的高速发展。

五、云游商城

云游天下共享房车以"云游商城"为线上依托,开展线下的房车租赁、房车旅游、露营地连锁、商品积分兑换、会员管理等业务,打通O2O线上线下业务链条,依托庞大的资源整合优势,云游天下共享房车提出"转着玩,玩着赚,免费玩房车"的口号,开创中国房车行业之先河。

图 5-23

云游天下共享房车是一个房车共享平台,让用户以最经济的方式获得房车的使用权;

云游天下共享房车是一个旅游平台,让用户在此平台上获得最佳最时尚的旅游体验;

云游天下共享房车是一个创富平台,用户在使用房车的同时还可以参与到共享房车事业中来,与平台一起共创财富、共享事业成果;

云游天下共享房车还是一个社交平台,用户在这里可以交往到志同道合的事业伙伴和具有情怀的朋友。

综上所述,云游天下共享房车已经成为共享经济的新业态、房车行业的新模式、旅游经济的新内容、创富的新渠道和社交的新方式。

共享餐饮模式

究竟什么样的餐饮商业模式才是"共享餐饮"商业模式？微信"吃喝玩乐"中的"吃喝"算不算共享餐饮？美团外卖算不算共享餐饮？大众点评中的"美食"算不算共享餐饮？

从广义上来讲，笔者认为这些都可算得上共享餐饮的商业模式，因为毕竟它们具备很多共享经济的元素，典型的例子是这些涉及餐饮业务的互联网平台都是通过餐饮信息的共享发布，将餐饮行业里存在的剩余产能激活了，扩展了餐饮企业的销售规模，增加了收益。这些互联网平台也运用了移动互联网、第三方支付、云计算、大数据及物联网技术，在技术层面上，几乎和大部分共享经济的技术运用是重叠的，所以这些餐饮的商业模式当然可以算作"共享餐饮"的商业模式。

这并不是我们为了论述"共享经济"，非得把它们拉进来凑篇幅，而是这些商业模式，确实具备了共享经济商业模式的元素，随着共享经济内涵的不断扩展，共享经济的形式和内容已经是多种多样，共享经济的边界也已越来越模糊，并且互相渗透、互相依存，为社会经济注入了全新的动力。

其实说到底，只要不是在家自己做饭，哪个餐饮不是"共享餐饮"呢？但依托互联网、大数据、云计算、第三方支付、物联网等技术的"共享餐饮"商业模式，才是符合我们预期的共享餐饮商业模式，从是否"爆款"这个层面来评判，无疑美团外卖之类的共享餐饮模式已经深入人心，至于"美味·共享餐厅"能否成为爆款，我们还将拭目以待。

一、美团外卖

美团外卖是美团网旗下网上订餐平台，于 2013 年 11 月正式上线，总部位于北京。虽然美团外卖做得不算早，却跑得很快，伴随着消费升级的大趋势，网络外卖平台的马太效应逐渐显现，美团外卖已经发展成为中国外卖的头部企业，并且领先优势不断加强。

2018年上半年，美团外卖在中国的市场份额达到59%，居行业第一。另外，美团外卖无论从市场份额，还是从订单量上来看，其增速都远远超过市场平均增速，外卖平台的顶部效应已经形成。美团的商业模式经过近五年的锤炼，也已成为世界领先的外卖行业模式，其核心秘诀其实非常简单，那就是创新，不断的创新。

重视技术创新研发一直以来都是美团外卖立足于整个行业的核心要素，美团外卖的研发人员超过1万人，占全体员工的比例超1/5。更重要的是，科技创新是未来外卖O2O优化升级的必由之路，是构建核心竞争力的关键所在。

目前，美团外卖在人工智能AI技术的研发上已经初见成效，在AI技术的支持下，美团外卖所使用的智能调度系统，能够根据配送骑手的实时位置进行订单匹配，日常高峰时段每小时执行29亿次路径规划算法，并能平均在55.2毫秒内计算出97%的最优路径。同时，美团也在拓展一系列其他领先技术的应用，包括智能硬件、物联网、机器人、图像及语音识别等。2018年7月，美团发布无人配送开放平台，将自动驾驶技术落地应用到外卖配送场景，计划在2019年实现片区规模化运营。

另外，美团的技术研发还被应用到食品安全保障中，比如"天网"系统与多个城市的食品安全监管部门实现食品经营许可证信息数据一键对接，以确保外卖平台中商户食品经营许可证信息的真实有效。

仅仅数年时间，无论是规模还是增速，亦或是为全社会创造的价值，美团外卖都已经走在了行业前列，其围绕本地生活服务不断提升自身服务实力，不仅为国内外卖行业发展树立了一个重要里程碑，还成功让"中国外卖"这一商业模式走进国际视野，国内企业已逐步从模仿转变为领先。归根结底还是因为外卖业务与美团"帮大家吃得更好，生活更好"的使命深度切合。

目前，美团外卖主要合作商家为中小型餐饮企业，美团外卖旨在为消费者发现最值得信赖的商家，让消费者享受超低折扣的优质服务。美团的价值定位于尽量为顾客实现全方位的选择权和便利性，以此来达到"品牌忠诚"。

二、"美味不用等"共享餐厅

2018年6月29日,智慧餐饮服务商"美味不用等"旗下首家"共享餐厅"在上海打浦桥日月光4楼试运营。

图 5-24

目前,"共享餐厅"的菜单涵盖商场内7家热门餐厅的86种美食,涵盖本帮菜、北京菜、新疆菜、港式点心以及新派时尚菜品。

消费者通过APP预约,可同时订购到800米商圈内不同餐厅的美食,在共享餐厅享用,免除了排队的烦恼。同时,与之对接的餐厅可通过共享餐厅扩大经营范围,更有望实现弹性坪效管理。

在共享餐厅,还配套了高温餐具消毒柜、无人自助饮料零食柜,并设有自营的饮料吧台,对外销售精酿酒水和鲜榨果汁、奶盖茶等自制饮料,保证消费者除正餐之外的更多需求。

"开设共享餐厅的初衷,是解决热门餐厅排队的痛点",共享餐厅的项目负责人李轩坦言。为解决上述痛点,"美味不用等"推出了"共享餐厅",希望能够减少餐厅的载客压力,实现有效的分流。即不降低用户就餐体验的前提下,帮助火爆餐厅留住等位客人,增加其销量和效益,并使餐厅有望实现弹性坪效管理,在外卖、堂食、外带、新零售之外又开辟了餐饮新赛道。

"美味不用等"共享餐厅如何实现盈利的呢?李轩表示,共享餐厅盈利模式目前有两个方面:一是合作餐厅会对美味不用等的集中采购提供大约15%

的优惠；二是共享餐厅的饮料吧台有精酿酒水、自制鲜榨果汁、奶盖茶等可以供应，此外还设置了预包装食品销售专柜，未来会考虑增加一些和合作餐饮商家主营业务没有冲突的新零售产品。

"美味不用等"共享餐厅主要针对那些想在热门餐厅用餐又不喜欢长时间排队的消费者，他们追求更高的生活品质和更优质的就餐体验。这和外卖的主要消费人群还是有所区别的。

共享衣橱模式

前面说了共享餐饮、共享旅居、共享交通,衣食住行我们已经"共享"了3个了,怎么可少了"衣"呢?所以"共享服饰"那是必须要有的了,它就是"共享衣橱"。

对于爱美、爱时尚的人士来说,尤其是女性,哪一个不梦想着自己有穿不完的衣服,最好每天换一件时尚漂亮的衣服。我们都知道:女人的衣橱里永远少一件衣服。即使衣柜里堆积如山,却只觉无衣可穿。偶尔整理,新衣却多到想"剁手"。

我们以往的穿衣消费模式是:买多少穿多少。可即便一个高收入人士也不太可能想穿多少就买多少。

共享衣橱模式的出现,可以说真正圆了我们的穿衣梦,用户只需要按时间段交纳少量的会费,就可以在"共享衣橱"的店铺里任意地不限次数租用自己喜欢的大牌美衣,并且还不用自己洗衣,送衣取衣都是上门服务,并且还可以异地租衣还衣,这是不是又是一种对传统生活模式的颠覆呢。

可以肯定的是:共享衣橱是真正的共享经济。它不但改变了人们的生活与消费方式,还将极大地促进社会环保。

一、衣二三

衣二三2015年12月成立于北京,经过3年多的发展,已经面向整个中国市场,平台注册用户达1500万。衣二三自成立至今已完成多轮融资,累计融资金额数亿美金。真格基金、清流资本、金沙江创投、磐霖资本、志拙资本、UOB Venture Management、非同凡想创投、IDG资本、阿里巴巴、软银中国、红杉中国等都对衣二三进行了战略投资。

衣二三定位在一、二线城市中24~28岁的白领职业女性,主打轻奢和设计师级别的衣物共享。衣二三提供时装订阅包月换衣服务，时装不需要购买，只要成为衣二三会员，平台上的百万件高街品牌时装、原创设计时装可供会员免费换穿，而且免去洗衣困扰。

手机下载一个"衣二三"APP，就可实现3步轻松借还：（1）包月租衣随心换穿；（2）APP选衣，往返免邮；（3）穿够再还，上门取件。

共享衣橱行业最大的痛点就是安全卫生问题：别人穿过的衣服，即便是清洗了，真的就能做到安全卫生吗？衣二三也考虑到大家的担心，与福奈特、天天洗衣等知名洗护品牌达成了战略合作，打造国际一流的智能、环保、洁净、高效的洗护工厂。对很多人关心的衣物清洗消毒环节彻底做到了高标准严要求，每一件衣服从上一位顾客手中收回后都会交由专业的洗护团队进行清洗护理。每一种衣服的出租次数也是有限的，衣二三对此做了严格的规范，出租到一定次数，哪怕这件衣服品相完好，也会强制下线，完全不用担心收到的衣服会"旧"，它可能比你自己的衣服还要新。

一开始，会员无限次换穿的租衣模式，给衣二三的库存和物流带来巨大压力，很快就导致了平台上许多轻奢品牌款式有限或处于无货状态。对此，衣二三一方面设立单次租衣限量的门槛，另一方面自建一套ERP系统管理商品货位情况，同时通过用户下单、归还数据的分析，提前推测、规划商品出入库时间。

此外，衣二三还与数百个服装品牌达成了战略合作，利润分成时品牌商拿大头。通过这种方式，一下子帮助衣二三平台拓展了库存量，并且大大减少了成本压力。

对于接下来的发展，衣二三创始人刘梦媛表示，未来将进一步切入更多的消费场景，升级"stylist＋算法"搭配推荐，继续后端运营中心的全国布局及升级。

从规模上来讲，衣二三已经发展成为了亚洲最大的共享时装月租平台，可谓已经占据了国内"共享衣橱"领域的头部。它在资本支持下实现了快速探索，作为一个女性时装月租APP，衣二三几经变化，从收购洗衣工厂到自建运营中心，由租到以租带售，到与品牌合作探索平台模式，再到与阿里全体系深入合作，它的几番变化让"共享衣橱"这个曾经被很多人不看好的模式在中国扎根下来。

二、女神派

女神派创立于 2015 年 3 月，与衣二三差不多，也是对标美国公司 Rent the Runway，从礼服租赁切入了女装租赁市场后，又先后上线了常服租赁、先试后买等服务。《2017 消费升级研究报告暨新品牌 100 榜单》显示，女神派是服装共享领域唯一入选品牌。

困扰无数女性的穿衣需求痛点，在"女神派"获得了全新的解决方案。通过订阅女神派"无限换"的会员服务，即可不限次数享用亚洲最大女性云衣橱，其中有年轻女性梦寐以求的 500 多个欧美一线大品牌、50 多万个款式，这些都是女神派专属海外买手从纽约第五大道和巴黎秀场直购的最新最潮的时装，绝大部分零售价在 2000～7000 元。

女神派 APP 中有很多穿衣主题版块，用户可从各类版块中，根据自己的穿衣喜好，清晰挑选自己心仪的衣物。

女神派还上线了无忧购板块，平台上的一些国际品牌新衣，通通都能以 1～3 折的价格买到，绝对物超所值。

为了让用户知悉每款衣服最真实的反馈，女神派特设"晒图"版块，用户可以上传试衣效果图以及点评。这样其他用户可通过"晒图"版块了解每件衣服的真实情况。让用户能够结合自己的身材及需求，选择到最适合自己的款式美衣，这样一来，租错款式和尺码的几率就被大大降低，为了鼓励广大用户踊跃晒图，女神派还特设人气奖和精选奖，晒图达到一定次数便可获得购衣券、月卡等奖励。

女神派折扣做得很大，新用户入门门槛也更低。女神派的快递相当有效率，一般在一线城市下单，次日就能收到货，让用户们轻松惊艳各个通勤、约会、派对、宴会场合。而且它是从到货当天开始计算会员期的，不用担心会员期被快递浪费，很人性化。APP 使用起来也比较顺畅，从选衣服到下单成功大概也就几分钟的时间。另外，女神派的上新速度快，APP 首页上有个

"每日新品"，可以让你及时得知女神派的新品动态。

关于卫生问题，女神派也绝对可以让用户放心，女神派在上海、杭州都自建了专业的清洗中心，又是中国洗染专业委员单位，衣物的卫生问题绝对到位。

一直以来，共享衣橱女神派希望以"轻负担，优体验"的服务，向更多女性传达全新的服装消费理念，让女性用户的衣橱变"轻"的同时，依旧享受到高品质的时尚生活，无后顾之忧畅享美丽新世界。

共享美容院模式

美容院这种生意是从20世纪90年代开始兴起的，这种商业服务好像天生就是为女性而生的，当然现在也有很多的男性进美容院美容。美容院大概有指导型美容院、养护型美容院、修复型美容院和调理型美容院几种，经营的服务项目越来越多，技术越来越复杂和高级，设备也越来越先进。如果说以前随便学一些手法，进些化妆品就可以开美容院的话，现在基本上不可能了，因为现在要开一个美容院需要资金、技术、设备、人才、商业模式等多方面的条件。以前美容院可谓是普通创业者优质的创业项目，而现在门槛越来越高，普通的创业者越来越难以进入。

随着共享经济内容的不断延伸，美容院的经营者们也开始共享思维经营美容院了——共享美容院由此诞生。

如果说其他共享模式是共享一种服务的话，共享美容院的商业模式更多的是共享一种经营项目。也就是说进入共享美容院模式不光是能自己享受到高品质的美容服务，而且还能够在共享美容院的商业模式中获得丰厚的回报。

共享美容院以其节约时间和成本、零成本聚拢技术型人才、零成本资源整合等优势和超出传统美容院N倍的产出，可以让任何普通创业者都能零投入地参与进来，美容院商家通过发起共享机制，让更多的人参与进来，美容院共享自己的场地、技术、设备与人才，共享美容院参与者则是共享了自己的人脉资源，大家在这个平台上一起发展、一起赚钱。

仙朵科美，共享式美容护肤颜值管理中心，隶属于秦皇岛仙朵科美生物科技有限公司旗下，总部设立于秦皇岛。

仙朵科美，集产品设计、研发、生产、销售、服务为一体，业务主要涉及美容护肤、美体养生等领域。目前旗下主要有两大类产品，专业科技美容仪器和高端护肤品。

图 5-25

11项专业科技美容仪器，涵盖美业最前端新生科技，从头到脚，打造全方位美容美体护肤管理体验（深层清洁、保湿提亮、抗衰去皱、脱毛祛斑、减脂塑形、通经活络、暖宫养肾、补气养生）；

10余种高端护肤品，精选各种植物精粹，严格配比，温和有效，涵盖基础护肤、防护隔离、精华安瓶等全系产品，满足不同皮肤的不同需要。专业科技美容仪器与高端护肤品强强搭配，一站式皮肤管理，让美不只是梦想。

仙朵科美以"创业人"的模式，在区域中心、省、市、区（县及县级市）设立不同级别的分公司。通过专业的核心技术及项目输出支持，帮助合作会员实现盈利，最终达到共赢。

仙朵科美，以完美的新零售创业发展机制，颠覆传统美容院，打破传统经济的困境，让所有想对接美业的人士都能成为仙朵科美的主人。

仙朵科美，既能让所有爱美人士都能享受高端的科技美容仪器，又打造了多元化的创业平台，轻松创业，边美边赚！零风险的投资方式，让天下没有难做的生意。仙朵科美打破传统美业市场暴利泡沫，返璞归真，以百姓价格赢得更多客户群体（包括需求型和市场型），真正意义上实现边美边赚，不需要花大价钱，就能实现投资、变美两不误。

仙朵科美总部后台设立PC端、移动端网站、APP、网络商城全位服务体系；并且整合大数据，优化平台数据，强大客户端，最大化资源整合共享；品牌化经营管理，强化媒体效应，继而开发资本金融市场，覆盖大健康产业。让仙朵科美插上智慧美容的翅膀，自由翱翔美业新高度。

仙朵科美，以科技美容引领美容生活的新时尚文化，颠覆传统美容行业，开启共享新零售科技美容生活的新时代。

第五章 共享经济商业模式

共享家政模式

家政行业是服务行业的重要组成部分，在互联网迅速发展、共享经济日益普及的今天，家政服务企业将如何搭乘共享经济这辆列车呢？

据调查显示，目前我国家政服务企业和网点近 50 万家，从业人员 1500 多万人，在受到共享经济这一新经济模式的冲击之下，许多家政服务企业也做了一定的创新，但是很多都没有深刻领会到共享经济的内涵。

一部分企业在 O2O 的模式之下，用烧钱的方式来获取大量的订单与用户，采用优惠券的方式不断地推广推销自己，但是家政服务企业毕竟不是资金实力雄厚的企业，有家政服务需求的用户在当今时代也不是普遍存在，因此往往在烧钱之后没有收到良好的效果；另一部分企业不愿意自己烧钱，于是借助于大的互联网平台如 58 到家、云家政等，利用其大的流量获得更多的订单与客户，这种方式能够让企业在短时间内获得一定的收益，但是从长远的角度来看会限制企业的发展，毕竟这些大的平台也有自己的利益需求，因此当市场中出现了机遇时，这些企业较难从大的平台之中跳出来抓住机遇发展自己，同时大的平台还会限制企业的流量，并不利于企业的长期发展。

在这样的形式之下，正确认识家政共享经济的内涵对于家政服务企业的发展是十分重要的，同时借助其他领域的发展情况与措施，再加上本行业的现状与模式分析，定位企业自身的发展目标，制定合理的发展计划与制度，才能让家政服务企业在 O2O 模式之下抓住时代先机，迅速发展自己。

一、58 到家

58 到家是以提供上门服务为核心业务的到家服务平台，服务内容涵盖家政、丽人、搬家、速运、洗车、汽车陪练、推拿按摩等众多领域，覆盖了全国 30 余个城市，开创了中国到家服务的先河。

58到家遵循"客户第一,奋斗者为本"的核心价值观,以"提升客户生活品质,让生活更简单;提升劳动者技能与收入,让劳动者更有尊严"为企业使命,致力于为用户提供高品质、更便捷、最安心的上门生活服务。58到家提供的不仅仅是服务,更是一种简单、美好、轻松的全新生活方式。

二、e家洁

2013年5月,e家洁成立,开启家政O2O专业典范。e家洁,是通过移动互联网改变传统家政服务模式,创新打造行业新标准的"互联网+"综合性上门服务企业,于2016年4月正式挂牌新三板。

e家洁以"悦离品质生活"为宗旨,致力于为用户提供专业、高效、标准化的家庭生活服务及企业后勤服务。通过加盟、培训、品控等方式,e家洁建立完善的服务标准化体系,并对服务人员进行有效管理,打造专业化服务团队,持续提升服务品质,努力成为值得用户信赖的互联网服务品牌。

e家洁,致力于打造最值得信任的家庭保洁服务平台,提供专业保洁、家电清洗、家具养护、保姆月嫂等家政服务。目前已开通北京、上海、广州、深圳、成都、南京。

e家洁可以基于地理位置查找附近的保洁小时工阿姨,阿姨会准时上门提供专业的家庭保洁服务。新居开荒、油烟机清洗、擦玻璃、厨卫保养等家政服务都可以在e家洁APP快速预约。

共享生活设施模式

以前，社会公益生活服务设施一般都是由政府投资兴建，但政府也不可能面面俱到，社会需要更多更具体的公共生活服务设施，这也就给许多商家创造了机会，但传统的商业性的公共生活服务设施由于受技术的限制，运营成本过高，也使得商家投资的积极性普遍不高，整体规模也一直不大。

随着互联网、物联网、移动支付、云计算等技术的应用，使得很多公共生活服务设施可以实现无人值守，大大降低了运营成本，收益也大幅增加，商家也有了更高的投资积极性。大众也因此享受到了更多更便捷的公共生活服务设施，提高了生活质量。

共享生活设施的内容多种多样，在生活的很多领域都有出现，它们和共享单车有差不多的商业属性，也都很受投资商的追捧，因此也同样催生了众多共享生活服务设施的品牌，如：

共享充电宝：街电、小电、来电、怪兽充电、充充；

共享健身仓：觅跑、抖吧、纯净跑、全民酷跑、蜗牛仓；

共享雨伞：春笋雨伞、有伞、摩伞、魔力伞、e伞、漂流伞；

共享按摩椅：九点、摩摩哒、艾力斯特、奥佳华、云享云。

一、街电（共享充电宝）

街电是深圳街电科技有限公司推出的全新移动充电解决方案，旨在与城市热门商圈的商场、商户等公共场所合作，通过提供街电充电一体柜机和移动电源专用设备，为用户提供方便好用的免费移动电源租借服务，这样就解决了人在外面遇到手机没电到处找电源的尴尬局面，同时也省去了用户自己携带充电宝的麻烦。

街电和其他共享充电宝品牌一样，最大特点就是可以随身充电，不同于传统的"守充"，街电的用户借出移动电源后可以立即离开充电箱，将充电宝拿在手中或带在身上为手机充电，用完后就近找充电箱归还即可，此外，街电提供的移动电源配有 PowerIQ 智能充电技术，能自动为手机平板提供更为快速、安全的充电方案，做到真正的高效充电。

街电在合作商户放置充电箱设备，为店内外消费的顾客提供移动电源租借服务。与传统的租借服务不同，街电的租借服务完全由用户自主完成。用户只需要扫描机箱上的二维码，根据提示操作即可借出移动电源为手机充电。

街电致力于从终端彻底解决人们出门在外手机充电不便的痛点。产品绿色环保、功能时尚、随借随还，还可异地归还，通过 LBS 地理位置定位功能所建立的充电服务生态圈，来提升人们的出行品质。

街电总部位于深圳，截至 2018 年 3 月，街电已实现全国 200 多座城市的覆盖，日订单峰值达 120 多万，累计用户突破 6000 万。就现阶段而言，街电在设备质量、铺设设备总数、优质合作商家、设备铺设速度以及用户黏性等方面均居于行业领跑地位。

二、觅跑（共享健身仓）

觅跑是北京觅跑科技有限公司推出的智能自助运动仓项目，旨在解决全民运动健身的实际问题。觅跑运动仓采用物联网技术实现 24 小时无人运营，用户无需办卡，只需楼下步行 5 分钟，即可扫码运动、自助支付、打造智慧社区，形成"社区 5 分钟运动圈"，让用户不再因为距离、环境、天气、惰性等原因而搁置运动计划，让运动成为习惯，让"觅跑"成为生活方式。

觅跑成立于 2017 年 7 月。觅跑运动仓和 MiniKTV 模式类似：4 平方米场地容纳 1~2 人、配置跑步机等运动器械、自助门禁按时付费。但不同的是，这一模式的关键点在于社区场景和运动需求，共享租赁以占用商圈和学校等场景为主。

觅跑健身仓配置空调和空气净化设备，采用智能门禁和运动仓内置电子屏幕，运动器械主要分跑步机、动感单车、椭圆机等主题仓，其中跑步机占主体。手机 APP 端线上预约、扫码开门，整体配置以自助和智能化为主题。

觅跑已经服务于 5 座城市、2 亿用户，并快速进行共享运动仓的产品迭代，提高产品的智能化水平。

三、春笋晴雨伞（共享雨伞）

春笋晴雨伞，2015 年 10 月诞生于中国上海，是全球首家智能物联网晴雨伞共享开放平台。

目前，在市面上可以看到的雨伞主要有两种，长柄伞和折叠伞。而春笋晴雨伞在整个伞的结构和材质上进行了创新，可以实现反向开合避免湿身，同时伞面上还有防晒涂层以便晴雨两用。

春笋晴雨伞的另一个重要设备是桩机。它是一套物联网设备，桩机可与伞柄和后台随时通讯，雨伞一旦被归还，信息可以立即传送到后台。桩机采用了链条式伞挂，可在占地较小的情况下达到存放 50~60 把伞的容量，足以应对借还伞的"潮汐现象"。

春笋晴雨伞的投放场景分为室外和室内，室外主要是地铁口人工投放，室内包括在写字楼、酒店、便利店等桩机上的投放。春笋晴雨伞 CEO 苏扬介绍了一个很简单的模型：不管你在哪里借伞，都可以到任意一台桩机上还伞。

用户通过手机扫码借伞，在还伞时，用户将伞挂在桩机上，在雨伞、桩机与后台实现通讯后确认还伞。这样的借还伞流程可以规避用户不付费取伞或借伞后长期不归还的行为。

除了租赁业务，春笋晴雨伞还开启了"万千春笋"计划，一方面，作为服务和运营提供方将春笋晴雨伞的服务集成到客户企业的 APP 中；另一方面，如果企业客户自己有投放品牌晴雨伞的需求，春笋晴雨伞也会提供整套的解决方案。

四、摩摩哒（共享按摩椅）

摩摩哒共享按摩椅是由上海稍息网络科技有限公司自主研发的产品。简称摩摩哒，英文名 MOMODA。摩摩哒共享按摩椅是基于"互联网 + 等候时间"的微 SPA 疲劳舒缓解决方案，是无人值守模式的物联网智能硬件。人们通过智能手机就能快速启动和适配等待时间所需要的按摩椅服务，用可负担的零钱来完成一次全身心的疲劳和压力舒缓，即"用零钱做个微 SPA"。

摩摩哒以"缓压等候区集成产品"的运营理念、商业模式和整体投资，并与终端联合运营，共享收益，为消费者提供健康的、舒适的、休闲的生活方式。摩摩哒目前已经覆盖全国 360 多个城市的机场、高铁站、电影院、商场、酒店、CBD 等渠道。

作为国内首个提出打造"微 SPA 缓压区"概念的专业品牌，摩摩哒将在家中和会所才能享受的按摩服务延展到影院、商场、机场、高铁等高流量等待场所。用共享方式升级"坐"场景的体验，为用户提供更加健康的休闲生活方式，同时提升场所硬件配备标准和品牌形象。

一机一码，一键扫码，快速启动，只需扫一扫座椅上的二维码，就会自动启动。操作简单易懂，使用摩摩哒智能手机应用，用户可以用自己的手机查看摩摩哒合作网点位置，继而就近找到摩摩哒。通过扫描座椅上的二维码即可开始按摩缓压。

摩摩哒主要服务于生活和工作节奏快、亚健康和其他身心压力较大的人群。将在家中和专业场所才能享受的舒缓按摩等服务扩展到碎片化等待场景，开创了智能按摩的"场景革命"，打造第三空间生活方式。

共享办公模式

在"大众创业,万众创新"的感召下,全国再一次掀起了创业热潮,加上资本的推动,共享办公也迎来了井喷式发展。2016 年,市场快速爆发,激增 70%,虽有部分共享办公运营商的出局,但大环境总体向好,是共享办公的新秩序探索年。2018 年同样也是不平凡的一年,第一季度共享办公频频爆出大动作,尤其是优客工场,更是 3 个月内 3 次出手,完成了对洪泰创新空间、无界空间、Wedo 联合创业社 3 家共享办公品牌的并购。4 月份,行业排名靠前的裸心社以 25 亿元的价格被 WeWork 全资并购。

共享办公为企业提供一整套办公空间解决方案,不但包括传统的办公空间,还包括管理咨询、创业咨询、办公设备、物业管理、投融资撮合、孵化加速、工商税法外包等增值服务,是一种服务企业办公需求的新型解决方案。这种解决方案的核心是在满足办公空间需求的基础上以共享的手段承载各类服务,从而打造出促进企业成长,鼓励创意激发的独特的办公生态体系。

共享办公以拎包入驻、租期灵活、整体租金成本低等优势,颠覆了传统写字楼多年的运作模式。一经问世就受到市场追捧,创业期企业、小微企业更是将共享办公视为理想选择。

2017 年 3 月,高力国际发布《2017 年灵活办公空间展望报告》指出,中国共享办公市场空间在 2000 亿元左右,将保持每年 30% 的增长率,到 2020 年将达到 2500 亿元,而到 2030 年,30% 的办公空间,将会是共享办公空间。

一、WeWork

2010 年成立于美国纽约的 WeWork,主要为初创公司、小微企业、自由职业企业家提供联合办公场所。它也是共用工作空间运营模式的创始者,拥有全球 1550 万平方英尺的办公场所空间。2016 年 WeWork 进入中国,在上海开业运营了第一家在华共用工作空间，随后扩展到北京、广州、深圳等城市。2018年在24个国家、超过71个城市拥有335个办事处，注册会员达到21万。在美国本土，WeWork现在已经被视为与Uber、Airbnb并称的美国共享经济三大巨头。那么WeWork的经营秘诀究竟是什么呢？

（一）WeWork的硬件：严格的成本控制和更高的空间使用效率

WeWork通常选择交通方便、位置繁华、但能以较低租金租赁的物业，通过二次设计将楼面改造为风格时尚、方便办公、可定制、且社交功能齐全的办公空间，之后以高于附近一般办公空间单位面积的租金租赁给各类创业者，并从租金差价中获利。

在WeWork可以选择只租赁一个工位，并可以按日计费，会议室等也都可以在需要时再租用。

在办公服务方面，为了控制成本，WeWork自己直接提供的办公服务其实很少，一栋大楼通常只有三个半人负责全职管理，其中，一个人负责前台和内部客户关系，一个人负责保洁和空间管理，一个人负责接待外部访客和安排第三方商务合作，半个人负责IT，他同时也负责当地其他WeWork空间的IT管理。

（二）WeWork的软件：共享办公文化和虚拟的联合办公空间

与硬件相比，WeWork的成功更应归功于它的"共享文化"，由于在WeWork中成功孵化出了一些优秀的创业企业，因此，WeWork把低成本的创业模式变成了一种"高大上"的创业文化，即所谓的"共享办公"文化。创业者们不会再为不能在CBD的甲级写字楼里接待访客或面试员工而觉得羞愧，相反，他们会觉得在WeWork办公很"酷"，并成为一种时尚。

为了充分发挥这种共享工作的好处，WeWork也会定期或不定期地举行一些社区活动，如每周的"欢聚时光"，以及与投资者和业界领袖进行对话的"办公时间"等，但作为一个严格的成本控制者，真正由WeWork自己发起的活动较少，多数活动都是由第三方组织的。

进一步来讲，WeWork 的联合办公空间不仅是指实体的联合办公空间，而且更包括虚拟的联合办公空间，即 WeWork 的会员平台，而这也成为 WeWork 的一个重要盈利来源。

目前，WeWork 的线上平台共有 21 万名创业型用户，其中约 70% 是活跃用户。在 WeWork 平台上提供各类商业服务，包括财务、广告、品牌策略、商务运营、管理咨询、设计、保险、投资、法律服务、室内设计、市场营销、移动开发、编程、拍照和摄像、公共关系、房地产、招聘、社会化营销、写作等各类与创业相关的服务，这些服务全部由 WeWork 线上平台的会员提供，也就是说，成为 WeWork 的会员，你既可以快速便捷地找到和使用各种商业服务，又可以作为服务的提供者在其他 21 万名会员中迅速找到你的目标客户和上下游合作伙伴。

总之，严格的成本控制、合理高效的空间规划，为创业者提供全球化的行业资源和市场资源，使 WeWork 取得了巨大的成功，还有最重要的，线上线下的共享工作平台以及一种"很酷"的共享办公文化，使得每个从这里走出去的企业的成功都将使其他更多的企业受惠，这些成就了 WeWork。

二、优客工场

优客工场（UCOMMUNE）成立于 2015 年 4 月，由毛大庆博士发起成立，汇集了数十个顶级的投资机构进行投资。创新驱动发展的国家战略是优客工场的创立背景，其商业模式契合了中国经济新常态和社会资源整合的发展趋势。

在引入多元化投资机构的同时，优客工场倡导消费升级，完成了自身生态圈体系的搭建，初步形成了以联合办公空间为核心的业务。2018 年 8 月，优客工场完成 C+轮融资完成后的又一次融资，此次为景荣控股第三次对优客工场进行追加的投资，此次融资完成后，优客工场估值近 18 亿美元，成为中国共享办公领域首个达到独角兽级别的企业。

2018 年 1 月，在经历近半年时间的交接后，优客工场终于完成了对洪泰创新空间的全资并购。收购完成后，优客工场董事长为毛大庆，毛大庆、王胜江为联席 CEO。

2018 年 3 月，联合办公平台无界空间与优客工场达成正式合并。至此，优客工场总估值达到近 110 亿元人民币。合并后，无界空间和优客工场的联合体将在全球 35 座城市布局约 150 个共享办公空间，管理面积超过 50 万平方米，拥有近 5000 家入驻企业和超过 10 万名平台会员。他们将毫无疑问地成为了中国最大的共享办公运营者。

同月，优客工场宣布战略合并 wedo 联合创业社，双方已就战略合并签署相关谅解备忘录，并在未来的一个月中完善后续相关程序。

4 月份，行业排名靠前的裸心社也被 WeWork 以 25 亿的价格全资并购。

7 月，优客工场宣布 3 亿元并购上海共享办公企业 Workingdom。

2018 年 7 月 18 日，胡润研究院发布了《2018 第二季度胡润大中华区独角兽指数》，国内共享办公头部企业优客工场首次入围榜单，排名第 53 位。优客工场这只独角兽，到底是通过何种方法才被如此迅速地喂养起来的呢？我们为它总结了以下 4 个方面：

（一）进化——适应国情，不断探索商业模式创新和变革

优客工场成立之初，将自己定义为创业加速器和创业助推器，让创业者的工作变得顺畅、简单。在产品层面，1.0 的优客工场主要提供开放、含金量更高的共享办公空间。除租赁办公空间之外，优客工场可以为企业提供从企业最基础的注册、税务，发展所需的市场推广、投融资，及针对个人的差旅、保险、医疗等特色服务，种类齐全，且服务质量经过优客筛选背书，有所保障。

经过短时间的探索，优客工场已经成为一个为创新者提供服务、基于联合社群的商业社交平台和资源配置平台。

在规模不断扩大的基础上，优客工场于 2017 年发布了全新的产品线战略，推出了 5 条新的产品线：Matrix，头部创新企业的大本营；Elite，大中型企业及跨国企业的商务办公空间；Clash，为在细分领域较为领先的中型成长性公司打造的活力空间；Box，中小型创新企业的办公及企业服务空间；Heritage，历史建筑中的共享艺术空间。

与此同时，优客工场开始发力线上，打破物理空间的束缚。2016年4月，优客工场APP正式上线，呈现了拥有线上租赁、服务交易、办公社交、数据平台四大核心功能的线上办公社交平台，达到领先水平；2017年年底，优客工场又正式上线"优鲜集"，它是以企业为主线，将企业、服务商、投融资、U物有机连接，实现企业服务与需求在平台中对接，并最终产生交易，这也为优客工场由办公服务功能型平台转型为企业社交化平台拉开了序幕。

（二）奔跑——通过规模化、连锁化运营打造核心竞争优势

在规模不断扩大的同时，除了北上深的进一步完善，优客工场开始深耕二、三线城市。优客工场针对不同城市市场细化了内容运营和差异化服务，其中覆盖城市包含党中央政策大力引导的一带一路沿线城市，如长春、郑州、西安等；另外，也积极调整布局，向更多二、三线及其他城市纵深发展，如成都、大连、沈阳、襄阳、开封、拉萨等，以及承载了国家京津冀协同发展重大战略的河北雄安新区。

与此同时，继2017年6月23日海外首站于新加坡启动后，优客工场相继进入美国洛杉矶、中国香港、中国台湾后，又在新加坡开设了第二个社区，国际化布局全面提速。

优客工场在提升规模的同时，也开始加强对行业的整合，除了此前战略入股无界空间和UFO.WORK共享办公，在2017年间，优客工场与洪泰创新空间签署战略合并的框架协议、战略投资Wedo创业联合社，与方糖小镇正式宣布达成战略合作，不断整合重组着中国共享办公行业。

（三）形象——注重品牌效应，提升品牌综合价值

从2015年优客工场的第一张办公桌开始，站在它身后的就已经有红杉中国、真格基金、创新工场等明星投资公司的身影。同时，优客工场也在不断提升自己的综合品牌价值和实力。

在优客工场的第一个社区启幕时，徐小平、杨澜、任志强、佟大为等众

多知名人士到场,通过一段段创业箴言为优客工场和广大创新者站台。在优客工场进入上海和南京时,姚明、胡歌、胡海泉等跨界名人相继加入话题讨论,让优客工场的品牌知名度得到进一步提升。

与此同时,优客工场通过与阿里云、联想、佳能、今日头条、领英等品牌之间的跨界合作,提升了优客工场的整体品牌实力。

图 5-26

2017年12月26日,优客工场品牌全面升级,发布了全新品牌LOGO——优客工场ucommune,由知名设计师韩家英设计,5个U构成一个互相联结的商业社群,象征着企业宇宙、企业城市、与众不同的办公空间、联合办公生态圈和以用户为核心的服务平台。同时宣告其将聚焦社群生态,从单纯的物理办公空间模式正式升级为基于办公生态的商业社群平台。

(四)汇聚——强强联合,创造深度、广泛的企业服务价值

优客工场的每一张桌子背后,都拥有无限的潜力和价值。而这些价值的发掘,必然建立在链接和赋能上。单从2017年来看,优客工场通过与更多强大的合作伙伴进行联合,不断为桌子赋能,而跨界的碰撞,也激发着各方的创造活力。其中包括:

优客工场与红星美凯龙、万链家装、物美、招商蛇口、首旅如家联手跨界合作,致力于为年轻人打造智能化、便利化、商务化、社群化、复合化、全要素的创业和生活空间。以磨呗咖啡为入口的"身边的办公室"将移动共享办公运用得更加灵活多样。优客工场还携手蚂蚁金服,全面展开商业、大

数据、金融等领域的能力合作，全面支持中小创新企业发展。

除基于物理空间发展模式的合作，为了打造新型创新生态链服务，优客工场在品牌、企业社会责任、教育等领域，与深潜教育、场景实验室、创合汇、清华大学深圳研究生院、投后宝等充满活力的战略伙伴一起，探索企业商业定制化等相关服务。

相信优客工场的成长轨迹，能为很多谋求变革的行业颠覆者和创新者，提供一些新的思路和启发。

共享金融模式

移动互联网技术、大数据分析、云计算以及区块链技术的深度应用，必将会开启万事万物互联、随时随地互联的新时代，作为社会经济内容的重要组成部分，共享金融也就应运而生。共享金融的概念深入揭示了互联网时代正在带来的长期、深层的金融模式变化与互联网金融、金融市场化、普惠金融、金融服务实体等金融功能变革。共享金融的核心就是整合优化金融资源，实现金融供求直接交易。而这种稳步发展的金融生态圈，可以由此实现去中介化，拉近价值创造者和价值需求者的距离，使资源拥有者与需求者实现无障碍接触，提高生产、资源利用的效率，而这也催生了大量共享金融平台。

共享金融是指传统金融机构与互联网企业利用互联网技术和信息通信技术实现资金融通、支付、投资和信息中介服务的新型金融业务模式。这是一个大范围的整体概念，关系到人们生活中的方方面面，针对不同的领域所对应的金融服务种类，主要分为：P2P类共享金融平台、众筹融资类共享金融平台、股权众筹类的共享金融平台、第三方支付类的共享金融平台等几种类型，同时，这几种共享金融平台的边界非常模糊，业务也是互相渗透。

共享经济催生共享金融，共享金融来源于共享经济。当前，多家倚重互联网业务的金融机构通过自身平台实现共享金融，以便更好为广大人民与企业服务。

一、P2P 金融平台

目前，P2P 金融平台这类小额信贷是较受欢迎的。它们是一种个人对个人的直接信贷模式。通过平台，借款人直接发布借款信息，出借人了解对方的身份信息、信用信息后，可以直接与借款人签署借贷合同，提供小额贷款，并能及时获知借款人的还款进度，获得投资回报。

（一）人人贷

人人贷全称人人贷商务顾问（北京）有限公司，成立于 2010 年，是中国互联网金融领军企业，2015 年和 2016 年入围中国互联网百强企业，致力于提供品质化、专业化的个人金融信息服务。秉承着安全、专业、创新的宗旨，人人贷为个人搭建起可信赖的理财投资和信用借贷平台。

人人贷始终坚持小额分散，并于 2016 年 2 月完成银行资金存管，是最早完成银行资金存管的平台之一。

经过多年的发展，人人贷的业务已覆盖全国 30 余个省的 2000 多个地区，服务超过 200 万精准用户。截至 2018 年 3 月 31 日，人人贷累计成交额超 546 亿元，累计成交 72.9 万笔。

（二）宜人贷

宜人贷是由宜信公司 2012 年推出的在线金融服务平台。宜人贷通过互联网、大数据等科技手段，为中国城市白领人群提供信用借款咨询服务，并通过"宜人财富"在线平台为投资者提供理财咨询服务。

2015 年 12 月 18 日，宜人贷在美国纽交所成功上市，成为中国互联网金融海外上市第一股。

（三）开鑫贷

开鑫贷网站是由开鑫贷融资服务江苏有限公司投资并运行的民间借贷居间服务网站，为富余资金借出人和具有融资需求的借入人提供信息登记、信用评级、资金撮合、资金结算等服务。

开鑫贷紧紧围绕"以开发性金融引领民间融资规范化"主题，引进国外金融先进的管理理念、雄厚的资金实力、卓越的品牌价值和信用评级技术，以及金农公司在小贷行业的专业管理和系统研发能力。以"政府支持、开行孵化、市场运行、平台增信、IT 支撑、社会共建"为原则，在江苏省金融办的业务监管下，创新引入股东实力雄厚、经营管理规范的小额贷款公司进行风险调查和提供担保，有效增加借入人的信用级别，保障了借出人的资金安全。

二、众筹融资类金融平台

创客可以在众筹融资网站发起项目，设置目标金额、结束时间及回报，向网友征求资金支持。网友可以通过网站对自己感兴趣的项目进行支持，帮助项目发起者完成梦想。项目品类较多，科技类、农业类、创意类、娱乐类等等，应有尽有。

（一）京东众筹

2014年7月，京东众筹正式诞生，在新消费升级时代下，京东众筹不仅是一个为用户提供"与众，不同"的趋势性产品体验的品质生活平台，更是一个为创新创业企业发展提速的筹资与孵化平台。

京东众筹也是京东金融九大业务板块之一，九大板块为证券、供应链金融、消费金融、众筹、财富管理、支付、保险、农村金融、金融科技。

（二）拉卡拉

拉卡拉是综合普惠科技金融平台。拉卡拉成立于2005年，秉承普惠、科技、创新、综合的理念，打造了底层统一、用户导向的共生系统，为个人和企业用户提供支付、征信、融资、社区金融等服务。

（三）众筹网

众筹网于2013年2月正式上线，是中国最具影响力的众筹平台，是网信集团旗下的众筹模式网站，为项目发起者提供募资、投资、孵化、运营一站式综合众筹服务。

目前，众筹网提供包括智能硬件、娱乐演艺、影视图书、公益服务等10大频道，4000多个项目，为您提供更多选择、更低价格、更多创新的个性化定制产品和服务。这里还汇聚了众多创新、有情怀的创业者，众筹网是目前国内最大的专业众筹平台。

三、股权众筹类金融平台

简单来说，股权众筹类金融平台与淘宝网相似，都是通过有效的平台运营实现买卖双方的高效快速连接，只不过股权众筹类金融平台中的商品是"股权"。消费者通过认购股权，扩展自己的投资渠道，实现投资创富目标。

（一）兴汇利

兴汇利众筹成立于 2014 年 5 月，是专注于知名企业股权投融资服务平台，以"孵化准上市企业资产证券化"为宗旨，以国内大消费类、行业龙头、TMT 等优质拟上市企业为依托，采用线上线下相结合的模式，以股权众筹为核心展开一系列投融资服务。

兴汇利众筹致力打造连接创业者和投资人，为优质的项目提供股权投资、品牌宣传等服务的股权众筹平台。兴汇利平台同时也为广大投资人提供参与创投、挖掘行业准上市独角兽企业的机会。

兴汇利众筹先后与盈科律所、天驰君泰、兴华会计事务所、长江大数据达成战略合作，及时、准确地把握行业投资发展方向，在保障客户投资权益的前提下，把风险降到最低，让投资者真正有机会享受到股权众筹投资带来的收益和乐趣。

（二）人人投

人人投成立于 2014 年 2 月，是专注于为实体店铺融资开分店的股权众筹平台。自上线以来，人人投通过不断的改革和创新，为同行业的发展做出了重要的贡献，也为多家中小微企业、创始人及投资人提供了一个高效、安全、落地的平台。

人人投股权众筹依托独特的商业运营模式，打造出自身核心竞争力，并凭借专业的运营管理团队整合领域资源，将独特的经营理念深深植入中国"互联网＋金融"最具发展活力和高增长潜力的区域，努力寻求风险最小值下的投资良机，为投资人和项目方以及社会创造无限价值。

人人投的企业口号是"投店铺"。企业目标是做股权众筹的品牌旗舰，实体店铺的服务航母。

（三）淘宝众筹

淘宝众筹成立于 2013 年 12 月，是一个协助人们发起创意、梦想的平台，不论是淘宝卖家、买家、学生、白领、艺术家、明星，如果有一个想完成的计划（例如，电影、音乐、动漫、设计、公益等），就可以在淘宝众筹发起项目向大家展示计划，并邀请喜欢这个计划的人以资金支持。

淘宝众筹平台上，如果愿意帮助别人，支持别人的梦想，也可以在淘宝众筹浏览到各行各业的人发起的项目计划，成为发起人的梦想合伙人，见证项目成功后，还会获得发起人的感谢和回报。

四、第三方支付金融平台

第三方支付金融平台就是一些和产品所在国家以及国外各大银行签约、并具备一定实力和信誉保障的第三方独立机构提供的交易支持平台。这个平台大部分人都已经在使用，已经广泛地应用于我们消费领域的各个方面，相信是大家再熟悉不过的了。

（一）支付宝

支付宝（中国）网络技术有限公司是国内的第三方支付平台，致力于提供"简单、安全、快速"的支付解决方案。支付宝公司从 2004 年建立开始，始终以"信任"作为产品和服务的核心，旗下有"支付宝"与"支付宝钱包"两个独立品牌。支付宝自 2014 年第二季度开始成为当前全球最大的移动支付厂商。

支付宝与国内外 180 多家银行以及 VISA、MasterCard 国际组织等机构建立战略合作关系，成为金融机构在电子支付领域最为信任的合作伙伴。

（二）微信支付

微信支付于 2013 年 8 月正式上线，微信支付是由腾讯公司移动社交通讯软件微信及第三方支付平台财付通联合推出的移动支付创新产品，旨在为广大微信用户及商户提供更优质的支付服务。微信的支付和安全系统由腾讯财付通提供支持。微信支付是集成在微信客户端的支付功能，用户可以通过手机完成快速的支付流程。微信支付以绑定银行卡的快捷支付为基础，向用户提供安全、快捷、高效的支付服务。

共享教育模式

弱化拥有权、强化使用权,共享经济的这一特征同样适用未来教育。未来,从共享课程、共享图书到共享课堂,共享教育将形成庞大的规模。共享教育体系下,人们可以根据各自的意愿和需要选择适当的学习手段与方法。它是非正式学习以及非系统知识和能力获得的重要途径。

信息技术的高度发展和互联网时代的到来,使知识成为一种可自由获得的生产资料,大大强化了学习者的主体性。伴随高等教育普及化发展,高等教育必将突破原有的大学教育、职业教育及学术导向、应用导向、职业导向的界限,改变狭隘固化的人才培养理念和制度,培养新的教育机构和组织形态,形成使不同人才脱颖而出的培养环境与机制。

教育的本质,就是要把学生教育好、组织形成好、教师发展好。通过共享教育这样的尝试和探索,整合各种资源,找到一条适合自身教育发展的路径。

一、网易云课堂

网易云课堂,是网易公司倾力打造的在线实用技能学习平台,该平台于 2012 年 12 月底正式上线,为学习者提供海量、优质的课程,课程结构严谨,用户可以根据自身的学习程度,自主安排学习进度。网易云课堂的宗旨是,为每一位想真真正正学到些实用知识、技能的学习者,提供贴心的一站式学习服务。

立足于实用性的要求,网易云课堂精选各类课程,与多家权威教育、培训机构建立合作,课程数量已达 10000 门,课时总数超 100000 小时,涵盖实用软件、IT 与互联网、外语学习、生活家居、兴趣爱好、职场技能、金融管理、考试认证、中小学、亲子教育等十余大门类,其中不乏数量可观、制作精良的独家课程。从用户生活、职业、娱乐等多个维度，为用户打造实用学习平台。

二、腾讯课堂

腾讯课堂是腾讯推出的在线教育平台，聚合大量教育机构和名师，下设职业培训、公务员考试、托福雅思、考证考级、英语口语、中小学教育等众多在线学习精品课程，打造老师在线上课教学、学生及时互动学习的课堂。

用户在网站课程页面报名成功后，可以在 QQ 客户端找到已报名的课程，通过 QQ 客户端直接进入课堂。还可以通过腾讯课堂加入机构认证的官方 QQ 群，在群内与同学、老师交流，甚至可以添加教师为好友，实现一对一的在线教学指导。通过腾讯课堂平台报名并加入 QQ 群的用户，群主可以通过名称判别学生的身份、学习情况等。

除了技术及用户上的优势，腾讯课堂还配以对教育机构的政策支持。入驻机构在腾讯课堂达到一定评分之后将提供"万元广点通基金"，并安排专业人员进行推广指导，让教育机构在短时间内以"零成本"获得第一批学生。

此外为保证课程质量，针对每家已开课的机构，综合其上课人数、准点开课率、课程好评度等进行评分，按照机构、教师的分数情况按周进行排名，对优秀的机构进行奖励。随着教育机构陆续进驻，腾讯课堂会根据不同机构的发展情况，优化扶持政策，让机构能专注为学员提供优质的课程，让更优秀老师和教育机构脱颖而出。这样一来，由专业的教育机构提供教育课程，而腾讯则负责"在线"及用户，各自发挥所长，形成正向循环，实现互利共赢。

三、学而思网校

学而思网校成立于 2008 年，是好未来教育集团（原学而思，2010 年纽交所上市）旗下发展历史最久的中小学在线教育品牌，也是国内较早整合"互联网"与"教育"两大领域的中小学在线学习平台之一。

学而思网校拥有强大的教学实力，尤其在教研和师资方面积累深厚。课程覆盖小学、初中、高中的包括语文、数学、英语、物理、化学、生物在内的所有主要学科。师资方面，采取统一选聘、严格培训的制度，引入"授课老师+辅导老师"的双师模式，授课老师团队对课堂负责，辅导老师团队对学习效果负责。

2016年，学而思网校提出"在线学习更有效"的品牌主张，正式推出"直播+辅导"的教学模式，通过实时在线的互动教学、图文并茂的随堂讲义、科学的学业测评以及辅导老师多方位的学习辅导，保障学员的学习效果。

2016年7月，"IDO个性化学习体系"正式上线，推出动态学习报告、错题订正等功能，为教师、学员和家长之间建立起更有效的沟通平台。2017年7月，"IDO2.0"重大升级，重磅推出个性化学习任务系统（IMS），同时首次将人脸识别、语音识别、触感互动等技术引入在线课堂，让在线学习有更多可被量化的数据、可追踪的学习轨迹、甚至更多动手实践的机会，利用科技手段逐渐缩小线上线下的学习体验。

未来，相信学而思网校将进一步承担起用科技推动教育进步的重任，不断致力于教育资源的均衡发展，击破因材施教、能力培养等现阶段教育难题，实现从教到育、从学到习的全面提升。

共享医疗模式

共享医生、共享诊室、共享医疗技术、共享医疗设备、共享手术室、共享床位、共享病源、共享医保、共享医疗信息等"共享医疗"等服务形式是共享经济在医疗保健领域的具体体现。目前看来，比较易行的是共享医生、共享医疗设备和共享医疗知识。

医疗行业是知识密集型的，患者看病实际上就是从医生那里获取医疗知识和治疗方法，共享医疗的运行依靠的是医疗技术和知识，利用互联网诊断疾病应该成为这种模式的主导方式。事实上，网上看病，越来越得到患者的青睐。一定程度上解决传统大医院人满为患看病难的问题。在网上，咨询名医不再是一件可望不可即的事情。

共享医疗对传统医疗的挑战，首先在于突破了传统医院的规模。笔者曾经访问过一家互联网医疗平台，它既没有诊室，又没有医生，能看到的只是操纵电脑的互联网技术人员和经营管理人员。在平台注册的医生都是在业余时间执业，人事关系并不在这个平台。它算得上是虚拟医院，如果说它是"医院"，它就是中国医生最多的"医院"、科室最多的"医院"和患者最多的"医院"。

共享医疗既有付费的商业模式，也有免费的知识生产模式。共享医疗的本质是医疗知识的大普及。无论何种模式，去传统医院看病将不再是人们的唯一选择。

一、春雨医生

"春雨医生"原名"春雨掌上医生"，是北京春雨天下软件有限公司旗下的健康应用APP，于2011年11月上线，是一款集人工智能技术和医师专业知识为一体的医疗产品，致力于用科技手段帮助人们更清楚地了解自我需求、掌握健康信息，在寻医问药过程中获取更为便捷、专业、优质和经济的建议与服务，缓解"看病难、看病贵"的医疗状况。

"春雨医生"凭借"自诊"和"问诊"两大核心功能，经过 6 年多的沉淀和积累，逐步进化为健康领域高频次使用的人工智能"健康大脑"及互联网医疗的"连接器"。前者可提供包括自我诊断、机器导诊、众包分诊、辅助追问、辅助决策等多项功能；后者除通过移动端实时连接医患关系外，还提供诸如智能健康监测设备、第三方医疗监测机构、医院信息化系统、医药电商平台和医保支付平台等功能。

（一）春雨医生

首先，春雨医生免费为用户提供图文、语音、电话等多种方式进行健康咨询，并由二甲、三甲公立医院主治医师以上资格的医生在 3 分钟内为用户进行专业解答。

其次，春雨医生还采用了流数据健康管理技术，对多来源数据进行采集并以可视化的表现形式，将用户的运动、饮食、体重、血压、血糖等多种人体数据进行全方位汇总，让用户随时随地了解自身的健康状况。

再次，春雨医生还添加了一大功能点，自我诊断。实用、全面、精准的自我诊断功能可以在没有医生协助的情况下向用户普及医学知识，学习医学常识。春雨医生的自我诊断功能支持多种查询方式，用户可自行查询疾病、药品和不适症状。

除此之外，医生还可以在春雨平台上开设自己的个人网络诊所，对所提供的服务项目和服务价格进行自定义。

对于医生而言，春雨医生可以帮助其将碎片时间利用起来，让医生以便捷的互联网沟通方式增加收入，树立个人品牌，积累患者，为个人执业做准备。并且可以在医患多向互动之外增加大数据系统辅助，降低误诊率。也可以打破医院界限，进行学术互动，提高医生整体的诊疗水平。

对于患者而言，患者可以随时随地进行快捷问诊，降低时间、空间以及金钱成本。并且可以预防过度医疗，让小病不大治、大病不耽误。而远程会诊和多方意见使得患者的病患知情权得到大幅度提升。

(二) 春雨私人医生

春雨私人医生服务是春雨移动健康基于多年来 M-health 领域运营的经验以及积累的资源所提供的高端健康管理服务，旨在帮助人们掌握自身健康状况、缩短就医就诊时间、减少医疗费用。

春雨私人医生服务是"线上+线下"的全流程就医服务。通过线上咨询+线下就医的方式为会员提供持续的健康管理，包括专属家庭医生、三甲专家预约、完善电子健康档案等。

线下诊所的坐诊医生均为三甲医院副主任、主任级别的医生。用户与其线上私人医生沟通，线上医生建议用户线下就诊时，用户通过线上预约的方式与诊所医生约定时间前往诊所就诊。

二、企鹅医生

企鹅医生（北京腾康汇医科技有限公司）成立于 2016 年 6 月，总部设立于北京，是由腾讯、医联、基汇资本、红杉资本共同投资成立的专业医疗服务机构。

企鹅医生以"科技引领医疗，关注百姓健康"为使命，致力于以互联网技术推动中国医疗健康产业的变革，利用互联网连接患者、医生和医疗机构，为患者提供方便、快捷、高效、专业的移动医疗服务，通过互联网+医疗健康的模式，打通线上咨询、线下面诊、检查、治疗、随诊完整就医流程，搭建高效的分级诊疗平台，解决患者就医难、医疗资源分配不平衡、优质医生资源过度消耗、非核心医疗机构医生资源利用率不足等问题，助推国家医疗卫生事业的快速健康发展，实现医疗服务与健康产业生态闭环。

(一) 线上：企鹅快速问诊

企鹅医生的线上"企鹅快速问诊"服务已接入手机 QQ、QQ 浏览器移动端、微信小程序、众托帮 app 等，未来还将接入更多的线上流量平台。企鹅医生为用户提供线上问诊、智能分诊等服务，3分钟极速响应，7×24小时全天候服务，专业医生服务，随时随地问诊，保护隐私。

（二）线下：企鹅诊所

对在线咨询后需要面诊的用户，可在线预约到企鹅诊所进行面诊、治疗。以现代医院管理制度为指导，倾力打造国内领先的全科医疗服务机构。将传统医疗服务与互联网先进的技术相结合，打通线上各平台健康数据，多维度地分析用户的身体状况，将疾病预防、跟踪干预、治疗康复融为一体，随时随地为用户量身定制优质的健康管理方案及专业诊疗方案。

企鹅医生充分利用信息化手段，改革患者就诊模式，将挂号、付费、排队、获得检查报告等过程简化，帮助患者节省大量时间。并利用WeWork模式，与来自三甲医院的专家签约，为患者提供专业的诊疗服务。

企鹅医生依托于医联43万优质执业医生资源，其中有23万三甲医院医生、30万主治及以上医生，平台深度问诊合作医生近千人。

企鹅医生未来将在全国范围内建立起高质量、高效率、高标准的服务体系，优化健康管理和医疗服务，带动医疗行业的发展。

共享闲置物品模式

自己闲置不用的物品，不一定扔进垃圾箱，拍个照片发在"闲鱼"上，会有许多人抢着买；看上一款奢侈品包包，不一定要到店里狠下血本，上"转转"或许能捡个大便宜……

随着人们生活水平的提高，物质得以极大地丰富，随之而产生的整个社会的闲置物品也在大幅增多，究其原因，主要是因为以下3个方面：

第一，人均购买力显著提升，消费增多带来的闲置增多；

第二，网络购物的万亿规模，催生二手交易的蓝海潜力；

第三，消费升级的新助力，个体存量物品的升级换代加快。

把这些闲置盘活起来就是共享经济。在欧美等发达国家，二手物品交易是多数家庭常用的消费模式。而在中国，闲置资源因受传统观念的影响，其价值一直处在被低估的状态。不过随着共享经济大热，闲置物品背后的二手经济正搭乘共享的快车迅速进入消费者的视野，国内的互联网"二手经济"呈现爆发式增长的态势。

从二手交易的品类来看，几乎涵盖从重资产的汽车等交通工具、手机电脑等3C数码、办公设备、家电家具，到个性化的母婴、服饰配件美妆、音像书刊，甚至投资型的艺术收藏、耐用消费品等各种品类，这将是一个具有千亿级潜力的市场。

一、阿里系闲鱼

闲鱼APP是2014年6月由阿里巴巴谌伟业内部创业的二手闲置交易项目，闲鱼已经积累了超1亿的用户量，每天交易超过20万件闲置用品，人均月成交额在700元以上。

打开闲鱼APP，你会看到这样一句欢迎词，"让你的闲置游起来。"之所以用"游",是因为闲鱼推出了鱼塘的概念,鱼塘是闲鱼里最基础的单元,就像一个个小论坛,而用户在一个相对封闭的情况下完成互动交易,会更有安全感。

淘宝及天猫的用户可以将自己购买并闲置的宝贝,一键转入闲鱼进行二手交易,并且可以直接借用原有的商品资料,省去了整理介绍资料的麻烦。除此之外,背靠阿里系特有的资源优势,闲鱼全程由支付宝担保交易,用户可以通过闲鱼的独立评价体系、信用等级、芝麻信用分等指数,来更立体化地判断对方是否值得交易。

鱼塘被看作一个个本地化社区,也是目前闲鱼发力的重点。中国人当前最多的闲置物品类型是生活消费品,很难标准化,因此承载这类物品的形态一定不是标准的流程或交易平台,谌伟业表示,"要用更开放、更社区的元素承载它们。"

二、腾讯系转转

把家里不用的东西卖了变成钱,一个帮你赚钱的网站——转转二手交易网,由腾讯与58集团共同投资、为海量用户提供一个有担保、便捷的二手交易平台。转转可谓含着58赶集的金汤匙出生,在公司内部评估中,姚劲波预计两年后二手交易将成为58赶集最大的分类业务,并希望将二手交易打造成58到家后又一个高频交易领域。

转转基于用户的地理位置进行匹配和推荐,形成附近的人和商品的闭环交易,并且只允许通过微信登录和支付,通过实名认证的方式保证卖家质量,在后台还有人工审核流程。在检测物品流通方面,转转也将对搭建二手商品的货运进行实时监测。

而身处腾讯系,转转将与微信社交关系打通,一方面,用户可以使用与手机号同等级别的微信ID登陆转转,增强信任度;另一方面,社交信息与商品进行数据匹配之后,能够提供更加更精准的推送。

转转之于58赶集,也是其深入到交易环节的重要一步。58赶集一直深囿于同城信息交换的止步不前,而在移动端,能够交易的用户才能产生更大的价值。因此，58赶集意图以二手交易"转转"这个高频入口去切入未来各层面的商品和服务交易。

三、百度系百姓网

百姓网算是二手交易市场中的元老级成员，CEO王建硕在多个公开场合表示，二手交易是百姓网的主业，也是流量的主要来源。王建硕在做用户访谈时发现，东北小城市的司机都在用百姓网买卖二手物品，这也坚定了他使"二手交易成为生活方式主流"的信念。

这样的信念颇有情怀的意味，在百姓网内部，有一个口号是"卖一个二手，交一个朋友"。这其实和闲鱼的理念不谋而合，王建硕认为百姓网的核心应该是个社区，而买卖天然成就社交。

这种观点在百姓网新版APP中得到了印证，在其"闲置真心送"版块，用户可以通过转赠快速解决闲置物，这样变废为宝的方式，可以提升用户的幸福指数，促进社交。

四、瓜子二手车直卖网

瓜子二手车直卖网于2015年9月正式上线，秉持二手车直卖模式，没有中间商赚差价，开创线上线下高度融合的新零售保卖服务，在让二手车价格透明化的同时，将原本由中间环节层层加码产生的差价让渡给买卖双方，实现了"卖家多卖，买家多省"的双赢局面。

瓜子二手车直卖网涵盖二手车交易、评估检测、定价、汽车金融、售后保障等服务。为了保证买卖双方优质的体验，瓜子二手车为广大车主提供免费上门评估、二手车帮卖、代办过户等服务；对车源进行严格限制，建立专业评估师团队，并通过"五查一保机制"体系，确保买卖双方权益。

瓜子二手车不仅仅引爆了万亿级的二手车交易市场，更抓住了汽车保险、金融、保养维修等几个万亿级的汽车服务市场，运用新零售理念创造新商业模式，充分释放大数据对产业发展的放大、叠加、倍增作用，引领汽车行业创新发展、绿色发展和可持续发展。

经过 3 年的发展，瓜子二手车通过海量交易数据积累起涵盖 700 万车辆信息与 3 亿车主和潜在买家的基因库，并以精准公允的人工智能定价"瓜子价"为基础，构建更加完善的服务和 AI 生态闭环，将其高效应用于真实线下场景，从而全面改善用户服务体验。正如车好多集团 CEO、瓜子二手车创始人杨浩涌在 2018 年中国（四川）电子商务发展峰会上所说的，以用户价值为核心，瓜子二手车将致力于破除用户痛点，强化基础设施向高附加值产业服务转型，提升流通效率，从而为用户营造更加成熟且安心放心的消费环境；2018 年年底，瓜子二手车严选直卖店将在全国主流汽车消费城市落地近 100 家线下店，作为二手车行业乃至汽车交易行业的领军者，瓜子二手车将持续引领行业加速发展，为用户创造前所未有的汽车消费体验与价值。

共享物流模式

共享经济已经从知识、交通、住宿、教育以及生活服务等领域向制造、流通与物流领域蔓延，新的模式层出不穷，在供给端整合线下资源，在需求端不断为用户提供更优质体验，定义未来经济新生态，激活企业的"互联网+"创新，促进社会资源流动，提高社会资源的循环效率。

物流是共享经济的重要领域，共享物流模式是指：通过共享物流资源实现物流资源优化配置，从而提高物流系统效率，降低物流成本，推动物流系统变革的物流模式。物流资源主要是：物流信息资源、技术与产品资源、搬运设备资源、仓储设施资源、货物运输资源、终端配送资源、物流人力资源以及跨界的相关资源等等。

从资源属性来看，既包括个人物流资源，又包括企业物流资源和机构物流资源。其中企业物流资源包括物流企业、制造企业、商贸流通企业和互联网平台企业等物流资源。

物流业天然具有共享基因，物流资源共享现象也早已存在。目前物联网、大数据、云计算等信息技术变革激活了共享物流创新，是共享物流发展的重点。

一、云仓资源共享模式

云仓资源共享模式指通过建立云仓系统实现仓库设施网络的互联互通，在此基础上面向用户开放云仓资源，实现仓储资源共享的模式。

云仓系统是基于实体的仓库设施网络系统打造的在线互联网平台，通过互联网连通全国各地仓库的管理系统，实现仓库数据与云仓平台互联互通，基于云计算和大数据分析，整合、运筹和管理实体仓库系统，实现优化仓库资源配置和实时进行全国仓库系统的网络化运营与共享的管理。

(一) 菜鸟云仓

菜鸟把自己定位为物流大数据平台,菜鸟网络将组建全球最大的物流云仓共享平台。菜鸟搭建的数据平台,以大数据为能源,以云计算为引擎,以仓储为节点,编织一张智慧物流仓储设施大网,覆盖全国乃至全球,开放共享给天猫和淘宝平台上的各商家。

(二) 京东云仓

京东自建的物流系统已经开始对社会开放,京东物流依托自己庞大的物流网络设施系统和京东电商平台,从供应链中部向前后端延伸,为京东平台商家开放云仓共享服务,提升京东平台商家的物流体验。此外,利用京东云仓完善的管理系统,跨界共享给金融机构,推出"互联网+电商物流金融"的服务,利用信息系统全覆盖,实现仓配一体化,能满足电商企业的多维度需求。

(三) 顺丰云仓

顺丰利用覆盖全国主要城市的仓储网络,加上具有差异化的产品体系,围绕高质量的直营仓配网,优化供应链服务能力,重点面向手机(3C)、运动鞋服行业、食品冷链和家电客户开放共享仓储系统。

二、末端网点设施资源的共享模式

随着中国电子商务和新零售的发展,城乡配送最后一公里成为难点和社会关注热点。为了提升末端配送效率,提高物流服务满意度,末端物流网点的各类设施资源共享模式逐渐成为创新热点。各快递物流企业以"互联网+"、智能共享为共识,正携手建设新的最后一公里末端网点共享设施网络,主要有以下代表性的模式。

(一) 共享收货站点模式

该模式将不同快递企业或电商公司投送的物品集中配送至固定的收货站点，由平台化的站点统一进行物品二次分发，实现了末端站点物流设施资源共享。该模式主要面向社区、高校等团体，由具有一定资质和能力的第三方平台负责代收用户包裹，并提供其他相关服务。典型企业如菜鸟驿站、熊猫快收等平台。

(二) 智能快递柜共享模式

智能快递柜被认为是最有效的末端配送替代方案。各个快递企业配送员通过共享智能快递柜派件，可以不必等待用户取件，也无需二次派件，从而节省了时间，有效提高了配送效率。同时，智能快递柜还能全天候作业，用户可以在任意时间收发快件，有助于提升消费者物流服务满意度。

智能快递柜作为距离消费者最近的基础设施节点，通过资源开放共享及全开放的数据系统，实现末端物流资源共享的同时，提升了物流服务水平。典型企业如丰巢科技、速递易等。

三、运力整合服务共享模式

目前，中国公路货运需求可以通过外部采购实现公路运力整合，实现了运力整合的共享模式。随着共享物流快速发展，公路货运共享模式向深度共享和智慧共享方向发展，其中山寨"滴滴"模式的公路货运 O2O 模式是最为典型的公路运力整合共享模式，此外还有行业信息平台整合模式、专线公司联盟整合模式等运力资源共享模式。

(一) 货运 O2O 整合模式

利用互联网平台整合运力的货运 O2O 模式是典型的运力资源共享模式。其特点是利用信息平台整合车货双方的需求，而车主和货主使用手机客户端即时进行车货匹配的服务交易。该模式成功拷贝了成熟的"滴滴"模式，解决了日常物流服务场景中"找车难"和"找货难"的问题，使运力资源深度共享。

这个领域专注于干线货运共配的相关企业满帮集团、福佑卡车等，以及专注于同城配送的企业云鸟、速派得、货拉拉等。

(二) 行业信息平台运力整合共享模式

相对于出租业，公路货运业的复杂程度更高。因此，要整合公路货运业的运力，需要对这个行业本身有着比较深刻的理解。在行业内，有一批本身起步于公路货运行业的公司，利用先进的信息化技术和全新的管理运营模式对公路货运进行整合共享，其中比较典型的企业有卡行天下、安能等等。

(三) 通过联盟实现运力整合共享模式

在我国的公路货运行业，仅仅拥有几辆车、十几人的货运公司比比皆是，相当多的企业仍然处于行业初级经营状态。据不完全统计，我国目前约有789000家从事公路货运的公司，普遍存在资本小、规模小、覆盖网络少、区域性特征明显、市场集中度低等特征。面对激烈的市场竞争，这些企业联合起来，组成联盟，共享网络资源和运力资源，谋求共同发展，也成为近两年比较明显的一个趋势，比较典型的案例包括德坤物流、壹米滴答、全可温控等。

四、物流众包共享模式

物流众包是一种基于互联网平台的开放式配送模式，它借助于成熟的移动网络技术，将原来由专职配送员所做的任务，以自愿、有偿的方式，通过网络外包给非特定的群体，这些人只要有一部智能手机和一辆交通工具，在空闲时间就可以抢单、取货、送货，门槛低、时间自由，还能赚一份兼职收入。

目前，以新达达、人人快递、京东众包、闪送、快收、蜂鸟配送等为代表的众包模式受到了快递人员与消费者的欢迎。

共享生产能力模式

以互联网为背景的生产力的发展实现了人类历史上的巨大进步，同时以互联网信息交互为核心的生产关系及消费关系已经建立并迅速发展，在以服务业为主的第三产业中，共享经济商业模式已经相当普遍，随着共享经济领域不断扩大和共享边界的不断模糊，共享经济也已经逐渐向以加工制造业为主的第二产业渗透。

共享生产能力的商业模式已经在共享经济的大趋势下开始萌芽发展。根据生产主导方式的不同，共享生产能力模式可以分为两种类型：一种是共享剩余生产能力模式，另一种是共享新创生产能力模式。

共享过剩产能模式就是企业可以采用很多方式向社会共享自己剩余的生产能力，比如传统的代工生产模式（OEM）本身就是一种共享生产能力的商业模式。还有企业可以将自己闲置的生产设备和生产工人租赁给其他企业和个人，这些商业模式在过去只能通过一些相对贫乏的信息渠道才能建立合作关系，而现在可以通过一些专业的共享生产能力的平台来完成。反过来说，如果一个人想创业，但又没有足够的实力投入生产设备和组织生产工人，他就可以在这样的专业共享平台上寻求一家企业来完成自己的生产计划。比如阿里巴巴淘工厂，就是专门为淘宝卖家提供寻求代工企业的共享平台。

共享新创生产能力模式就是将企业的优势生产技术通过互联网共享给社会，或者将原本传统的生产设备销售模式转化为共享模式。比如一些小型生产设备或者专利生产技术，就非常适合实施共享经济商业模式，厂家可以先将生产设备在收取一定押金的情况下提供给合伙人，并免费提供生产技术，合伙人可以在一定的期限内自由退出，终止合作。这样的商业模式可以满足社会上众多小规模创业的需求，提升创业效率及降低创业者的创业风险。比如啤客江湖的共享精酿啤酒设备项目，合伙人可以共享精酿啤酒设备开一家精酿啤客店，甚至是一家酒厂。

一、淘工厂

淘工厂是连接淘宝卖家与工厂的互联网平台，由阿里巴巴旗下 1688 事业部开发，2013 年 10 月开始试运营，并于 12 月中旬正式上线。主要是解决淘宝卖家找工厂难、试单难、翻单难、新款开发难的问题，为电商卖家与优质工厂搭建的一条稳固的桥梁。一站式解决卖家供应链难题，旨在帮助工厂实现工厂电商化转型，打造贯通整个线上供应链的生态体系。淘工厂连接电商卖家和工厂，将懂电商但不懂供应链的电商卖家，和懂供应链但不懂电商的工厂撮合起来。

淘工厂的诞生源于电子商务的发展，当电商发展加快的时候，后端的供应链管理就暴露出很多问题来，淘工厂通过聚合海量工厂，覆盖消费品行业类目，通过满足电商柔性供应链开始，逐步向线下品牌渗透，向周边国家渗透，未来覆盖整个供应链条。

淘工厂最大的特点在于生产上更加符合淘宝卖家的需求，淘宝卖家可以尝试小批量试单，并快速翻单。阿里巴巴要求入驻的代工厂为淘宝卖家免费打样、提供报价、提供档期，并且接受 30 件起订、7 天内生产、信用凭证担保交易等协定。

在产品的设计上，阿里要求工厂将生产能力商品化，开放最近 30 天空闲档期。档期表示工厂接单意愿，如果工厂没有空闲档期，则卖家搜索时会默认过滤掉，而柔性化程度高的工厂将被优先推荐。

同时，阿里通过金融授信加担保交易的方式解决交易的资金缺乏和资金安全问题。淘宝卖家在支付货款时可使用阿里的授信额度，工厂可凭信用证收回全款，如果卖家失信，阿里将会补上这份金额给工厂。

阿里巴巴集团参谋长曾鸣公开发表谈到："以互联网为商业基础设施、由消费者所驱动的、能够实现大规模定制乃至个性化定制的 C2B（Consumer To Business）商业模式，在中国的服装、箱包、鞋子、家电、家居等诸多行业和企业中已经开始了快速发育。它的三大支撑，就是个性化营销、柔性化生产和社会化协作的供应链。柔性化生产的演进,是正发生在中国部分行业、部分企业车间里的一场静悄悄的生产革命","随着中国企业创新的主要场域,正在由前10年的"WTO+外需"快速转向今天的"互联网+内需",这一新领域将有望孕育出真正有中国特色的生产方式、商业模式、组织模式。若真如此,这将是继美国福特制和日本丰田制之后,中国企业对全球商业文明所做出的巨大贡献。"

淘工厂带着时代的特殊使命,携手工厂、电商卖家一起打造柔性化供应链,真正推动零售服务行业的革命!

二、啤客江湖共享啤酒设备

啤客江湖是山东啤客江湖精酿科技发展有限公司2018年7月推出的精酿啤酒品牌及精酿啤酒共享模式。

山东啤客江湖精酿科技发展有限公司是一家致力于研发、生产、销售高品质精酿啤酒及先进精酿啤酒设备的公司。公司总部位于素有"泉城"美称的历史文化名城——山东省济南市。

啤客江湖打造的不但是"有故事的精酿啤酒",更重要的是以啤客江湖精酿啤酒为媒介,塑造一个"有情义的互联江湖",这就是啤客江湖的商业模式。

啤客江湖的商业模式包含两大内容:一是啤客江湖的共享精酿啤酒模式,二是啤客江湖的精酿啤酒设备模式。

图 5-27

啤客江湖精酿啤酒共享模式，是以啤客江湖精酿啤酒为核心实施的共享商业模式，只要是认同啤客江湖事业的有志之士都可以成为啤客江湖的事业合伙人，开设一个啤客江湖的加盟店，运用共享模式向社会传播和销售啤客江湖精酿啤酒。

啤客江湖精酿啤酒设备共享模式，是以啤客江湖精酿啤酒设备为核心实施的共享模式，啤客江湖的事业合伙人，假如想在共享精酿啤酒模式的基础上更进一步，开设一家有自酿啤酒能力的啤客江湖加盟店，不再需要像传统的自酿啤酒店一样购买设备，而可以通过啤客江湖的共享精酿设备模式获得生产能力，从而降低创业和经营风险。

啤客江湖的共享精酿啤酒设备的模式属于共享新创生产力的商业模式，也是一种先进的市场拓展模式。

啤客江湖事业合伙人先期可以不必通过购买的方式获得啤客江湖的精酿啤酒设备，只需交付远远低于市场价的设备押金，即可通过共享精酿啤酒设备的方式获得啤客江湖精酿啤酒设备的使用权，然后接受啤客江湖总部啤客学院的精酿啤酒技术培训，啤客江湖总部也将赠送整套的精酿啤酒店运营宝典，然后即可开设自己的啤客江湖精酿啤酒店。

此精酿啤酒店是啤客江湖总部和事业合伙人共同开设的精酿啤酒店，双方按照一定比例进行利益分配，共享精酿啤酒事业。

如果合伙人想退出啤客江湖的事业，只需将整套精酿啤酒设备运送至啤客江湖总部指定的地点即可，啤客江湖总部在扣除一定比例的精酿啤酒设备折旧费后，将剩余的设备押金返还给合伙人。

中国的精酿啤酒行业正处在高速增长期，这种态势我们可以从城市中雨后春笋般冒出来的大大小小的精酿啤酒店中看出来，精酿啤酒的市场潜力巨大，精酿啤酒设备的需求量当然也随之剧增，但投资愿望与投资压力、市场利好与经营模式也是行业新进者的矛盾和痛点。

山东啤客江湖精酿科技有限公司正是针对市场现状，致力于解决行业痛点，在行业中率先推出共享精酿啤酒设备模式，从而与合伙人一起分享巨大的市场蛋糕，同时降低合伙人的创业和经营风险。

共享解决方案（威客）模式

互联网信息技术的发展使我们在解决现实问题方面拥有了更多的渠道。因此，也就出现了专业提供解决方案服务的网站和平台，也就是"共享解决方案"模式。在国外，称作"众包"模式，在中国，则称作"威客"模式。

"众包"指的是一个公司或机构把过去由员工执行的工作任务，以自由自愿的形式外包给非特定的（而且通常是大型的）大众网络的做法。众包的任务通常由个人来承担，但如果涉及需要多人协作完成的任务，也有可能以依靠开源的个体生产的形式出现。在美国《连线》杂志 2006 年 6 月刊上，该杂志的记者 Jeff Howe 首次推出了"众包"的概念，不过，从提出时间看，美国人提出的"众包"比 2005 年在中国诞生的"威客"晚了一年。

"威客"概念是由中国科学院虚拟经济与数据科学研究中心客座研究员刘锋提出的，威客的英文 Witkey 是由智慧（wit）、钥匙（key）两个单词组成，这个英文单词也是中国首创。威客模式是将人的知识、智慧、经验、技能通过互联网转换成实际收益的互联网新模式。人们在互联网上通过解决科学、技术、工作、生活、学习中的问题从而让知识、智慧、经验、技能体现经济价值并获得经济收益。

一、猪八戒网

猪八戒网是服务众包平台，由原《重庆晚报》记者朱明跃创办于 2006 年，服务交易品类涵盖创意设计、网站建设、网络营销、文案策划、生活服务等多个行业。现已形成猪八戒网、天蓬网和线下八戒工场的"双平台 + 一社区"服务模式，是中国领先的人才共享平台。猪八戒网开创式地为人才与雇主搭建起双边市场，通过线上线下资源整合与大数据服务，实现人才与雇主精准无缝对接。

猪八戒网不仅为人才匹配全球商机，而且还凭借自身专业孵化能力为每一位人才赋能，帮助他们突破时空限制，最终实现"我在猪八戒，服务全世界"。同时，猪八戒网通过整合平台专业人才资源，输出了完整的"互联网＋行业"解决方案，让雇主可以在平台上"找专业人做专业事"，进而专注于自身核心业务、提高工作效率。

猪八戒网是一个广阔的服务交易市场。在"双平台＋一社区"的服务模式下，猪八戒网通过自身大数据能力实现人才和雇主的精准匹配和高效沟通，从而为政府、大企业和中小微企业提供企业管理、品牌创意、企业营销、产品制造，以及软件开发等专业的行业服务，可有效提升企业运行效率，增强其核心业务的市场竞争力。

有别于传统电商平台单纯赚取商品差价的模式，猪八戒网把商品从需求到生产落地全链条都搬到平台上。在服务交易过程中，需要专业人才根据需求进行个性化创造，因此，猪八戒网本质上是做人才的共享。

猪八戒网是一个可以为创业创新者提供多维度、全周期孵化能力的超级孵化器。在此过程中，通过平台赋能，有效地推动人才红利的释放，最大限度地发挥出人才的价值。

猪八戒网致力于让创业创新者在万物互联的时代生活更美好，除了提供高效协作的办公体验、资源开放共享的社交空间、企业成长全生命周期的管家服务、帮助创业创新者提高工作效率外，还能将他们与全世界海量服务需求进行匹配，帮助他们在业务上破除时空限制，完美实现"我在猪八戒，服务全世界"。

猪八戒网还是一个产业升级推进器。猪八戒网依托于"双平台＋一社区"，以及互联网＋共享服务中心、人才共享服务小镇等线下业务，整合第三产业优质服务资源，为传统行业、政府和企业提供专业的"互联网＋"行业解决方案。

在猪八戒网平台上，各行各业的雇主都可以"找专业人做专业事"。通过"集众智、汇众力"的方式，雇主可以借助猪八戒网平台上海量人才所提供的专业服务，推动自身产业转型升级，从而由点及面地带动所在区域城市发展壮大经济新动能。这种模式不仅满足了本地化市场深度服务需求，更实现了商业价值和社会价值的统一。

二、一品威客网

一品威客网（简称一品威客）成立于2010年7月1日，总部位于福建厦门，是专业的创意产品和服务交易电子商务平台，是通过互联网解决科学、技术、生活、学习问题的交流平台，是中国新兴的威客模式的创意产品买卖平台，也是国内新型威客网站领先品牌。提供的悬赏项目包括LOGO设计、Flash制作、网站建设、程序设计、起名服务、广告语创作、翻译、方案策划、劳务服务等涵盖10多种门类超100种的创意产品。

一品威客，作为中国新生代威客网站的代表，一品威客网分布在世界各地的40多万威客注册会员，通过一品威客平台将自己的知识、智慧、创意等，服务于发布创意任务的雇主方，转化为真金白银。威客们主要服务的对象为：国内各种机构、企业组织、社会团体以及个人；主要提供的产品为：创意产品和劳务服务两大类型的交易。

一品威客网的活跃威客年龄一般在18～35岁之间，主要群体为在校大学生和在职专业人员，工作方式多为兼职。威客成为一种新的赚钱模式。不必受"朝九晚五"的约束，自我价值也更容易得到体现。对企业而言，也相当于是一种便捷的项目外包行为，节省了成本，又获取更多的创意解决方案。

第六章

共享经济的核心思维

新时代共享经济在人与人之间，人与物、物与物之间、区域与区域之间，搭建了创造性的纽带，创造了全新的有价值观的、有温度的、有人文关怀的社会文化与社会经济生态。

新时代共享经济，改变了我们的生活状态，生活变得前所未有的便捷，生活成本越来越低，人与人之间信任度越来越高，距离越来越近。

新时代共享经济，改变了社会的经济形态，整体社会信息趋于对称，区域经济发展趋于平衡，社会财富分配趋向均衡。

新时代共享经济，改变了企业的商业模式，企业创新内容增多，创新速度得以提升，创新基础更加优化，企业发展空间增大，新创业成功率也更高。

不过这些都是共享经济形而下的层面，那共享经济形而上的层面是什么呢？答案就是"共享思维"。

如果说共享经济的商业模式是"器"，而共享经济的核心思维则是"道"。

《易·系辞上》："形而上者谓之道，形而下者谓之器。"

共享思维是"本"，共享模式是"末"。

《大学》中说："物有本末，事有终始。知所先后，则近道矣。"

没有共享思维，就没有共享经济，共享思维是前提，共享经济是结果。

互联共享

新时代的互联网技术，实现了互联互通，将全人类连接在了一起，也将人与物、物与物连接在了一起，但这只是一种互联互通的可能和条件，而共享经济真正需要的是人们心与心的互联互通，并在此基础上实现经济共享。

互联共享是共享思维中最根本的层面，因为只有实现了互联互通，才能实现各种资源的共享。

其实，在互联网背景下的互联共享理念出现之前，人类早已在"互助共享"了，可以说"互助共享"在几百万年前的原始社会中就已经出现了。人类在恶劣的大自然环境中，与自然界进行着各种生存博弈，逐渐意识到只有团结互助才能保障自身的安全，才能捕获更多的猎物或食物，维系自己和群体的生存，因此也就逐渐形成了"患难与共"的思维模式，并且将这种思维模式不断整合到人类的基因之中，形成了人类最原始的"互助共享"的生存逻辑。而当我们将"互助共享"用经济学原理来分析和解释人类产生这些行为的原因时，我们可以发现：人类的这种行为是非常理性的选择。这种理性选择的思维是：在资源短缺的条件下，因为对未来的不确定性，理性的人会趋向于自觉地选择和实施互助行为，进而有利于集体利益的最大化，因为只有集体利益最大化，个体才有最大的机会生存下去。可以说人类对"互助共享"的选择，最终的目的是"利己"。

随着社会生产力的不断进步，人类获取资源的能力不断增强，生产资料与消费资料出现了相对过剩，人们对未来的预期不再是"不确定"，而是预期良好，此时，人性中"利己"的渴求程度被最大化地激发出来，在这种情况下，强势群体通过对资源的强势控制能力，以及强势的文化创造，实现了对弱势群体的不断掠夺与剥削，使自己的利益得到最大化。

同时，原本人类"互助共享"才能更好存在下去的需求，使人们开始了分工与协作，分工与协作就需要公平合理的分配，但事实上由于信息的不对称、资源的天然不均衡，导致分配越来越不公平、不合理。但如果分配越来越不公平合理，分工与协作便无法良性地持续进行，这就形成了整体发展的怪圈、悖论。

资本主义的发展现实是，每十年就会出现经济危机，皆是由经济发展的不平衡和分配的不均衡造成的。近些年来，人类社会一直都在努力构建合理的体系和制度让社会回归公正、平等，而互联网无疑是最佳的"推进剂"。

互联网的前期发展消弭了信息的不对称，使得人们可以以最便捷的手段获取到有价值的信息，并依据这样的信息做出有效的决策，这种有助于决策的信息，本身就蕴含着价值。

传统商业的获利都是基于信息不对称的条件进行的。在传统经济模式下，一个地域范围内可以选择的商品品类是非常有限的。因此，基于对信息的收集、传递和处理以及没有商品可充分选择的情况下，人们不得不为信息的不对称买单。

互联网的出现改变了这一切，互联网是一张平行对等的网，虽然在全世界范围内只有 13 台 IPv4 根服务器和 25 台 IPv6 根服务器，但是，对于终端的接入和信息获取以及处理上，所有的终端都是平等的。就像我们打开同一个门户网站，看到的网页也都是一样的。

经过不断的投资与消费，我们基于互联网进行信息获取和信息交换的成本已经趋近于"零"。这是人类所期望的结果。比如以前的六百里加急送封信，现在只需发一个微信就解决了。

互联网的信息传播模式由从前的"单向"向"多向"的方向发展，也正因为互联网的发展，每个人都能成为信息的生产、记录、传播的终端和主体。这种"去中心"化的信息生产、记录与传播方式，完全改变了原来"有中心"化的信息生产、记录与传播方式，比如报纸、电台、电视台，都已经被互联网打得一败涂地。同样地，原来基于信息不对称的传统商业模式，在电子商务兴起的大潮下，已经被冲击得千疮百孔。

互联网已经从信息互联网发展到了价值互联网。 人们开始运用互联网进行普通生产和消费。再随着移动互联网、智能手机、大数据、云计算、物联网等一系列的新技术、新手段的产生和发展，人们可以随时随地地进行生产和消费，基于互联网的经济形态和商业模式，不断进化为典型的新时代共享经济。新时代共享经济引爆了市场，经济形态和商业模式再一次被刷新，并呈几何式增长。

正如前文所讲，"互助共享"是人类社会发展的本质和沉淀的基因。由于各类技术的发展，互助共享发展的范围、形式以及组织方式也在发生改变。比如在原始社会中，互助共享只能发生在一定范围内的氏族部落之间，而随着运输技术和运输工具的发展，使得商品流通和交易可以远距离地传输和实现。这种基于商业实现的交易共享使得社会流通效率和运作成本给社会带来了很好的福利。尤其是近200多年以来，在技术大爆发的背景下，人与人之间的共享已经一定程度上跨越了空间与时间限制，理论上，在全球范围内我们可以实现全人类社会的"互助共享"。但是，这种"共享互助"的成本，因为信息不对称和地域原因一直居高不下。然而，信息技术和互联网出现之后，互联网为互助共享的优化提供了强有力的技术基础。而对于"共享"实现的基础，信息处理本身都已经变得强大和便捷了。

当前，我们已经可以利用互联网背景下的互联互通解决我们现实中遇到的众多难题，共享社会生产资源与消费资源，加强社会运转的实效与速度，而这些都需要人和人之间的互联互通之后的互助完成。也就是说"互联共享"是解决社会问题和发展瓶颈的最先进、最合理的方案。

"互联"是实现条件，"共享"是实现方法，"互联共享"是共享经济存在与发展的基础，是最基本的共享思维，也是其他共享思维存在的根本。

互联共享是互联网共享平台的各个参与方，尤其是供给方，愿意并且有能力为共享平台提供自己所具备的资源，将闲置的及新创的资源在"以人为本"基础上，"自由平等"地创建人与人的"协同合作"，以"奉献利他"高尚理念，实现全社会的"共创共赢"，实现闲置的及新创的资源在全人类全社会万物互联、人人共享。

"互联共享"不只是一种行为模式，更重要的是一种思维模式，只有先具备了"互联共享"的思想基础，才能建立合理的互联共享的行为模式和行动规则。就企业而言，只有建立了"互联共享"的意识形态，才能设计出优秀的共享经济商业模式。

"互联共享"是共享经济蓬勃发展的原动力，只有互联共享才能使大众提高参与的积极性，只有人人共享的意愿度不断提高，才能使共享资源越来越丰富，共享经济越来越繁荣。

在"互联共享"思维理念推动下，个体将更乐于共享自己闲置的汽车、房屋等实体资源；企业单位将更乐于共享自己掌握的先进生产技术、生产设备；拥有丰富知识的人更愿意共享自己的认知盈余。

"互联共享"的思维将充分调动全社会的可共享资源，实现社会资源的循环利用与节约，在协同合作中进一步促进社会资源流动配置到更需要的地方，解决社会危机和提升社会运转效率，提升社会生产力，改善生产关系。

第六章　共享经济的核心思维

共创共赢

基于移动互联网、大数据、云计算、现代物流和移动支付等信息技术的发展普及，共享经济在全球进入高速发展阶段，成为金融危机之后的新亮点。共享经济话题已成为覆盖全球的热门话题，引发了社会各界的热切关注。纵观中国经济发展态势，共享经济这种新经济形态、新发展模式已经在各个行业领域有所渗透，每个人既是消费者又是生产者，"大众创业、万众创新"的热情空前高涨。

"共创"即是大众创业、万众创新大方向下的共同创业、共同创新，"共创"也是新时代共享经济环境下的共同创业、共同创新。

未来的商业环境，分工固然有之，但在意识形态上已经不能再墨守成规、食古不化。单打独斗的时代已经过去了，联合办公，共创、共生的时代已经到来，整合人才，团队协作，共创事业辉煌，共享事业成果将是大家共同努力的方向，实现"共赢"才是事业共创的最终目的。

未来的创业团队中已经没有了老板和员工之分，只有合伙人。未来的市场中没有消费者，只有消费商。大众创业，万众创新，全民共享的时代已然到来。

现在已不是每个人开一家公司，独资经营、独自发财的时候，而是共创、共享、共担、共赢的时候，打造一个平台，让产业链上一串人共同经营。

世界上没有哪个人、哪个企业能通吃整个产业链，通吃整个市场，没有一个人或一个企业具有所有的优势，只有打造一个合适的共享平台，让经营优势、管理优势、技术优势、资源优势等各种优势聚焦在一个共享平台上形成更大的优势，才能形成优势互补的综合体。

可以肯定，今后的公司只有两种：一种是平台公司，另一种是在某个平台主持某个环节的公司。单打独斗已经不能生存。

现在是共享经济时代，任何人如果创业只追求自己发财，只想让别人帮你打工，肯定行不通，现在是大伙儿共同发展的时代。

我们创建一个事业共享平台，我们所需要的资金、技术和其他资源的拥有者，都是我们共享平台的合伙人，我们必须和他们达成合伙协议，还有我们的供应商、经销商、物流商或者代理商，也是我们的合伙人，长长的产业链不是凭我们一己之力管理得了的，这个产业链中的每一个环节都是我们的左臂右膀，他们不是打工者，而是必须成为共进共退的合伙人，不然，我们所创的事业就很难坚持下去。

通过共创事业、共享事业发展成果，实现共赢的局面，才是持续发展的最佳动力，发展才有凝聚力，只有共赢新局面的不断呈现，才能增强事业伙伴的向心力。也只有不断的共赢获利，在整个产业链条中，才会成为不可或缺的中间环节。

如何才能"共创共赢"呢，我们需要从四个方面努力：

一、定位

传统经济形态下的企业定位经常是以自我为中心，而共享经济环境下的企业定位不应该是一个独立的、独闯天下的组织，而是互联网和共享经济的一个节点。一台手机没有网络基本上什么都做不了，连上通信网络才能打电话，连上互联网才能上网消费或做其他事情。人的大脑有上百亿个神经元，每个神经元的作用都微乎其微，但互相连接起来就组成了聪明的大脑。现代企业同样如此，尤其是共享经济环境下的企业，应该是开放的、包容的，与其他企业互生共存的。而传统企业都是封闭的，只关注我有多少资产，我有多少人，我有多少能力。但是新时代的企业应该调整自己的思维模式，将自己作为互联网或产业链中的一个节点。

二、价值导向

传统经济模式下的企业都是以顾客为导向，比市场占有率，比销售额，而**现代企业的导向不再是顾客，而是用户**。顾客和用户有本质的区别，顾客可能只是一次性交易，顾客做出购买决策，就是钱和物的交易，而用户则是长期交互、长期参与，因此要以创造为用户负责的价值为导向，贡献最佳的用户体验，增加用户黏度，长期共享。事实上，**未来共享经济环境下的公司已经不再用传统的企业主观决策的机制，更多的是用户在做决策，决定企业的命运。**

三、驱动力

传统企业都是以企业内部组织、内部人员为企业驱动力，是以自身能力为前提制定经营目标及经营策略，是按人来处理订单的，如果这个人具备处理此订单的能力，企业便安排他去做，如果他没有处理此订单的能力，企业就派作他用。而互联网或共享经济环境下的企业则不同，是按订单安排人，有能力就你来干，没有能力就换作其他人来干，用户目标是不变的，这样每个人都是创客，与用户的利益牢牢地绑在一起，从业者与企业一起共担风险，共享成果。

四、目的

大家在一个平台上进行创业创新，共赢是最终目的，着力将参与各方的利益最大化，促使各方能够持续协同合作、共享创业创新的价值。目标定了，参与共创人员是谁没有关系，谁有能力就让谁参与。不过最终的目的就是共赢获利。被称为"近代政治哲学之父"的马基雅维利提出：**所谓共赢，绝对不是零和博弈，而是参与各方都要得利。**

"共创共赢"模式的前提是对传统模式进行颠覆。传统的管理哲学对管理三要素的总结是：管理的主体、管理的客体、管理工具。管理的主体就是管理人员，客体就是被管理人员、资产、财物等等，管理的工具是管理的手段、方法，是协助管理主体和管理客体的。

现在我们要颠覆掉它，重新构建。不管是什么样的企业，对它最重要的就是两类人：一类是外部用户，另一类是内部员工。**未来的企业经营趋势是：企业平台化、用户个性化和员工创客化。**

原来的企业就是一层一层的，现在运用互联网变成平台了。用户个性化颠覆了产销分离制，原来工厂就管生产，生产出来进入销售渠道，由渠道实施销售，所以产销是分离的。员工创客化颠覆了雇佣制，原来的员工是被雇佣的，现在不是被雇佣的，而是来做创客的，是合作的，是合伙人。

因此，现在的企业，不再是提供一个单纯的工作岗位，但是为创客提供一个创业的机会。这三者之间的关系是：**企业平台化是这个运营模式的必要条件，如果你不把企业原来的结构颠覆和重构，就不可能做到；用户个性化是目的，所有的颠覆都是为了这个目的；员工创客化是充分条件，没有员工最大的积极性，不可能实现目的。**

当下的互联网背景下的共享经济浪潮，正在以技术驱动为升级的方式，急剧地改变人们的生活，提高生产效率，重组传统行业、IT业、通讯业以及传媒娱乐业等。基于共享经济的发展趋势，O2O模式、共享经济等在现实生活中的应用，无不彰显着社会化、即时化的大规模协作正在全面引领着各行业的变革，新时代共享经济背景下的"共创共赢"不仅改变了人们的生活方式，而且也将给整个人类社会的文明进程带来充满想象的未来。

第六章　共享经济的核心思维

奉献利他

从本质上来讲，人类对"互助共享"或是"互联共享"的选择，最终的目的还是"利己"，这是不可否认的事实，但这并不卑劣。利己是人类的本能，通过利他达到利己同样也是人类的理性选择，因为只有通过先"利他"才能"利己"，人类行为也早已形成这样的底层逻辑。

也就是从整体来看，"利己"与"利他"密不可分，是一个事物的两面。利他之后可以达到利己，这是人类在原始社会与自然界博弈的过程中就已经懂得的道理。但也不能因此就说，在物质丰富之后的人类选择更大程度的"利己"或"私有"是人性的倒退，这是社会经济发展的结果导致的，而并非财富激发了人性中的"罪恶"。事实上，当利己得到一定程度的满足后，人们自然也会做到"利他"。

《孟子·尽心章句上》中说：**穷则独善其身，达则兼济天下。**

《史记管晏列传》中说：**仓廪实而知礼节，衣食足而知荣辱。**

这并不只是宣扬和倡导，这也是社会发展必然会出现的结果，在很长一段历史岁月中，因为物质短缺，人类社会选择更大程度的"利己"或"私有"，同样也是出于生存的需要。

现代社会，物质已经极大丰富，可谓是"仓廪实"和"衣食足"，共享经济也随之而来，这同样也是人类理性的选择。当今的时代仿佛又回到了原始社会的先"利他"然后才能更好地"利己"的状态。

因此，人类的"利他行为"得到了理性的回归，"利他行为"也是共享经济的最显著的特征之一。这种利他的思维和精神，明显区别于传统经济学中的利己主义经济人假设，共享经济因而被认为是对传统经济学理论提出了颠覆性挑战。实际上，传统经济学的利己主义假设是在极其苛刻的条件下对社会复杂生产生活条件进行简化而抽离出来的数理性假设，其回避对利他理念的探讨，但并不能因此就否认社会经济生活之中"利他行为"的存在。

人的本性中，究竟是"利己"还是"利他"的问题，是数千年来一直困扰人类的问题，无论是历史学家、生物学家还是社会科学家都进行了长期的没有结果的讨论。试图找出人类"利他"精神的依据。其实这是个伪命题，讨论亦是多余的，因为**"利己"和"利他"同时存在于我们的人性之中，从没有分离过。**

现代经济学家们也对利他行为进行了积极的探索，浙江大学经济学院教授叶航从博弈论的角度探究经济社会之中的利他行为，在他的《利他行为的经济学解释》中，将利他行为进行了分类，分为亲缘利他、互惠利他与纯粹利他3种模式。

亲缘利他、互惠利他都是建立在生存机制上的利他行为，而纯粹利他行为则是人类有别于动物的高级行为模式，是人类精神世界的更高追求。

很明显，共享经济中的利他行为不会是亲缘利他，而是互惠利他，当然也不排除会有纯粹利他行为的出现。根据马斯洛的需求理论，人在满足了低层次的需求之后，一定会有更高层次的需求，也就是说尽管传统经济学领域强调经济生活之中人的理性行为，但并不意味着人追求的仅仅是经济利益或利己，而获得尊重和自我价值实现，最好的途径就是通过纯粹的利他行为。

也就是说，在新时代共享经济环境下，互惠利他与纯粹利他的行为都有可能出现，因而这些利他行为可以成为现代经济人的行为选择。从这个角度讲，共享经济理念中的利他主义与经济学的利己主义并不矛盾，还能和谐并存，形成一个有效整体。

基于以上对人性中利他与利己层面的分析，可以确定，新时代共享经济的利他行为理念并不是对传统经济学中利己主义假设的否定，而是在新时代共享经济环境下的利己主义进行的内涵上的扩大、进步、发展与升华。

共享经济时代是一个飞速发展、强调合作规则与精神、协同共赢的新技术时代。我们首先需要奉献出自己的资源与能力，在共享平台中与他人合作与交换，最终收获自己想要的东西，这似乎更加符合人类行为的底层逻辑，这正是共享经济带给我们的理性的回归。

第六章 共享经济的核心思维

协同合作

亚当·斯密在《国富论》开篇就讲道：社会生产力、人类劳动技能和思维判断力的大幅度提高都是劳动分工的结果。

但很明显，"分工"不是最终目的，分工之后还要能协同合作，协同合作才能产生效能。"效能"这才是我们想要的结果。工业社会最主要的逻辑就是通过"组织化"协同合作产生效能，而这一切随着互联网的出现和成熟发生了质的转变，这恐怕也是人类始料未及的局面。

农耕文明社会是没有大规模组织协同合作的，大家自己耕田自己织布，需求基本上是自给自足，乡村之间有集市供大家交易，城市市场中的商品供应也基本上来自本地区域的供给，农民将自己家富余的农产品拿到城市里进行交易，城市和乡村的手工业者制造的工艺品，也基本上是在本区域内流通，无论乡村集市还是城市市场，都很少有来自遥远地方的产品，因为在那样的时代，长途贩运是很困难的事情，即便是清末晋商乔致庸提出的"货通天下"，也是理想层面大于现实层面，并且当时流通的也不过是茶叶、丝绸和瓷器，即便是这些东西，也并非是大规模协作生产的产品，顶多算小规模手工业产品。

就中国工业和市场的发展而言，这种概念和情况一直到改革开放以前，即便是中国的民族工业在有了一定的发展和进步以后，甚至到社会主义改造之后，情况也并没有改变多少，在计划经济时代，区域内供给非常普遍且地方保护主义非常严重，一个城市区域内各种商品基本也是自给自足，城市与城市之间交流很少。比如每个城市供应的毛巾，基本上就是由这个城市的毛巾厂生产，其他还有很多，比如灯泡厂、被服厂、皮鞋厂、洗化厂、轴承厂、车轮厂等等，从那个年代过来的人应该还有清楚的记忆，一个城市的生产系统是相当齐全的，供应一个城市即便不能完全满足，也算是五脏俱全了。

改革开放以后，社会主义市场经济的迅速发展，使整个社会生产与供应状态发生了很大的转变，逐渐打破了城市的边界，很多商品逐渐品牌化，某些企业的规模逐渐壮大，一个企业生产的产品可以供应很多城市甚至是全国的需要，比如现在一个洗衣粉品牌，全国都可以买得到。

这样，无论企业内的分工还是整个社会的分工，无论是企业内的协同合作还是整个社会的协同合作，都已是今非昔比，不可同日而语。分工已经从小企业和地区内的小规模分工，发展到大企业和社会化的大规模分工，协同合作也已经从小企业和地区内的小规模协同合作，发展到大企业和社会化的大规模协同合作。

再说古代的战争，常规上是几千、几万人的战场，先由大将们进行几轮交锋，大将如果战败，基本上全军士气就一蹶不振了，结果是被胜利的一方一触即溃，很多伤亡也都是在追击中发生的。直到近代化战争，才出现一方正面伤亡70%仍不崩溃的现象，这就是组织化、协作化带来的变化。

工业社会以后，就有了上班这件事。从国家领导人到一般蓝领工人，都要上班，每个人都有自己的工作岗位，并在各自的岗位上贡献自己力所能及的力量。上班就意味着组织化，意味着高度的分工协同合作，从此人类的工业进程和财富积累开始喷发，实际上，科学技术也是组织分工协作之后的结果，而并不是引领社会发展的动力。

工业社会中人与人、人与物、人与信息之间通过特定关系进行连接，因此说"组织化"的协同合作，决定了工业社会基本的形态。基本形态发生变化，其他也会发生变化。指挥和创造协同合作模式的人创造了财富，因此领导者或企业家应该获得奖励，也因此一部分人先富了起来。

互联网的出现与发展，对公司组织产生了严重的冲击，并且逐渐冲击到了组织体系内部。大家逐渐发现年轻一代的员工越来越不好管了，绩效考核、打卡上班逐渐沦为笑话。格力电器董明珠就规定手机不能带进办公室，因为她发现所有员工都在上班时间用手机上网、看微信、上淘宝、打游戏。但是，没有人用手机的公司又会是什么样子呢？

60后、70后员工甚至80后员工因为成长的时代，有很大的奴性，对未来充满恐惧，一般都会在组织中患得患失，这些年代的人一般还是比较服从组织管理和认同组织体系的。但90后员工，基本上组织概念已经很淡化了，哪怕兜里只剩下200块钱都敢辞职，于是"世界那么大，我想去看看"那样的辞职信能引起广泛的社会关注，就不足为奇了，其实并不一定是她已经赚了足够去旅行的钱。当用钱搞不定人的时候，老板基本就没有招了。"组织化"的能力也就失效了，公司能干的人纷纷出走，因为市场会给他各种各样的奖励，腾讯如果不能用足够的股份拉住张小龙，让他觉得出去创业也不过如此，也是留不住这样的精英的。互联网会让未来组织解体的速度进一步加快。

马克思曾经说过，到了共产主义社会就没有分工没有组织了。他在1846年的《德意志意识形态》一文中说过，"共产主义社会未来是早上打鱼，中午狩猎，晚上讨论哲学。"到了共产主义，人是没有分工的，所有的组织形态都将解体消失。按照共产主义学说，全社会工人是没有国家概念的，也不会再有出现抵制外货的现象。马克思口中的共产主义，在今天已经逐步实现，比如**新时代的共享经济，就可以看作某种程度上的共产主义实现**。

现在越是大规模的企业，我们越搞不清楚它是做什么的，这些企业可能会有各种各样的业态，比如阿里巴巴、腾讯和百度，你能说清楚他们具体是做什么的吗？说不清楚。即便是我们身边的人，除了那些按部就班的上班族，那些做企业做生意的人，我们已经很难说清楚他具体是做什么的，因为周边信息交互的快捷与便利，他们可能涉足了很多行业和企业。比如我们在做一个公司的时候并不妨碍进行别的投资和参与别的行业，即便是上班一族，也可能买了其他公司的股票和进行了其他的投资。

人与人的连接变得多样和复杂，行业的边界越来越模糊，我们会发现现在很多的人的突然成功，并不是在原行业取得的，而是跨界打劫来的。"他是谁？他从哪里来？他到哪里去？"这些问题越来越难回答。就像我们以前见到一个陌生人，总会问他：你是哪个单位的？现在这个问题基本很少问了，因为人的身份变得越来越复杂，他可能同时具有很多身份，也就是说，他可能同时参与了很多社会的分工与协作，是很多组织的一分子，因此也就很难用单一的身份特征去定义某个人。

这还只是社会现实层面,在互联网虚拟层面,人的身份变得更加不可思议的碎片化。在我们现在生活的"互联网+"时代,手机已经成为我们的新器官,任何时间、任何空间,我们都已经离不开手机了,假如手机没电了,恐怕上卫生间都成问题。我们一天到晚生活在手机里,以秒为单位地切换着我们的身份,好像每时每刻都在开会,都在与人对话。我们可能在这个群里是群主,因此就非常活跃,可能在另一个群里,是个"打酱油的",每天都在潜水。我们可能在一个群里是知识分享者,可能在另一个群里是段子手。就像"得到"的罗胖说过的:工业时代强加给大家的确定身份没有了,我们的身体被手机剁得跟肉末一样。

未来在"互联网+"时代的共享经济,人类的协同合作逻辑已经变得多样化和多元化。互联网的出现和发展,已经将我们的社会从一个大群体割裂成无数个小群体,用现在流行的概念来形容,就是社会越来越"区块化"。我们的信息来源越来越从"中心化"的渠道,转变为"去中心化"的渠道,比如以前,大家共同从一份报纸或一个电视台获取信息,现在我们更多的是从社群或者更多元的渠道获取信息。

想想1990年的北京亚运会,全国人民无人不知、无人不晓,当时笔者刚上初一,那个全校师生列队迎接亚运圣火的神圣场景依然历历在目,并且还捐了款。而2018年的雅加达亚运会,笔者还是通过一则关于姚明带领中国篮球获得了4块金牌的新闻才得知的。因为笔者现在基本不看电视了,并且在很多社群里,也并没发现哪个群在讨论本届亚运会的内容。再回想起北京亚运会,我们每天都在关注金牌数量的情形,甚至比对2008年奥运会关注度还要高。

互联网并没有让全人类互联互通,反而是让不同的群体之间距离越来越大,隔膜也越来越厚,都拿着自己的鸡毛当令箭,大家越来越"尿不到一个壶里"。网上的各种争论,只不过情绪的释放而已,大家都觉得自己或自己群体的智商优越,觉得对方都是异己。

在这种形势下,人类将来的协同合作是什么样子呢?实在很难用一两句话说清楚,或者说我们已经很难用工业社会的协同合作模式来描述。但可以肯定的是，即便到了共产主义人们不需要分工了，也一定需要协同合作，因为个体是无法脱离整体生存与生活的，只不过是协同合作的形式与内容发生了本质的变化。在未来的"互联网+"时代、共享经济时代，人们究竟该如何协同合作呢，基本有3种模式：

一、自由协同合作

人与人之间的协同合作将从组织化协同合作转变成自由协同合作。未来组织化的分工已经变得模糊不清，脱离组织的意愿越来越强，尤其是年轻一代的人们，对于组织化的束缚越来越难以接受，人们渴望更多的自由协同合作方式。不光是年轻一代，笔者曾问过很多年龄稍大的自由工作者，比如专车司机和做微商的朋友，他们不愿意加入某个组织的最大原因就是，这样比较自由。人们越来越希望通过自由的、符合自己意愿的方式与别人建立协同合作，追求自己理想的生活与工作愿景。

二、丰富协同合作

人们对生活质量已经有了更多更高的追求，期望人生的历程有更丰富多彩的经历，各种信息充斥着我们的感观，原来世界竟是如此的精彩，越来越多的人不喜欢在一个单位里从毕业熬到退休，然后种花养鸟看孙子，人生苦短，人们想体验更多更精彩的生活内容，当然这也是社会发展的程度决定的，以前社会不发达的时候，恐怕我们就是想也很难实现。互联网、共享经济的出现，使我们拥有了更多与外界建立连接的渠道，使我们拥有了更多能与其他人、其他领域开展协同合作的可能。社会的业态、经济的内容已经难以想象的丰富，在信息趋于对称的今天，机遇对每个人都是平等的，只要我们有能力，我们就能有机会与其他人展开丰富多彩的协同合作。

三、聚合协同合作

1955年卡尔·波普尔曾经说过，世界上有两种模式：一种是"钟"，另一种是"云"。钟就是内外界线清楚，用不同的零件构成，有分工，可以画出蓝图，可以不断优化，可以复制；云没有一模一样的，没有界线，内外一致，没有分工，没法复制，每朵云都有自己存在的价值。

也就是说只要我们是一块有价值的云，我们就是会自然而然地与其他同类云发生聚合协同合作，你需要我，我也需要你，志同而道合。"志同道合"恐怕是我们过去一直在追求的一种最理想的协同合作模式，但在过去信息不发达、模式不丰富、信任没规则的情况下，我们很难寻求到志同道合的伙伴，现在不同了，我们可以有足够的渠道，来让我们选择志同道合的群体和个人开展协同合作，即便是价值观转变了，志不同道不合了，分手的成本也不像以前那么大了，来去自由，分手的成本几乎为零了。

人类社会的发展，有两个线索，一个是"人的延伸"，一个是"跨界协作"。麦克·卢汉认为，科技的发展有清晰的规律，就是对人不断地延伸替代。比如车轮和火箭，就是对人类腿的延伸。洗衣机和榨汁机，就是对人类手的延伸；电话就是对人耳朵的延伸，电视就是对人眼睛的延伸，科技的发展规律就是这样。所谓"跨界协作"，人和"近亲"猩猩最大的区别就是：人会协作。协作产生了分工。协作不是猩猩们你给我挠挠痒痒，我给你梳梳毛发，这叫互相帮助；"协作"是我给你打只兔子，你帮我缝件衣服。

因此，共享经济同时包含了这两个人类社会的发展线索，共享经济延伸的不只是"物化"的需要，更多的将是精神层面的需求。比如我们在共享旅游平台上发一个结伴旅游的邀请，这就不是旅游本身这么简单了，还包含了社交的功能。再比如我们发布一个顺风车行程，恐怕也不是完全一个行程这么简单，可能更希望在这个行程中找人聊聊天，消除旅途的寂寞。

共享经济的"跨界协作"功能就更明显了，在共享经济环境下，我们每个人都可能随时超越自己的边界，与人进行跨界协同合作。比如我们将家里的闲置物品在二手物品交易平台上出售，身份马上就从一个消费者变成了供应商，同时与二手平台、物流商等个体和组织展开了协同合作。

一切坚固的东西都将烟消云散。如果把人类社会发展的两个线索"人的延伸"和"跨界协作"，用一个词代替，就是"连接红利"，或者叫"协同合作红利"。

自由平等

就人的精神追求层面而言，恐怕没有什么比"自由"和"平等"更是人们所追求的了，人类社会一切的设定安排、努力奋斗和发展历程，无不是最终想要实现自由和平等。

正如匈牙利诗人桑多尔·裴多菲的《自由诗》中所说："Life is dear, love is dearer. Both can be given up for freedom."翻译成中文就是我们耳熟能详的：生命诚可贵，爱情价更高，若为自由故，两者皆可抛。可见自由之于人的价值。

如果说自由是关乎个人内心的状态，平等则是人的社会状态，是人的社会关系和社会生活中处于的地位，我们在社会中追求人格平等、机会平等和权利平等。世上一切正能量的宗教也无不将平等作为思想宣扬的主要内容，由此可见，平等在人的社会属性中占有多么重要的地位。

一、自由

新时代共享经济以其完善的、多种多样的商业模式实现了参与主体的进退自由化、时间空间的自由化、资源边界的模糊化、信息资源的丰富化等。这些都为共享经济的参与个体提供了极大的选择自由与交易过程的便利。

就拿共享交通的各种商业模式来讲，我们不再需要购买汽车、养护汽车，并且车随叫随到，我们以前要打车，只能到路边招手，现在用打车软件就变得非常方便，并且能很快地到达指定地点来接我们，这是传统出租业很难做到的，这也是共享经济自由理念的典型体现。

共享经济的自由思维还不只体现在选择自由和交易过程的便利上，更重要的体现在共享经济参与主体的进退自由化上。首先，选择进入的自由，在信息趋于对称的今天，我们可以选择将我们所拥有的资源进行共享，也可以选择保持原状；其次，在退出机制上，也拥有极大的自由，想干就干，不想干就退出，退出机制非常简单合理；再者，就是参与过程的自由，比如我们是顺风车的车主，想捎人的时候，就在平台上发布行程，不想捎人的时候就不发布行程，我们拥有了最大限度的经营自由。

在时间与空间层面，自由程度也是传统经济模式下不可比拟的，在传统经济模式下，个体的能力是有限的，个体必须依附组织才能获取有效资源实现自我价值，但在共享经济时代，人们可以更自由地选择自己的工作时间、制定自己的工作计划与工作方式，从而让个体价值得到了极大的提升。

在内容丰富的共享经济商业模式中，我们拥有广阔的共享资源可以选择，模糊的资源边界，再加上趋于对称的充足的信息资源，使我们在选择参与上有着极大的选择自由和选择余地。比如短距离出行，我们可以选择共享单车，也可以选择共享汽车。比如共享金融，我们可以选择人人贷，也可以选择钱多多。

另外，在交易方式上也有相当大的选择自由，我们可以以资源换资源、以货币换资源，也可以以价值换资源。

二、平等

共享经济的平等思维是指共享经济参与的各个主体的身份平等，每一个参与主体都享有平等的参与、竞争、交易、决策、提供资源与享受资源的机会，消除了行业垄断壁垒的限制，真正实现了平等参与、平等竞争与供需方地位平等。这也是共享经济平等思维的3个层次。

（一）平等参与

共享经济商业模式最大的魅力，也是为什么共享经济能够迅速发展壮大的原因，就是共享经济的商业模式能够让更多的普通人、更多的弱势群体参与到其中，让大家拥有平等的参与机会。

这首先是由共享经济的本质所决定的，共享经济只有更多的人参与进来才有意义，共享经济才能发展起来，这就需要平等的参与机制，不能出现特权阶层和群体，大家在参与过程中，机会和身份都是平等的，信息也是对称的。

其次就是由共享平台的各种制度规范及行业法律法规的完善程度所决定的。这使得共享经济参与主体平等的参与机会与机制能够得到保障。这在传统商业模式中是很难实现的，传统商业的专业组织化、垄断化、强势化，是无法实现大众能够平等地参与进来的。在共享经济环境中，更多的普通人、更多的弱势群体，拥有了平等的参与机会。

（二）平等竞争

在传统商业模式中，一方面，很容易出现行业垄断，较高的行业壁垒阻止了更多的竞争者参与进来，也因此他们获取了超额的垄断利润；另一方面，社会主义市场经济的特殊性，制约了市场资源的合理配置，妨碍了市场竞争的公平性。

而在共享经济商业模式下，由于社会众多个体与群体的平等参与，在供需双方的共同努力下，产品与服务的供需容量越来越大。在共享经济中，基本不会存在垄断性的市场势力，只要我们具备足够的信息获取能力、创新能力和一定的资金能力，就可以平等地参与到共享经济的市场竞争中来，公平地与其他经济体展开竞争。

（三）供需方地位平等

传统商业模式，要么是"店大欺客"，要么是"客大欺店"，总之双方都可能拥有各自的优势，并拿这些优势转化成自己的话语权，供需双方的地位总是呈现一种不平等的状态。这让店与客之间总是不舒服，店报怨客太贪，客报怨店太奸。《消费者权益保护法》侧重于对消费者一方的保护，这本身就说明了消费者相对于经营者，总是处于弱势地位，属于弱势群体。

而在共享经济商业模式中，供需双方没有严格的界限，边界越来越模糊，供给侧以其闲置资源或新创资源满足需求侧的需要，而需求侧也同时拥有了参与权、选择权与评论权。反过来说，需求侧通过选择权与评论权也促进和影响了供给侧的决策与改革,促使供给侧优化自己的产品和服务,使之更加个性化、完美化。比如一个共享汽车的司机,为了不得到差评影响下一次接单,就会努力提高自己的服务水平。

在共享经济环境下,由于供给侧巨大的市场空间和公开透明的信息发布模式,需求侧能够进行更加理性和多样化的选择,在交易活动中有自主选择、自由进退的空间,同时,完善的消费评论机制也为需求侧提供直接维护自身合法权益的有力武器,真正实现了供需双方的地位平等。

以人为本

无论什么样的社会经济形态，无论什么样的商业模式，从出发点到最终目的，都应该是"以人为本"，共享经济也不例外，发展共享经济的最终目的就是让人们过上美好的生活，因此，共享经济也必将是"以人为本"的经济形态。

但我们发现在传统经济模式中的"以人为本"，往往只是流于口号。老板无论再怎么强调员工的主人翁精神，最终都摆脱不了劳资对立的局面，老板不被骂作"周扒皮"就不错了；无论企业再怎么说顾客就是上帝，最终也摆脱不了消费者认为"买的没有卖的精"的局面，不被骂作"奸商"就不错了。

但共享经济则不同，共享经济真正重视了参与各方尤其是消费者一方的内心需求的满足，强调人的选择自由、决策自由，各种机制的运转都在相对透明、公平的环境下运行，最大程度地建立信任环境。

共享平台从"以人为本"的思维出发，更加强调对参与个体的尊重，充分激发参与个体的主观能动性，最大努力地保障参与个体的合法权益。而消费者一方也因此满足了自身多层次的需求和自我价值的实现。

反过来再看传统经济的"以人为本"的思维，在公司内部实行的是以经济利益为导向的管理机制，否认了员工的主人翁精神，否认了员工的自觉性、主动性、创造性与责任心。传统企业管理者认为人是有惰性的，因此必须用管制、奖励与惩罚等措施，促使他们达成企业目标，企业往往是以物质报酬满足员工的需求，却经常忽视员工的情感、价值观、成就感。

再者，就是企业与消费者的关系上，传统经济中的企业更多的是"顾客思维"，嘴上喊着"顾客至上"，实际仍然是希望以不对称的信息，从顾客那里赚取更多的钞票，大部分时候还是将消费者定义成"待宰的羔羊"，忽视消费深层次的精神追求及价值实现。

共享经济的商业模式中，互联网平台企业则是把消费者从"顾客"转变成了"用户"，成了社区的一分子，因此也就增加了企业与消费者的黏度，形成了长期的互动关系，用户也将在一定程度上参与了企业的决策，决定了企业应对市场的策略与发展方向，用户导向的企业发展策略就是"以人为本"的思维所决定的。

共享经济相比于传统的经济形态，最重要的功能就在于能让人们拥有更大更多的"获得感"。而这种获得感的构建，也正是共享经济存在和发展的必要。

共享经济构建用户的获得感，就是以人为本，一切从共享经济参与各方的利益出发，让共享平台提供社会所需要的服务同时从中获利，让人们充分享受自己的劳动产品、同时能与其他人一起分享社会的公共成果。

让共享经济的参与各方有获得感，就是让人们能得到、能满足。得到和满足是多层次、全方位的，既包括物质上的，也包括精神上的。人们的获得感需要全体劳动者的共同创造，需要社会财富的极大丰裕。科学技术、互联网、共享经济的发展及其无限的创造力，必定会持续地为人类文明做出更加巨大的贡献，成为人类获得感、满足感的不竭源泉。人们的获得感也需要公平正义的社会秩序，需要公正合理的分配机制。要使丰富的物质财富为广大劳动者带来获得感，就需要建立为广大民众所接受和认可的利益分配制度。这种利益分配制度仍然建立在"以人为本"的基础上。

随着人们不断增长的物质和文化生活需求的提高，已有的物质财富不能完全满足全体民众的多层次需求。故而在创新分配制度的基础上，出现了让人们有获得感的、与现代文明相匹配的共享经济。一个社会中，当全部或大多数企业实现共享经济时，经济就可能产生平衡扩张效应，劳动者人均收益和劳动报酬就会趋向稳定的水平，从而激发经济的活力，提高经济发展水平。共享经济以人为本，让人们有获得感的功能，平衡了各种利益关系，实现了多元化的分配方式，这也是共享经济为什么能够得到企业与消费者广泛喜爱、支持和积极参与的原因。

第七章

共享商业模式的顶层设计

共享经济的迅速崛起和发展并非偶然，伴随着经济水平的发展，消费日益多元化和细分化，传统粗放型商业模式已经不能完成资源的高效配置。而共享经济能有效地调整供需环境，将闲置及新创资源进行合理配置，更好地满足差异化的需求。同时，共享商业模式借助互联网形成了全新的社交信赖体系，并通过社群和分享的方式，颠覆着传统产业形态的发展。

社会发展仍将继续，经济改革仍将进行，共享经济对传统经济的颠覆也并不是变革的最终目标，这只是经济转型阶段。共享经济的最终目标是对传统产业的商业模式进行重新构建，让新时代的商业模式更加符合社会及市场的需要，为人们创造更便捷丰富的美好生活。

在探讨了这么多共享经济的内容之后，我们需要搞清楚的是哪些产业最容易发展共享经济？如果一个企业或领域适合发展共享经济，适合构建共享经济商业模式，又该从哪些方面着手？构建共享商业模式时，又会出现哪些误区？这些才是我们研究共享经济的最主要的目的。

第七章 共享商业模式的顶层设计

适合发展共享经济的产业

共享经济的一个具体表现就是个体经济借助于互联网技术"回归"。以出租车市场为例，在传统出租车公司尚未形成、私家车开始普及的阶段，居民对出租车服务的需求只能通过非正规的出租车个体户来满足。然而，信息不对称带来的高昂交易成本使得这种由出租车个体户构成的市场一直难以扩大。传统出租车公司的出现带来了标准化、正规化的服务，降低了交易成本，激活了市场的需求，传统出租车公司取代出租车个体户占据市场主流地位。

然而，滴滴、Uber等共享平台填平了阻碍原始个体经济发展的"信息鸿沟"，信息成本下降、信息不对称的减少使得市场型交易成本开始低于企业型交易成本，最终的结果就是，相对于传统出租车公司的出租车服务而言，机会成本具有天然优势的快车、专车、顺风车等出租车个体户能够实现对消费者需求的更高效响应、更优质服务，最终促进出租车个体户强势回归出租车市场。简而言之，在共享经济的颠覆性作用下，个体经济借助于移动互联网、云计算、大数据、物联网等互联网技术强势回归。

相应地，共享经济的颠覆性更多地体现在那些在技术条件上能够以个体户的形式存在，但由于交易成本过高，不得不以企业的方式提供产出的产业中。也就是说，**凡是能够被共享经济颠覆的产业，都是适合发展共享经济的产业。**

共享经济之所以能够颠覆传统企业模式，是因为这些企业的资本分割性较强，存在单个劳动者用一小部分甚至无需资本就可以单独提供产出的可能性，也就是具备"个体经济"的技术可能性。例如，有一辆车就可以成为Uber或者滴滴司机；有一栋房子就可以成为Airbnb或者小猪房东；甚至没有什么实物资本也一样可以成为共享平台上的讲师，只要你具备足够的认知盈余；或者在共享平台上做兼职厨师或者理发师，只要你的手艺过硬。

在目前的状态下，难以想象在炼钢这种资本分割性较差或者说不可分割的产业，一个劳动者单独用某个熔炉就可以为消费者提供钢铁产出，也就是说在第二产业中企业的资本通常存在技术的不可分割性，那么第二产业就是不适合构建共享经济的产业，但也有例外，比如在一些出现产能过剩但又可以面向社会释放产能的加工制造领域，就可以实施并实现生产能力的共享。另外，电力、燃气及水的生产和供应业目前就应用了移动互联网、云计算、大数据、物联网等互联网技术，这算不算共享经济呢？很难说，因为本来这些行业就具备原始的共享经济性质，再加上互联网技术的应用，当然也得算共享经济了，只不过这属于政府主导的共享经济内容。

说到第二产业，就不得不说第一产业，按照个体经济的特征和资本分割性强的特征，农业领域当然是非常适合发展共享经济的，因为中国的农业差不多一直都是小农经济形态，除了人民公社那一段，中国的农业应该一直都属于"个体经济"，因此在农业领域也非常适合开展共享经济。总结来说，第一、第二产业领域适合发展共享经济的产业并不多，不具有普遍性。

而在第三产业领域，情况则大大不同，整个第三产业资本可分割性较强，因此，共享经济的颠覆性影响更多地体现在第三产业中，换句话说，第三产业领域中的：交通运输、仓储和邮政业、信息传输、计算机服务和软件业、批发和零售业、住宿和餐饮业、金融业、房地产业、租赁和商务服务业、科学研究、技术服务、环境和公共设施管理业、居民服务和其他服务业、教育、卫生、社会保障和社会福利业、文化、体育和娱乐业、公共管理与社会组织等产业领域，都是比较适合开展共享经济的产业领域。

但同时我们也看到，在第三产业内部，共享经济对不同企业模式的颠覆和重构程度也不尽相同。这部分取决于现存的企业模式是如何形成的，是政府在判断市场交易费用和企业内部交易费用孰高孰低之后形成的？还是市场在比较这两类交易费用后形成的？如果是前者，这意味着企业模式刚性较强，难以及时顺应新形势的变化，难以及时消化吸收相关冲击。而通过后者形成的企业模式灵活性很强，能够及时消化吸收共享经济造成的冲击，扬弃旧模式，演化成适应共享经济的新模式。比方说，特许经营制度形成的出租车公司，实际上长期依靠行政垄断生存，制度刚性强、市场意识差，面对滴滴、Uber 等共享经济的冲击，并没有及时做运营形态的调整以适应新的挑战，导致出租车公司和司机与滴滴、Uber 等平台和司机之间的矛盾愈演愈烈，甚至演变为直接冲突。

而一个正面的例子就是网络电商与实体卖场之间从冲突到合作。与共享经济一样，网络电商也是互联网时代出现的新生事物，一度是以实体卖场革命者的姿态出现，但是实体卖场作为市场自发形成的企业组织，灵活性强，能够及时响应新形势的挑战，迅速在互联网时代找到了充足的线下渠道这一比较优势，从而使得网络电商非但没有革实体卖场的命，而是如马云所讲，形成了"互联网公司的机会未来 30 年一定在线下，而传统企业的希望一定是在线上"的共识，并出现了京东与永辉、阿里与苏宁各自联手打造成 O2O 的新业态。

也就是说虚拟和现实、线上和线下最终一定是统一的，紧密地整合在一起的。

共享商业模式设计的意义和依据

在"互联网+"及共享经济环境下，有的人和企业可能仍旧以传统商业模式寻求发展，可能是因为他们所处的行业受到的冲击较小，亦或许是对未来市场的敏感度较差，不愿意改革或者觉得没必要改革。而有的人和企业则是积极迎接变革，进行商业模式的重新构建，也有的人和公司在创业之初便具备了"共享经济"的基因，他们不需要再像传统企业那样面临着转型、升级和商业模式的重构，没有包袱，甚至有些创业企业一开始着眼点就是全新行业、全新市场。

无论是全新的共享商业模式设计，还是传统商业模式的重构，都要先搞清楚自身共享商业模式设计的意义与依据。本末倒置、先后错乱，只会离事情的真相越来越远。**有道无术，术尚可求也，有术无道，止于术**。以道生法，智慧才能无穷无尽。

即便是坚守传统商业模式的企业，也要对共享商业模式的设计原理有所了解，知己知彼也是有必要的，拒绝学习只能让自己陷于被动。

没办法，这是一个残酷的现实，世界变得太快，打个盹的功夫，周围的一切全变了，因为你在睡觉，别人却在赶路。事实上我们也已经不能用龟兔赛跑来形容企业之前的竞争了，现状是当兔子睡觉的时候，乌龟已经坐上飞行器。当今时代的变化已经不单是数量级的变化，而是很多事情都积累到了质变的关口，一触即发，变化可能就在瞬间。

因此，在面临经营思维转变、商业模式重构的局面下，首先我们要树立正确的或者更符合时代特点的"价值观"，唯有正确价值观指引下的行动才是正确的行动，而不是为了行动而行动。同时要树立正确的价值观，就必须搞清楚我们为什么这么做，这么做的意义和依据是什么？

第七章　共享商业模式的顶层设计

一、共享商业模式设计的意义

共享经济除了对传统商业模式造成"颠覆式创新"之外，对社会还有多方面的影响，以致大家对共享经济褒贬不一。那么，共享经济对社会的正面影响主要表现在哪些方面？**共享经济在高度机械化、纪律化、标准化的社会化大生产之外，给了供求双方更自由的选择、更自由的供给以及个性定制的可能性，从而在一定程度上使得共享经济具有了"自由人"的联合意志。**共享经济这种"自由人"的联合形式，有助于供求双方跨越信用缺失障碍，更自由地达成交易。共享经济使得个人更自由地进入或退出社会生产，有助于缓解人的"异化"问题，有助于推动不合理制度的优化，推动经济更自由地发展。

共享经济有利于解决信用缺失问题，提升经济运行效率。共享经济是高度依赖信用的经济模式，没有信用，难以想象一个消费者会放心地去乘坐陌生人的车或者住到陌生人的家里。从博弈的角度来看，一次性博弈难以淘汰信用缺失的玩家，只有无限重复博弈才能暴露每个参与者的信用度，进而激励整体信用水平的提升。在新互联网时代到来之前，这种理想的重复博弈方式难以实现，而新互联网技术使得每一个普通消费者（供给者）可以便捷低廉地观察到潜在供给者（需求者）的信用度，从而做出理性的抉择。

移动互联网、云计算、大数据、物联网等技术使得每一个作为互联网节点的个人时刻处于无限重复博弈的交易环境下，珍惜并提高自己的信用度成为理性抉择，最终导致一次博弈下互相不诚信的"囚徒困境"被打破。共享经济这种"提高诚信、有利自己"的正向激励特点，将会通过在个体之间重建、新建信用关系，逐步在全社会形成信用意识，不断提升整个社会的诚信水平，平衡因信用缺失造成的经济摩擦，最终促进市场经济运行效率的提升。

共享经济可缓解人的"异化"问题，促进经济和谐发展。社会化大生产在极大地促进了生产力发展的同时，也造成了人的异化问题。流水线上高度紧张、机械的作业方式，让人"异化"为工具，比如引发了"富士康跳楼"等社会问题。

只要分工还不是出于自愿,而是由外力形成的,那么人本身的活动对人来说就成为一种异己的、同他对立的力量,这种力量压迫着人,而不是人驾驭着这种力量。相比于正规就业而言,共享经济在闲置时间使用闲置资源赚些"闲钱"的特点,让从业者比较自由地进入或退出社会生产过程,因个人对社会的依赖而导致的强制劳动和被迫劳动问题也随之缓解。共享经济增加了普通人的发言权,增强了劳动者对个人生活的掌控度与自由度,更符合经济发展提高人的幸福感这一本质目的,有利于促进经济和谐发展。

共享经济有利于推动制度改革,释放经济自由发展的活力。作为一种强制性力量,即便是不合理的制度也难以及时转变或撤销,这会严重抑制经济活力。以出租车行业为例,出于确保服务质量、缓解交通拥堵的考虑,出租车实行特许经营制度,但是巨大的寻租空间导致了一线司机与出租车公司之间的矛盾。抗议高额份子钱的罢工事件时有发生,并衍生了规模庞大、混乱经营的"黑车"市场。由于制度高度固化,即便有这些严重的问题,特许经营制度也难有改变的趋势。

以滴滴打车、Uber为代表的共享经济正在迅速改变这种局面,混乱经营的"黑车"市场在互联网的重组下开始自发地规范化发展,移动互联网、云计算、大数据、物联网等技术在疏解交通拥堵、提高服务质量方面展现了"科学技术是第一生产力"的巨大能量,对出租车特许经营制度正在构成最沉重的打击,有可能促进这一制度的优化,释放出租车行业的巨大活力。

二、共享商业模式设计的依据

要想创建先进的共享商业模式,当然就要有别于传统的商业模式,究竟如何判断我们所构思或创建的共享商业模式是否是市场所需要的?是否是消费者所乐意接受的呢?这是一种倒推的算法,就是一切以市场营销的实效作为依据,策划得再好,不能在市场中产生实际的、积极的效益,消费者不买账,那么一切的努力都付之东流,正所谓:方向不对,努力白费。

成功的共享商业模式的结果,将是我们设计共享商业模式的重要导向和重要依据,搞清楚这些,才能树立正确的价值观,才能制定正确的行动方案。

我们可以从以下 3 个方面对我们所构建的共享商业模式进行判断和验证：

其一，是否能重构体验的颠覆。这种颠覆并非对原有业务的体验进行改良或放大，而是革命性地产生变化。不是比原有体验好 10% 或者 50%，而是比原有体验好 5 倍、10 倍。体验消费将是未来最主要的消费趋势，事实上，当竞争对手能够提供比我们更好的商品体验或服务体验时，我们已经输了，用户在商品和服务极大丰富的商业环境下，有了更多的选择权和决策空间，用户已经无法再容忍那些不真诚的商品和服务，在信息足够发达、信用机制足够完善、数据分析更加科学的将来，如果我们的商品和服务不够完美，用户可能一次机会都不给我们。

其二，是否能重构商业价值。整个共享经济的大前提，是建立在碎片化时间以及闲置资产基础上的。共享商业模式，是否能够真正释放碎片化时间的价值，是否能够真正释放闲置资产价值是关键。因此，很多经济领域的商业价值都将受到冲击和改变，如何能够体现新时代的商业价值，更能满足大众的消费价值需求，构建更加合理的商业价值结构，是共享商业模式成功与否的关键导向和判断依据。

其三，是否能重构连接。以互联网为基石的共享经济形态，人与人、物与物、人与物的连接方式，发生了量到质的转变，每每我们在惊叹连接变化的同时，背后可能是连接内容超越了我们的传统的空间想象，可能是连接的时间不可思议，可能是连接成本有了极大地降低，这与传统的商业思维完全不在一个维度上，如果一个共享商业模式所建立的连接形式不能被我们惊叹，如果新建立的连接只是加大了力度而没提升维度，那注定不是一个成功的共享商业模式。

共享商业模式的顶层设计要素

共享经济企业在过去十年不断摸索和创新，成就了许多独角兽企业。这些成功的共享经济创业企业，在共享资源的发现、技术的创新、运营的机制方面都有其独特的领悟和实践，也值得更多共享经济创业者的学习。

任何一个事物的存在都是由诸多因素组成的，同时又是一个完整的体系，《道德经》中说：道生一，一生二，二生三，三生万物。这是对客观事物存在的描述，而要从主观角度设计一种新的事物，就必须要采用相反的逻辑，就是：万合为三，三合为二，二合为一。当然这些数字只是象征性的概念，而非具体的数字，意思是说，要进行一个事物的顶层设计，我们就要将众多的有利条件与合理因素逐渐地进行整合，使其形成一个有机的运行整体。

要进行一个共享商业模式的顶层设计，道理同样如此，我们必然要考虑到必要的因素，创建一个标准化、流程化、自动化和可复制化的商业运营体系。

我们对全球范围内模式优秀及赢利领先的共享平台企业进行深入研究，发现要设计一个成功的共享商业模式起码要具备以下六大要素：

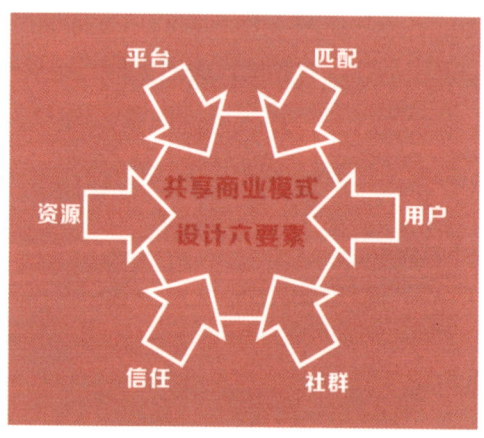

图7-1

一、充裕的闲置资源和可创新资源

共享经济以盘活闲置资源为基本方向，同时也可将一种创新资源实现共享。

对于闲置的资源，是否可以实现共享，我们可以从3个方面来评判：

第一，充裕性。社会闲置的资源有很多，但并不是所有的闲置的资源都有被共享的价值，必须是有一定规模的闲置资源，才有价值运用共享商业模式来完成共享；

第二，存在信息不对称。闲置资源在充裕的条件下，其又存在流动性稀缺与信息不对称的情况；

第三，标准化。能找到充裕而又信息不对称作为切入点，标准化程度还要足够高，因为能快速扩张的一个前提是在不考虑进入新市场的前提下，流程可以标准化，这样才能迅速复制业务模式，进行快速扩张。

对于可创新的资源，能够实现共享主要看其市场的接受程度，我们可以从4个方面来评判：

第一，解决市场痛点，能够实现共享的创新资源，必须是建立在解决市场痛点的基础上，能够满足人们的新需求；

第二，可打造成爆款产品。只有爆款的产品才能被市场所接受，短期内吸引人们的眼球，快速引爆市场，用户量激增；

第三，标准化，新创资源同样需要高度的标准化，当然这种标准化是可以提前设计的，是人为做高的标准化资源；

第四，新创资源供应充足，新创资源一旦生产出来进入市场，就要保证新创资源的后续生产供应。

二、激发网络效应的平台

互联网模式下的商业平台让买卖双方直接在网上进行交易，连接了以往缺乏有效连接渠道的两个用户群体。而到了共享经济时代，共享平台模式将连接供应与需求的商机无穷放大，一边是优秀的可共享的资源，另一边是海量需要使用这些资源的人们，供和需在平台上无尽循环，释放出惊人的能量。

首先，成功的共享平台，应该能激发正向的同边网络效应，就像微信，当人们看到越来越多朋友在上面分享自己的生活，就会也产生加入的兴趣。等用户到达一定量，就会激发正向的异边网络效应，越来越多的第三方应用程序（另一边用户）也会入驻。

其次，在构建平台模式的时候，还有一个非常重要的问题需要思考，那就是先吸引供给侧的用户群体？还是先吸引需求侧的用户群体？或是同时吸引两边用户一起入驻？这也就是"先有鸡还是先有蛋"的问题。在平台模式的历史上，尤其在共享平台的发展过程中，一般有多种策略可以采用，如补贴策略、用户顺序策略、双边同步与转换策略等。

三、满足供需高效的匹配

共享经济的资源所有权在底层，资源使用权在表层，在商品上私有，但在服务上变为公有。共享平台理论上可以盘活几乎所有闲置的资源，也可以创新出新的消费资源，供需求者选择。但这都需要建立在供需双方高效匹配的基础上，也就是说，能否运用共享平台实现供需双方的高效匹配，是共享平台成功与否的关键，没有匹配就不会有交易，没有交易就不会有效益。

当然建立高效的匹配程序又是需要具备诸多条件的，信息交互、决策依据和物流配送都是共享平台匹配程序的一部分，匹配程序不只是将供需双方拉到一起对话这么简单，它是一个闭环，整个交易完成，才是一个匹配程序的结束。

因此，为了更高效地进行供需匹配，需要建立筛选与过滤机制，削减流程中的降速环节，同时，尽可能地提供推荐选择。

特别在动态供需环境中，还需要增加供需关系透明度，刺激高峰时刻的供应，以及充分应用价格杠杆。在这方面，滴滴出行的一键叫车、溢价算法以及动态定价机制堪称业内榜样。

四、规模增长的用户

没有规模，就不可能存在财富容量，共享平台运用的是用户思维，而不是顾客思维，持续地吸引更多的用户，促进用户规模的增长，是共享平台存续的关键。只有当用户达到一定规模的时候，共享平台才能达到引爆点，也大大提升了共享平台发展的稳定性，而同时，参与用户开始超越新用户想加入的最低意愿阈值。那么，究竟该如何获取用户，从而达到引爆点的规模呢？用户群被引爆后，又该如何绑定用户，防止他们流失呢？

在供应侧，首先可以采取传统的地推方式，积累第一批种子用户，并逐步扩大；其次是使用高科技的手段，就像 Airbnb 在发展初期使用的增长黑客（Growth Hacker）策略，充分利用 Craigslist 等既有平台的资源。

在需求侧，除了大家耳熟能详的口碑营销，消费者互相推荐之外，还可以利用免费试用、激发好奇、沉浸体验、场景加速器等策略。

当用户规模发展起来后，主要的挑战就转变为如何绑定用户。因此需要提高用户的转换成本，尽量封闭用户流失出口，构建良好的品牌和用户体验以及建立用户的归属感。

五、共情的社群

用户归属感的建立，最有效的方式便是围绕共享平台建立社群，在用户间产生互相依存的力量，并让用户感觉到自己能在这个群体中发挥影响力。

建设社群，首先，就要基于共同的志趣和价值观，构成核心用户群体，这些人具有极强的归属感，是社群的中坚力量。他们构建了一种亚文化，价值观非常明确，态度非常一致，社群规则能被友好地贯彻，他们不容易流失，还能帮助企业去获取更多的新用户。关于这一点，大家可以仔细研究研究小米，曾经有一位朋友说过：无论你先入手的一款小米产品是什么，你都会发现越来越多的小米产品来到你的身边，社群共情的力量发挥了很大作用。

其次，不但在线上要做好，也要做到线上与线下的结合，社群也需要线上与线下的互动、线上与线下的结合。因为这样，才能更好地增进用户与用户之间、用户与企业之间的接触与交流。

再次,社群也需要良好的管理与运营,使得社群的发展与企业的整体发展相一致。缺乏管理的只能称为"群众(Crowd)",而有管理与运营的才能成为社群(Community)。

六、基于信任的秩序

根据普华永道2015年的调查,尽管有超过80%的被调查者认为共享经济让生活变得更美好,但也有69%的被调查者认为信任可能是一个问题。因此,如何构建共享经济世界中的信任感,是其成功商业化需要解决的可行性基础问题。在国外,成熟的个人信用体系是确保安全的基础,比如美国的FICO。除此之外,个人在社交平台的信息和数据,也是一个很好的参考依据。另外,共享经济企业通过在运营流程上的环节来把控,包括事前进行把关,事中引入处理问题与争议的机制及全程全范围的监控与分析,事后需要双方进行评价并有处理机制等。此外,还要在支付、保险等关键环节建立配套措施。

从历史的角度来看,共享经济这一商业模式才刚刚开了个头,未来,还将如何演进,还会对我们产生什么样的影响,这些有待我们去探寻和思考。

共享商业模式的顶层设计实施

《礼记·中庸》中说：凡事豫（预）则立，不豫（预）则废。言前定则不跲，事前定则不困，行前定则不疚，道前定则不穷。简单来说就是准备很重要。但也不意味着一定要万事俱备，总不能在所有的准备都完善之后再行动，世上没有完美的方案，在实战中不断总结、进步、改善，才是实事求是的态度。

准备不是开始，准备只是开始前的一个重要阶段。

但往往很多创业者犯了这样的错误，以为自己很努力，其实只是把准备当成了开始，如果陷入无休止的准备当中，则有可能会失去很多机会。开始行动才是检验一个行动方案优劣的最好方式。在实战中不断学习和准备，不断用真实的发展状况来修正行动方案，或许才是最好的途径。

共享商业模式的设计，尤其是顶层设计，是共享商业模式运营实施的基础工作，也是实施发展战略意图的第一步。

一个企业要做强做大，一定要有一个做强做大的模式。很多企业做到一定阶段就做不大了，为什么？因为一开始就没设计好，一开始的模式就注定做不到。所以企业需要切实可行的顶层设计，只要路对了，就不怕路远，成功只是时间问题。

一个先进的共享商业模式究竟该如何进行顶层设计并实施，创业者应该如何推开这扇门？我们也总结了十个关键环节，供大家参考借鉴。

一、发现市场痛点

物质与服务越来越丰富，人们可享受的也更多，但同时人们的消费需求也在不断地膨胀和扩展，说起来这像是个笑话，我们一直在努力满足需求，但事实是需求从来就没有被满足过。

提供产品和服务，满足需求就是市场，而已经存在但暂时还无法被满足的需求，便是市场痛点。

如果能够出台更好的解决方案，拿出更完善或能进一步满足需求的产品和服务，或者是更完美的模式来提供服务，那么机会就出现了。别人有的我们有，别人没有的我还有，这基本上就赢了。

比如滴滴出行，就是发展了人们打出租车的市场痛点。本来没有私家车但能够打到出租车，已经是一种出行方式的进步，但当我们打出租车的时候却又会因为打车难而感到焦急，同时又想着假如司机能够到指定地点接自己就更好了。当然这在众多互联网技术成熟之前，是很难做到的，在互联网不断成熟和发展的今天，就可以实现了，滴滴出行就是在这样的条件下实现的网约车的运营。

二、设计推出差异化产品和服务

根据发现的市场痛点，设计切实可行的产品和服务，并选择合适的时机推向市场，行动方案可分为两种：

一种是草根式的马上行动，快速推出最小化的切实可行的产品和服务，不一定完美，商业模式也可能很初级，甚至可能只是一个好点子，毫无系统性可言，但这种行动方案可以通过第一批用户的体验反馈，进行快速地优化，不断地完善产品和服务、升级商业模式。这样的方式可能显得没有章法和套路，但可以在信息如此发达的今天，先入为主提前占据前沿信息阵地。也不失为一种行动方案，当然也可能会受一些现实条件的限制，比如资本不足和团队力量薄弱。

另一种是借助资本和团队的力量尽可能地做好产品和服务的前期设计，并尽可能完善地做好商业模式的顶层设计，建设好互联网共享平台，整合一切可整合的资源，然后再向市场推出，这是争取一鸣惊人式的行动方案。

无论哪一种行动方案，差异化的、能够解决市场痛点的产品和服务是先决条件，产品和服务不好，商业模式再完美也终将是空中楼阁、无源之水。

当然，无论哪一种行动方案，推出的时机都是非常重要的，没有最佳时机，但总还是需要时机，这个时机当然需要通过对市场的认知去把握。但无论如何，我们都不能总是停留在设想和准备阶段，**准备不是开始，行动才是开始。**

三、整合资源和创新资源

整体商业模式的运营，必然是围绕各种资源展开，盘活社会闲置资源是共享经济的初衷，新创资源的共享是共享经济的发展和创新，然而这些还不够，我们还需要整合更多的资源，比如资本、用户资源、信息资源等等，有利的条件当然越多越好，成功在更多的时候不是偶然的，必然是诸多有利条件的综合实现。

然后通过各种现实的、已有的有利资源的成功运营，又会有很多新资源被创新、创造出来，像滚雪球一样，越滚越大。

当然，就现在的创业环境而言，草根式的创业模式越来越难获取成功，更多新的共享商业项目，是在做好方案后，紧接着去寻求资本的助推，然后再组建运营团队、设计产品和服务、创建共享平台，再推向用户。

这是一个很好的创业途径，但没有梧桐树引不来金凤凰，所以能不能引来金凤凰，就看自己是不是一棵优秀的梧桐树了。

无论是草根式创业，还是先期就借助资本的力量，绝不可能因为一次资源整合就大获成功，我们现在所能见到的成功的共享平台，几乎没有不经历几次融资或几次整合资源的过程的。

不断的整合资源和创新资源将是共享平台长期一贯的工作常态，即便是今天最成功的阿里巴巴和腾讯，同样也在不断地整合资源和创新资源。

四、打造共享平台

共享平台是整个共享商业模式的工作中心，是一切信息的交互中心，是一切交易实现的工作平台。所以共享平台的设计与实施是整个共享商业模式设计的最重要环节，也可以说一切成败都在于此。

共享平台就是集互联网、大数据、云计算、物联网等众多互联网技术于一身的运营平台，通过基于统一的技术标准进行系统的开发，最终集中体现在企业的电脑网站或手机软件（APP）上，实现交易管理的标准化、流程化与自动化。

需要重视的是，最终检验一个共享平台是否好用的裁判，是用户，所以开发者绝不能闭门造车、一意孤行，切莫自以为是，以为自己掌握了未来。创新和标新立异可以，但不能违反规律，违反习惯可以，因为习惯有时候的确是可引导和改变的，但违反规律则就是逆天而行了。

优化用户体验是常态，是持续不断的工作重点，用户没有义务给我们最大限度的容忍，固执己见、墨守成规，对用户的意见和建议视而不见，只会拱手将用户推出门外，转头奔向我们的竞争者。

谁将用户放在心里，用户就将谁放在手机里。

五、早期用户流量引导

任何一种共享商业模式的成功运营，都离不开共享平台的用户流量，这也是共享商业模式最重要的环节，舞台再漂亮、剧本再好、演员再努力，如果没有观众，一切都是白费，都是无用功。

当然，绝不可能一开始就用户爆棚，都得有个过程。共享平台的早期用户流量的引导，是整个共享商业模式运营的首要工作。共享平台的通常做法是通过免费、补贴、增值等烧钱方式来吸引种子用户，同时种子用户的推介传播也是一种重要途径。

像我们一开始使用滴滴打车服务，大部分都是因为滴滴打车给了相比乘坐传统出租车更大的优惠。甚至有的时候不用花自己一分钱就可以享受到滴滴的打车服务，这种好事儿一定是其他人告诉我们的，当然司机不可能白忙活，他的收入是滴滴补贴给他的。

再比如罗振宇的得到，得到的早期用户流量都是由"罗辑思维"引导过来的，罗辑思维一直都是免费的，这个栏目也一直是老罗推介收费内容的最主要窗口。

一个共享平台上线，用户引流手段也无非是免费、补贴、增值等几种方式，总之**共享平台早期用户流量引导的主要思维就是以最大的代价，在最短**

的时间内，让用户得到最佳的体验，增加用户黏度，并愿意帮助平台传播。

六、引爆用户规模

有了种子用户后，在不断的用户及市场反馈中，快速迭代升级，将自己的产品和服务打造成爆款，寻求时机，实现裂变的关键点，引爆用户规模，基本上就成功了大半了。

就像滴滴出行，开始的产品就只是"滴滴出租车"，紧接着在产品成熟之后，又推出"滴滴专车""滴滴企业版""滴滴顺风车""滴滴快车"等服务，满足了不同用户的不同需求，使得任何需要出行服务的人都成为滴滴出行的用户，甚至由原先的选择性下载滴滴出行 APP，发展到不得不下载滴滴出行 APP。

这个步骤的关键就在于你的产品和服务是不是已经趋于成熟，或者是否具备了推出更多产品和服务的条件，只有爆款的产品才能引爆更多更大的用户规模。

七、打造核心竞争力

每个行业都会有竞争者，竞争无处不在，越是赚钱的行业，竞争者也就越多。在发达的信息传播环境下，我们的商业模式很容易暴露在大庭广众之下，也必然要暴露在大庭广众之下，换句话说就是我们的商业模式很容易被模仿和复制。

所以我们必须拥有竞争对手很难复制的差异化优势，也就是核心竞争力。没有或失去了核心竞争力，出局便是早晚的事儿。

每个共享平台的核心竞争力肯定是有区别的，有的是企业现实资源条件所造就的，有的是运营团队主观造就的，有的是共享平台的文化基因所决定的。总之，我们要拥有与竞争者不一样的优势，才能使用户有理由选择我们。也就是说，没有核心竞争力，消费者一点机会都不会给我们。

共享商业模式的核心竞争力打造，其实也无非几点，比如价格更低、附加值更高、体验更好、互动更好玩、更加方便、更有面子等等。一个"更"

已经道出了核心竞争力的打造是永无止境的，正所谓没有最好，只有更好。

在这个变革速度无法用经验来衡量的时代，要想长期保持自己已有的核心竞争力，几乎是不可能的。过去一个秘方卖几百年的岁月早已经一去不复返。我们曾以为以低价优势制胜的电商平台恐怕会领先传统商业模式一段时间，结果就在离电商不远的地方出现了"拼多多"。

事实是核心竞争力的"很难复制"并不代表不可复制，复制现有的商业模式只是个时间问题，那如何才能始终拥有核心竞争力，这就得不断地超越自己，打造出更新的核心竞争力，并将竞争对手始终甩在身后，就是我们常说的：始终被模仿，从未被超越。

八、建设丰富的体验场景

以上的共享商业模式设计和实施内容基本上可以满足用户的功能性需求了，但这万事大吉了吗？当然没有。《周易·系辞上》中说：生生之谓易。万事万物都在不停地变化，永不止歇，有一就会生出二。当我们购买或享受到一种商品或服务之后，新的需求也会衍生出来。就像我们去一家餐馆去就餐，本来是要享受美食的，结果我们还需要餐馆的服务态度更好，服务态度好了，我们还可能会想要老板加菜。所以就别以为基本的交易完成后就万事大吉了，作为消费者或用户，我们想要的还有更多。作为商家，我们后续需要做的事情还有很多，或者说我们提前要做到的也有很多。

有些商家可能觉得有些顾客不是熟客，反正以后不一定回头了，宰一下也无所谓，态度恶劣点也没关系，比如旅游景点的饭店，比如车站旁边的宾馆，殊不知他们这些黑历史可能已经被曝光到了网上，或者是发布到了"大众点评"上，接下来可能就没有接下来了，这家店可能就不复存在了，因为没有顾客光临了，甚至这家店连自己怎么死的都不知道。更有甚者，一家店的恶性宰客事件影响到了全民对一个城市的印象，这恐怕是在互联网出现之前无法想象的。

因此，在互联网时代，在共享经济时代，我们在基本的交易上，还要提供更加丰富、更加美好的消费体验场景，让消费者或用户获得更多的满足感，给个好评。有时候甚至连好评都不敢奢望，不给个差评就已经不错了。

再拿滴滴出行来说，如果一个车主被投诉，可能接下来他接单就会变得很困难，因为这个投诉将会被公布在共享平台上，被计算在信用值里。这也就要求车主要完成的不单只是一次载客服务，在载客过程中，车主还要服务态度良好、车辆更加清洁、播放优美的音乐，甚至还可能提供一瓶免费的水，如此等等。

在共享商业模式中，建设丰富的场景体验，才能吸引用户更多的关注和时间，完成更多次的消费，并积极传播共享平台的美誉。

九、建立良好的信用环境

信用是一个共享商业模式的基石，也是共享商业模式的运营重心之一，共享经济从某种程度上讲就是信用经济。让陌生的供需双方瞬间达成交易，如果没有良好的信用环境和信用基础，这种交易就会变得非常困难。良好的信用基础大大减少了供需双方相互寻找的时间、磋商洽谈的时间和决策的时间，让原本不太可能的交易变得可能，并且十分高效。

一个新创共享平台信用环境的设计和建设，可以从3个方面着手进行：

第一个方面，是接入或导入社会各界征信系统的信用数据，比如与其他商业平台或非商业数据库进行信用数据共享，当然要实现这样的局面并非易事，毕竟中国商业环境内的征信体系的建设和应用还没有达到理想的状态，各个征信系统之间还没有建立良好的互联通道，这也就导致共享平台在自身的征信体系的建设上要花费更多的人力、物力和财力，尤其是实力欠缺和资源匮乏的共享平台。但相信随着未来中国征信体系的不断完善与开放，一个新创的共享平台在开始阶段就能具备完善的信用数据，这将对经济的健康发展和社会稳定产生极大的促进作用。

第二个方面，就是建立自己的征信体系，通过自身对数据的收集、积累、架构设计、挖掘和分析，建立更加适合自身运营的信用数据库和信用数据应用机制，打造真正适合自身平台发展的信用环境。

第三个方面，除了与社会各界征信系统建立互联和建立自己的征信体系外，利用分布式信任网络来构建人与人之间的信任关系也是建立良好信用环境的重要内容。比如网络社群，用户可以在社群中进行线上交流情感、交换信息，还可以在线下一起参加活动，来建立彼此之间的感性信任，正所谓：数据不够感情来凑。

十、挖掘技术与数据的新动能

创业容易守业难，当一个商业模式具备了一定生存能力，剩下的就是呵护它的成长，运用科学的运营管理，让共享平台获得持续生长的新动能。

企业运营管理与社会治理一样，无非通过 3 种手段：文化、制度、技术和数据。

在越来越繁杂的商业体系中，企业文化能够满足的只是人更高级的心理需求层面，而在具体的物质需求层面、具体的管理事务中，企业文化的作用微乎其微，它只对高度自觉和高度认同企业文化的人起作用。

规章制度不可能总是被深刻地铭记在我们的心里，具体的业务运营中，我们不可能做到每一项工作都能完全依据应该遵守的规章制度，扯皮的事情经常发生。所以，更多时候，那一个个的规章制度大多数只不过是带字的纸或墙上的画罢了。规章制度的管理滞后性，我们早已司空见惯，也就是经常是业务有了问题，我们再去规章制度里找依据和解决方案。犯了错，再用规章制度来惩罚，已经晚了。

比如公司倡导早九点上班，这属于企业文化，但一定会有的人十点才到；比如公司规定早九点签到上班，迟到就罚款，这属于规章制度，但一定会有人明明迟到却签一个不迟到的时间；但如果公司运用了指纹或面部识别考勤机，这就是属于技术和数据层面，迟到的问题就在最大程度上得以解决了。

所以相对于文化和制度，最靠谱的还是技术和数据，当然技术也不是绝对靠谱，只是相对靠谱而已，用指模套蒙混指纹考勤机的事相信很多人都不陌生。道高一尺，魔高一丈，当人性中的恶被放出来时，任何的管理意愿都将失去效用。

通过技术和数据手段，来弥补人治的不足，恐怕是未来组织经营管理的最有效方式。让技术和数据说话，让决策的流程变得自动化，贯穿于经营管理的各个环节，这必将成为未来商业模式的运营基础和发展趋势，因为可操作性和可复制性更强，更能适应共享商业模式的运营需求。

就共享平台的运营而言，技术越先进、数据越庞大，运营的依据也就越充分，标准和流程越完善，运营风险也就越低，也就越能获得用户的信任，因为人们在理性消费层面，更愿意相信技术和数据，而不是文化和制度，更非人性。

因此，注重数据的收集和深度挖掘数据的价值空间，不断提升技术手段，才能使共享平台不断获得新的发展动能，用户的信任度和黏度才会不断增强。

试想如果移动支付技术达不到应用需求，我们在用完滴滴出行后用现金付款，交易风险就会增加。如果地图和导航技术达不到，那恐怕用网约车还不如用传统出租车方便，因为网约车司机不太可能会比出租车司机更熟悉路况。这就是技术和数据的能量，没有技术和数据的运用，新时代共享经济也将无从谈起了。

十一、共享平台进化与扩展

可持续发展可以说是每个企业的目标，面对日趋激烈的市场竞争，要想实现可持续发展可以说更是难上加难，生存和发展都是需要空间的，不抢滩登陆就会被对手打回到海里，不抢占空间，空间就会被别人抢占，现实就是这么残酷。我们人类本身就是在残酷竞争中的胜利者或幸存者，如果不是7万年前的智人进化到可以打败尼安德特人的程度，那恐怕也不会有我们今天的人类了，今天的人类都是智人的后代。

共享平台的进化就是自身能力纵向的发展，打铁还得自身硬，抢地盘得有好身板儿。没有哪一种商业模式可以永续存在，必须要根据用户不断增长的需求、市场条件的变化进行迭代升级，完成持续进化。这种进化是全方位的，是系统化的，当然也是不能急于求成的，步子迈得太大也不见得是好事儿，比如我们用的微信，假如一开始推出时就是今天的版本，恐怕用户会手足无措，很可能会被吓跑，商业模式也需要一个渐进的、适应的过程，欲速则不达。

在平台纵向不断进化、不断发展的过程中,还要与社会各界展开横向的业务扩展与多元合作,延伸到可能延伸到的领域,做到你中有我,我中有你。

竞争依然存在,但竞争的格局已经发生了天翻地覆的变化。今天我们看到的更多的局面是,大家可能在某一个领域是竞争者,而在另外的领域又是合作者。比如阿里巴巴和京东在电商领域是竞争者,但他们又都投资了中国联通,他们又成为合作者。同时阿里巴巴和京东背后又存在共同的投资者。

或者今天的竞争者,明天可能成为合作者,比如优酷和土豆争着争着,争成了优酷土豆,比如滴滴和快的打着打着成了一家人,后来又和优步(Uber)打成了一家人。

竞争的格局变了,基层竞争变成了顶层竞争,短兵相接变成了高层会晤,商家与商家不再会为了顾客进门而打得头破血流,而是平台与平台之间的润物细无声的用户吸引。

更多的时候甚至可以说,竞争还没开始,就已经结束了,这有点像春秋时期国与国之间的战争,只要将军们之间分出高下,仗就算打完了,士兵的伤亡并不大。甚至可以只凭双方的阵容,就可以判出高下了。然后就是声名远播,邦有道而天下归之了。正如孔子所说:……上好礼,则民莫敢不敬;上好义,则民莫敢不服;上好信,则民莫敢不用情。夫如是,则四方之民襁负其子而至矣……

第七章 共享商业模式的顶层设计

成本是永恒的话题

成本恐怕是最古老的经济杠杆，任何时代的经济发展与商业竞争几乎都是围绕着成本展开。

我们知道，传统企业的形成与存在和交易成本紧密相关。新制度经济学鼻祖科斯指出：企业本质是一种资源配置机制，市场和企业是两种可以相互替代的资源配置方式，企业最显著的特征就是对价格机制的替代。两者的区别在于：在市场上，资源配置由价格机制自动调节；在企业中，资源配置由权威的组织来完成。但无论用市场机制还是企业组织来协调生产，都会有成本。企业之所以会出现，是因为有些交易在企业内部进行比通过市场进行所花费的成本要低，但是企业内部交易成本也随着规模扩大而增长，而且企业越大，管理成本可能越大。当在企业内组织交易的成本增加到等于市场组织交易的成本时，企业的优势也就不复存在，而交易成本更低的、更适应市场需要的共享经济，在互联网的助推下就出现了对传统商业模式的颠覆式创新。

有人说，共享经济的本质是整合线下的闲置物品或服务者。这种观点只看到了事物表面，而没有看到事物的实质。历史上任何一种新的经济形态或商业模式的产生和普及的关键在于能否通过制度、组织的创新使交易成本最小化。如企业的存在是为了节省交易成本，这是科斯当年的重大发现，企业这种组织之所以能替代市场是因为市场上的交易成本太高。

当互联网出现以后又产生了去中介化（组织）和再中介化的问题，现在所谓的平台经济就是以互联网为依托的组织形式。没有平台经济就没有共享经济，它就类似于科斯当年所发现的企业。就像企业的存在是为了节省交易成本一样，共享经济的实质也是交易成本最小化。

还有人说，共享经济的核心是提高商品和服务的效用价值，这与上面的说法有类似之处，这种提高是通过共享来实现的，但是共享的前提是交易费用的降低。只有当互联网特别是移动互联网发展起来以后，共享经济才在各行各业得以产生，它会对生产、交换、分配及消费各领域产生深刻的影响。

一、共享经济的实质是交易成本的最小化

共享经济是如何使交易成本最小化的？科斯说过：因为交易成本太高，许多潜在的交易无法产生。共享经济就是科斯所说的因为过去交易成本太高而没有产生的一类经济活动。因为互联网技术的发展而大大地降低了交易成本，从而使专车之类的共享经济得以产生。共享经济的本质，在于降低交易成本，使原来不可交易的资源进入可交易的范围。有些资源，虽然有供给也有需求，但是，由于相互寻找、讨价还价、订立合同的成本太高，所以无法进入市场交易，只能闲置，而移动互联网的出现降低了交易费用，使得这些资源变为"可交易的"，从而产生庞大的共享经济规模。如科斯所说，交易费用的水平当然也受到技术因素的影响，一个例子是今天被广泛讨论的网络技术的发展对交易费用及产业组织的影响。交易费用中的大部分是搜集信息的费用，而自从网络事实上降低了获取信息的成本后，也就降低了交易费用。

共享经济的一个颠覆性影响是互联网及移动互联网的形成导致交易领域的革命，它降低信息不对称、减少交易成本，从而导致传统企业边界收缩。互联网提升了信号传递和信息甄别的效率，提高了匹配需求与供给的效率。基于大数据下的信用记录加强了市场主体的信用约束，而社交网络的扩展有利于实现规模效应。这些变化导致企业的边界的变化和个人与组织关系的变化，互联网和云计算在局部上大幅降低了企业间的交易成本。消费者通过互联网和云计算的消费过程也创造出新的专业化价值，并带来个体经济的强势回归。互联网及互联移动减少了获取价格信息的成本、比较的成本，尤其重要的是使过去被认为不能进行的潜在交易变成了可实现的交易，更重要的是它解决了从人格化交换到非人格化交换中的问题，使远距离的陌生人的交易成为可能，解决了信息不对称中的一些问题。共享经济既不是科斯传统意义上的市场，又不是传统意义上的企业，即出现了"科斯地板"下的新的商业模式。

共享经济通过制度和经济组织形式的变化来降低交易成本。没有组织形式的变化，没有互联网及移动互联网的技术创新也难以产生共享经济的商业模式。其商业模式创新的逻辑一是消费者因为交易费用的下降从过去的"以买为主"转向现在的"以租为主"。二是组织形式上使一部分企业去中介化和再中介化。去中介化和再中介化实质上是把过去的个人与企业的雇佣关系转变为个人与共享平台的合约关系。这实际是用一种合约取代另一种合约，新的合约可以降低交易成本。这个过程表明互联网技术变化需要组织创新去实现新技术的潜力。共享经济中的去中介化和再中介化就是通过组织创新去实现移动互联网技术的潜力。三是共享经济使一部分经济活动由"劳动者——企业——消费者"的传统商业模式转向"劳动者——共享平台——消费者"的共享模式。互联网及移动互联网使马克思的"自由人"联合体的构想在一定范围内得以实现，因此共享经济预示着人类经济社会关系的重大变革。

共享经济验证了奥斯特罗姆提出的观点：在有些情况下，社群对资源的使用和管理的交易成本比市场和国家下的交易成本还要低。这是因为社群在不断沟通和协调基础上所作的制度安排比外部强加（如政府）的制度更有效。互联网营造的无数个或大或小的公共空间为集体行动创造了更好的条件，并且互联网基础上的集体行动还不受时空的限制。

二、共享平台匹配供求双方，降低交易成本，实现资源的最佳配置

这些共享平台既有市场的功能但又超出了传统的市场，它突破了传统市场的时空限制，这是对传统市场经济配置资源理论的又一种拓展。如前所述，去中介化与再中介化的过程就是建立共享平台，这些共享平台企业并不直接拥有固定资产，而是利用移动设备、互联网支付等技术手段有效地将需求方和供给方进行最优匹配，通过撮合交易，获得佣金，从而达到双方收益的最大化。

市场交易可分为匿名市场交易与非匿名市场交易。价格机制是匿名市场交易成功的关键。比如，在股票市场上买卖股票不需要知道你是跟谁达成了交易。但是，在劳动力、器官移植等非匿名市场交易中，供求双方都需要了

解对方详细的信息。这些交易在对象之间存在很强的单向或双向选择性，价格机制对他们来说不足以解决问题，为此需要非价格机制发挥作用。这就是现代经济学中兴起的匹配和市场设计。

共享经济中的共享平台实际上是一种匹配程序，是供给与需求者之间的中央派位制度，它大大地降低了交易费用。而对于分享经济平台而言，规模效应明显。假如一个区域只有一两台车运营，肯定让用户体验大打折扣。所以，《认知盈余》一书中认为PickupPal（类似于顺风车）创造了集合价值（Aggregate Value），用户越多，匹配的可能性就越大。可见，只有建立在一定体量的基数之上，通过信息交互、系统撮合，需求的匹配才能达成。互联网使潜在的交易变成现实的交易，潜在的需求变成现实的需求。经济学强调对专业化、分工的研究，而对交易的研究不够。信息不对称问题在一定程度上被移动互联网所解决，这也会引起经济学研究的变化。

第八章

共享经济的未来

共享经济越来越火爆,已经成为新"风口",商家与资本竞相追逐,纷纷向往。共享经济因其给大众带来的便利、对社会资源配置的优化、对社会经济的促进,已经被越来越多的消费者所接受。以市场为导向的共享经济,必然在未来形成巨大的经济动能,对人们的生活和社会的发展产生颠覆性、创新性的改变。

但未来的共享经济究竟会是什么样子?恐怕很难做出准确的预测,就像10年前,谁也无法准确预测今天的共享经济局面一样,但我们总还是可以凭着经验找到一些痕迹,从历史中寻找未来的端倪,以便能够把握时代的脉搏。

共享经济从 2.0 到 3.0

自从有了计算机，自从有了互联网，整个地球的转速都仿佛变快了，再加上移动通讯和移动互联网的发展，整个世界都变了模样，无论是人的思想还是社会的面貌，都发生了翻天覆地的变化，任何事物好像都呈几何式发展。说起来，共享经济一直都存在于社会经济之中，只不过没有出现过"共享经济"这个名词而已，所以一般说来，"共享经济"就是指现在的基于"互联网+"思维，运用现代信息通讯技术和互联网共享平台，运用大数据、云计算、在线支付和物联网等技术手段，把具备共享条件的资源实现大众共享，最终达成多方获益共赢的经济形态。本书中也经常使用"新时代共享经济"来总结定义，前文中我们也说过"新时代共享经济"就是"共享经济2.0"版本，"共享经济2.0"版本也泛指移动互联网时代的共享经济。

移动互联网时代的共享经济之前的PC互联网时代，我们称作"共享经济1.0"版本。

那接下来就是"共享经济3.0"版本，如果说"共享经济2.0"版本是依托移动互联网，激活闲置存量为主，那"共享经济3.0"版本就是以依托移动互联创造新价值为主。

共享经济1.0 = 共享经济初期阶段 = 小众低效参与 + PC互联网 + 激活闲置存量（如58同城、赶集网等）

共享经济2.0 = 共享经济中期阶段 = 大众高效参与 + 移动互联网 + 激活闲置存量（如滴滴出行、途家网等）

共享经济3.0 = 共享经济发展阶段 = 大众高效参与 + 移动互联网 + 创造价值增量（如得到、猪八戒网、新创板等）

非常明显，共享经济的这几个阶段最大的区别是，共享经济1.0和共享经济2.0都是分蛋糕，而共享经济3.0才是创造蛋糕。共享经济3.0时代已经到来，并将走得更远更好，是更加良性健康的服务经济。

"共享经济3.0"和"大众创新、万众创业"存在重要的关联。大众创新、万众创业是推动发展的强大动力,是发展共享经济的重要推手。目前全球共享经济呈快速发展态势,是拉动经济增长的新路子,创业创新通过共享、协作的方式来搞活经济,门槛更低、成本更小、速度更快,这有利于拓展我国共享经济的新领域,让更多的人参与进来。

PC互联网时代,信息发布变得相对便利,但共享的成本仍不抵产生的效用,那时的共享更偏重公益和兴趣,这时是"共享经济1.0"版本。移动互联网时代来临,需求信息的发布更加即时和随处可为,需求的响应也变得迅速和精准,"共享经济2.0"浪潮来临。可以这样描述"共享经济2.0":构建平台高效激活闲置存量。就像共享经济1.0到2.0的演进源于PC互联网向移动互联网进化所迸发的巨大影响力,"互联网+"的理念也是在此背景下应运而生。这也解释了"共享经济2.0"与"互联网+"为何如此紧密相连。新一波的创新创业浪潮就是在这样一个大背景下产生的,随后各国纷纷展开研究和实践,相关的理论也随之产生。

对"互联网+"现象最早的总结可以追溯到2012年11月易观国际董事长兼首席执行官于扬在易观第五届移动互联网博览会的发言。随后中国政府也在官方正式文件中提及了"互联网+"的概念。最具影响力的就是2015年7月4日经李克强总理签批国务院印发的《关于积极推进"互联网+"行动的指导意见》。"互联网+"是创新2.0下的互联网发展新形态、新业态,是知识社会创新2.0推动下的互联网形态演进及其催生的经济社会发展新形态。

20世纪90年代,我国学者开始了对共享经济的研究,以李德伟的《世纪末的变革——现代市场经济的困惑与演变》中的"共享经济论"为代表拉开了共享经济研究和实践的序幕。目前,出版了《共享经济2.0——个人、商业与社会的颠覆性变革》《共享经济大趋势》《读懂互联网+》等著作。其中,刘国华,吴博著的《共享经济2.0——个人、商业与社会的颠覆性变革》最具有代表性和借鉴意义,书中提出:"移动终端"+"互联网+"+存量高效激活+万众参与=共享经济2.0。结合Uber、滴滴出行、Airbnb等企业实际,将其给个人、商业和社会带来的全方位颠覆性变革做了专业分析。据统计，2002~2013 年有关共享经济的硕士学位论文约 117 篇，其中从信息技术、互联网角度进行研究的约有 3 篇，从管理、商业模式角度研究的只有 3 篇。

国外的研究和实践相对更早，且成果显著，杰里米·里夫金在 2000 年出版《使用权时代》（*The Age of Access*）时，就已经在倡导"摒弃市场和产权交易，从观念上推动人际关系以实现结构性转变。这就是从产权观念向共享观念的转变"。奥斯特罗姆也因《共享管理》于 2009 年获得诺贝尔经济学奖。共享出行的代表 Uber，共享空间的代表 Airbnb，面向全球的在线工作平台 AAwork，共享资金价值代表 Prosper 以及共享饮食的 Eatwith 等企业已通过共享经济的模式成为第一批成功者。

对于共享经济实践，从全国整体来看，处于刚刚起步的阶段，国内只有一小部分企业开始结合自己的经营和管理特点，利用互联网进行了共享经济实践。个别企业起步较早，已有了一定的基础，如 58 同城是共享经济 1.0 的代表，而滴滴出行是共享经济 2.0 的代表，经过近 4 年的发展，已基本建成了以打车为中心，包括以呼叫、匹配订单、评价、支付和司机管理为功能，以互联网巴士为辐射功能的移动信息化系统，成为国内最大的车辆闲置资源共享系统。目前得到、猪八戒网、新创板等新型企业在创新创业领域实践了共享经济 3.0，发展迅速。

如上所述，创新创业是"共享经济 3.0"与"互联网＋"的关键桥梁。这也解释了 O2O、C2C、C2B、P2P 等一系列创新创业的模式，时常会与"互联网＋"有关，有的又是"共享经济"的实现。

但人类在很长一段时间里，是不敢去共享的。尽管政府也通过公共基础设施的建设，让每个人可以共享公路、公园、学校这样的公共资源，但在其他方面人与人之间都会划开明显的界线。在日常社交中，我们对分享总会采取谨慎的态度，人们害怕共享行为会危害到珍贵的个人财产、自由、隐私和权力。

共享经济的模式将在"互联网＋"的基础上进一步颠覆企业和行业模式。虽然它也面临着如法律上的模糊边界等问题，但这种新型模式所蕴含的能量不容小觑。在不久的将来，越来越多的人都会加入到"互联网＋"与"共享经济 3.0"的大潮中来。

共享经济的十大趋势

2013年的腾讯智慧峰会上海站上,《失控》作者、美国《连线》杂志创始人凯文·凯利(Kevin Kelly),用4个关键词概括了互联网未来十年的大趋势:屏幕(Screens)、分享(Sharing)、注意力(Attention)和流量(Flow)。互联网的基本特质是开放、共享、包容、创新。其中,共享理念可以说是"互联网+"时代下新经济模式的基础,具有巨大的发展潜力和空间。

因此,共享经济势必成为未来经济发展的主流,并以其革命性和颠覆性的力量对传统行业进行转型重构。下面,我们将根据共享经济本身的特质,结合当前的发展情况,对共享经济的发展趋势进行探讨。

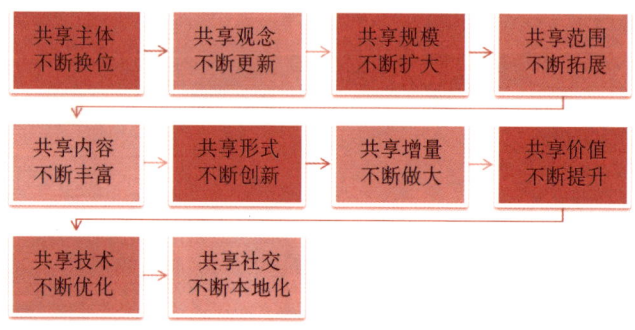

图8-1 共享经济的十大趋势

一、共享主体不断换位

"互联网+"时代下,商业活动的最大变化就是交易主体的融合,买者和卖家的界线不再明晰。不同于以往消费者被动地接受商品和信息的情况,今天,借助于互联网,人们不但可以主动发布自己的消费需求,轻松地找到商品,还可以从买家瞬间变成"卖家",将自己闲置的物品、信息等资源有偿地共享给需要的人。

传统意义上的消费者，在今天也开始扮演着生产者、创造者和服务者的角色。一句话，共享经济使得每一个"买者"都有可能成为他人眼中的"卖者"，反之亦然。这种"互联网+"下的新型经济模式，既能够充分满足市场多元化、个性化的需求，又使每一个人都可能成为微型企业家，真正让"大众创业，万众创新"变为现实。

正如德国汉诺威信息与通信技术博览会负责人弗兰克·珀尔施曼所说，"互联网+"时代，共享理念塑造了新的生活、生产和消费方式。不同于以往对所有权的争夺，共享经济让人们更加关注资源的使用价值。使用代替了占有，顾客变成了用户和分享者。

SAP公司执行副总裁奥利佛·布斯曼指出了这种转变反映的内在逻辑：在""互联网+"共享经济时代，企业间比拼的不再是产品和服务的创新，而是对瞬息万变的市场信息的精确定位和快速反应。

二、共享观念不断更新

其实，正如德国社会学家哈德罗·海因里希指出的，共享并不是一个新概念，其内涵是随着社会的发展而不断自我更新扩展的。从某种意义上来说，人类社会就是在共享合作的基础上不断演进发展的。只不过，在"互联网+"时代下，共享经济理念被人们明确提出并得到了越来越广泛的关注，成为经济新常态下一个重要的发展趋势。

之所以如此，主要是基于3个方面：

（1）社会价值观发生了变化。不同于以往生产主导的社会，消费社会中物质产品已经极大丰富。因此，人们以往对资源"占有权"的重视，让位给了对环境质量、社会关系幸福指数等新价值观念的追求；

（2）随着社会环境意识的增强，人们开始重视对资源的高效和优化利用，使越来越有限的地球资源发挥出更多的社会价值；

（3）新媒体特别是互联网技术和平台的发展普及，使信息的交流沟通超越了空间和时间的限制，大大降低了人们进行资源共享的成本。这是共享经济能够从理论观念转化为具体社会现象的必要前提。

对于我国经济发展来说，要想实现传统产业结构和消费方式的颠覆重构，建立起资源节约型和环境友好型的经济发展模式，共享经济就是一种必然的选择。而循环经济和环境意识的增强，再加上互联网新媒介的发展，也为这种新型经济发展模式的践行提供了条件和可能。

三、共享规模不断扩大

移动互联网智能终端的普及和众多"互联网＋"技术的发展催生了P2P（Peer-to-Peer）租赁式共享经济的规模化发展。人们不用只有前往宾馆才能租房，也不必非得到租车公司租赁汽车，而只需在线上搜索沟通就能完成。

国外共享经济市场已经比较成熟。国内的共享经济也趋于成熟，但近两年也取得了惊人发展。以共享旅居行业为例，国内的共享旅居虽然2011年才开始启动，不过第二年市场交易规模就达到了1.4亿元，增长了约18倍。

短短的几年，国内共享旅居市场和共享经济的井喷式发展一样，到2017年中国共享旅居市场规模已达131.46亿元，同比增长42.8%，行业呈现高速发展的态势。由于中国共享旅居起步较晚，伴随着国家政策鼓励和资本的持续入场，在线短租市场持续升温，2018年中国共享旅居市场规模达到178.08亿元，市场前景广阔。随着国内旅游方式向着休闲化和家庭型的方向发展，可以预测，以共享经济理念为核心的共享旅居行业，必将受到越来越多消费者的追逐，并由此获得更多的发展空间和机遇。

见微知著，在众多的共享经济领域，发展态势和共享旅居一样，无不呈现出一片欣欣向荣的景象，其规模增长的速度，虽不是绝后，但也是空前。

四、共享范围不断拓展

互联网的发展普及重塑了人们的思维方式和消费行为，开放、合作、共享的价值理念被越来越多的人所接受和认可。"互联网＋"时代下，共享经济彻底颠覆了传统经济学理论中内部性与外部性的关系，使用取代占有，成为人们关注的中心。

共享经济最初的范围，主要是对汽车和房屋等闲置财产的价值再创造。

即暂时性地有偿转让物品的使用权，以达到物尽其用。随着互联网的发展普及以及移动智能终端设备（智能手机、平板电脑等）的流行，人们可以通过网络平台更方便地实现信息的交流沟通。这使得各种基于共享概念的经济行为不断涌现，共享经济的范围也已经远远超出原有的实物范围，拓展到了知识、需求、数据、供应等方方面面的共享。

五、共享内容不断丰富

从知识、数据、经验、资源到基础设施等内容，在"互联网+"的推动下，共享经济涵盖的内容越来越丰富，并形成了四大相互联系协作的内容：大数据管理、移动通信、社交媒介和云计算。

同时，通过对大数据和社群共同诉求的深度挖掘，发现更多更深层次的需求，随后在共享平台中不断增加产品和服务内容，如果我们进行比较就会发现，即便是推出一年的共享平台，今天的所能提供的产品和服务也与刚推出时不可同日而语。

互联网技术的发展，也使得共享平台自身的进化速度在市场的倒逼下不断加快，业务内容更加的丰富化、多元化，最起码在自己的领域或相关领域，都在寻求一站式服务的可能，都是在争取用更多的服务内容让用户驻足更长的时间。

六、共享形式不断创新

从社会发展趋势来看，开放、共享、合作已经成为"互联网+"时代下经济新常态的主题。因此，共享经济不仅仅是一种新的经济理念和商业模式，还是颠覆与重构传统产业、实现社会的互联网化转型的重要力量。

当前的共享经济形式主要表现在各个领域的共享消费趋势上。从最早的共享车辆，到共享床位、共享停车位、共享家庭工具、共享单车、共享衣橱、共享旅游等等等等，以至土地种植的共享。共享经济理念在不同领域的渗透，必然会对这些领域的传统发展模式产生冲击。正如资深互联网趋势观察者提姆·赖利所说，传统租赁与共享经济式的租赁，将不可避免地实现融合。

"互联网＋"时代，社会经济的发展越来越离不开不同主体间的开放、共享和协作。共享经济理念和模式，正是顺应社会对合作共享的要求而出现和发展起来的。当前的发展情形和趋势，表明了共享经济具有广阔的发展价值和前景，正被越来越多的人所接受和认可。甚至在不远的将来，共享经济可能会成为新的中产阶级市场行为的主流形式。

七、共享增量不断做大

生产社会中，有限的资源使人们不得不通过"占有"的方式来获得使用权。然而，在消费社会特别是互联网时代，社会资源已经极大丰富，可以充分满足每个人的消费需求。因此，人们对资源"占有"的关注，转移到了对如何最大化地整合利用资源、创造出更多价值的关注上。

传统经济多是在有限资源存量下"你死我活"的零和博弈模式。今天，借助互联网技术和平台，人们可以更加方便快捷地实现不同资源信息的交流共享。这让更具发展活力和前景的共享经济模式成为可能。通过共享，人们可以将手中闲置的资源暂时性地有偿转让出去。这既会使社会的整体资源存量变大，又使得共享主体得到了额外的收益。因此，也就变成了"你好我好大家好"。

八、共享价值不断提升

总部型的传统经济模式，已经越来越无法满足市场个性化、多元化、碎片化和分散化的消费需求。而共享经济模式，依托于移动互联网、云计算、大数据以及社交网络等技术和平台，实现了超越时间和空间限制的资源信息的沟通和分享，既能够对分散闲置的资源进行最大化地利用，又以此满足了"互联网＋"下市场的个性化、多元化和碎片化需求，是向服务型与创新型经济发展的重要途径。

对我国经济来说，基于合作参与价值理念的共享经济模式，则为我国的"四化"（工业化、信息化、城镇化和农业现代化）协同提供了新的发展思路。

具体而言，一方面，共享经济可以通过互联网的无限开放性和包容性，让我国的二、三线等中小城市获得与大城市同等的发展机会，推动我国的城镇化发展；另一方面，以大数据和云计算为技术支撑和框架的共享经济，势必会以其颠覆性的价值理念和经济模式，实现对传统商业和经济的重构，为我国借助互联网革命的发展创新更多的契机和空间。

九、共享技术不断优化

从某种意义上来说，正是互联网和信息技术的发展，让"共享"这个并不新鲜的理念变成了现实，并焕发出巨大的发展活力。例如，云计算（Cloud Computing）是一种按使用量付费的模式，这种模式提供可用的、便捷的、按需的网络访问，进入可配置的计算资源共享池（Cloud，包括网络、服务器、存储、应用软件、服务），这些资源能够被快速提供，只需投入很少的管理工作，或与服务供应商进行很少的交互。

这样，资源的每一次使用都能够创造价值。可以看出，正是通过云计算和其他互联网技术，"共享经济"得以找到一个实践支点，从一种单纯的理念变为一种社会现象，并不断地发展、优化、更新。

十、共享社交不断本地化

共享经济关注于资源、信息的交流、汇聚与整合，以实现资源的最大利用。移动互联网和智能终端技术带来的本地化共享经济，则是一种新的社交活动形式。除了音乐、电影、软件等产品外，由互联网所带来的各种虚拟P2P活动，还越来越多地涉及借贷等金融内容。这些活动促使着共享社交的不断本地化。

比如，2006年，乔纳·佩雷蒂（JonahPeretti）在美国纽约创建了BuzzFeed。作为一个新闻聚合网站，BuzzFeed从数百个新闻博客中获取订阅源，通过搜索、发送信息链接，为用户浏览当天网上的最热门事件提供便利。通过多年的发展，BuzzFeed让自己的内容风靡社交网络，并获取了可观的盈利，被称为是媒体行业的颠覆者。

共享经济面临的挑战

任何一种新生事物的出现都不可能是一帆风顺的，共享经济在颠覆传统经济的同时，必然会有来自外界各方的阻力和挑战。新时代共享经济作为一种全新的经济形态，其商业思维与商业模式在努力与社会兼容的同时，也必然会遇到难以兼容的困惑与障碍。

一、与传统企业的竞争

社会的发展，经济的进步，永远都是这样，新兴与传统永远都在不停地斗争，从未停歇过，一种势能的兴起必然会迎上另一种势能的对抗，矛盾普遍存在，在调和中同样也会产生新的矛盾，在统一中又会出现新的不和谐。

共享经济作为一种新兴的经济形态，共享模式作为一种全新的商业模式，为社会带来了全新的发展动力，一大批具有改革创新意义的共享经济企业、各式各样的共享商业模式应运而生，共享经济商业模式以其低成本、高效能、超方便等优势，在市场中迅速占领了巨大的空间，市场空间被共享经济企业迅速瓜分，原有的市场秩序也因此受到了巨大的冲击。

传统行业当然不会坐以待毙，它们会奋起反击。我们最熟知的案例来自出租车行业，当网约车出现的时候，简直是个异类，它在给人们的出行带来巨大便利的同时，赢得了大量消费者的青睐，但也导致传统出租车载客大幅下降，传统出租车行业的利益受到了侵犯，那些司机们再也坐不住了，于是联合起来反对，甚至发生了传统出租车司机联合起来堵截、殴打网约车司机的事情，并且还打着法律的旗号，因为网络车当时并没有合法化，传统出租车行业宁愿违背大众的意愿，也要拼命维护自己的利益。与滴滴之类的共享汽车企业相比，共享汽车的先驱美国 Zipcar 就没那么幸运了，最终没能逃脱被传统租车公司巨头安飞士集团（Avis Budget）收购的命运。除共享汽车企业之外，在酒店业同样也发生类似的抵制，比如爱彼迎（Airbnb）就曾受到过传统酒店业的抵制。

更多新的共享经济商业模式的出现，意味着只要有共享经济商业模式涉足的领域，就挑战和颠覆着传统商业领域，就必然会迎来传统商业领域的反击。未来这样的挑战还将继续上演，也必然会在某种程度上影响共享经济的发展，这就需要新兴的共享经济企业符合市场需要和满足市场需求，还要有优秀的商业模式和经营的耐心。

二、对人性的塑造

是人就不太可能独立存在，必然有其社会属性，也必然会参与到社会的各种经济活动中，在传统的市场经济商业活动中，企业与顾客在不断的博弈过程中，逐渐走向了对立面，每一方都在为自己的利益着想，都想让自己的利益最大化。

共享经济期望的是互惠互利，互为对方着想，这需要人性中的善意与良知，企业将从顾客意识转变为用户意识，用户也将自己作为社区中的一员，企业要为用户的利益着想，用户的意见也在影响着企业的决策。

可虽然共享经济来了，但人的这种在市场经济和商品化中形成的"利己"惯性，依然发挥着作用。这需要很长一段时间才能改善，因此共享经济的发展，对人性善良的塑造，是必需的过程，也是艰巨的挑战。

三、对信用的考验

任何经济形式和商业行为都对信用有强烈的需求，但信用的缺失、征信体系的不完善却一直是普遍的社会问题，尤其在中国，长期以来，制度建设的落后，使我们更多地依赖道德来引导和约束人的行为。

共享经济本质上来说是信用经济，共享经济的运行就必须建立在完善的信用体系之上，但中国征信体系的建设相对比较落后，没有成熟的信用数据库可供共享平台直接接入，共享经济企业因此也就不能"拿来主义"，只有自己努力建设和完善征信体系，自己积累和建设数据库，或者与其他企业的征信体系连接。

现阶段，社会征信体系的建设仍然是滞后的，还不能满足共享经济企业和平台的发展需要，共享经济企业在信用体系建设上还有很长的一段路要走，这无疑是对共享经济发展的一大阻碍。

在共享单车方面，虽然为大众的出行带来了大大的便利，但也出现了众多的信用问题，比如诸多的乱停放、加私锁和恶意损坏等问题，一是共享单车这样的共享经济商业模式很难进行监管和后期征信；二是共享单车很难获得用户以往的信用记录，所以只能是让用户无门槛的进入，然后再不断地积累数据和信用记录，再创造和运用评价系统来评判用户的使用状况和将来的使用规则。

在共享汽车方面，就目前的网约车而言，共享平台只对网约车司机的驾龄、车龄、行驶证进行审核，然后再从不断的网约车接单中积累信用记录，进行征信建设，也就是说越是开始阶段，在信用记录不充分的情况下，安全隐患就越多，态度恶劣的服务、性骚扰甚至刑事犯罪事件屡有发生，这种情况，共享汽车平台是很难有效提前防范的。但如果，在共享汽车平台建设之初就接入了交警的征信系统，获得了网约车司机的违章记录；接入公安系统，获得网约车司机的犯罪记录，提高网约车司机的准入标准，如此这样，共享经济中的不良现象就会有效减少和避免。

共享经济的发展离不开良好信用的支撑，共享经济的发展对现行的信用状况和征信体系的建设存在相当大的考验和挑战。

四、对传统政府监管方式的挑战

道高一尺，魔高一丈，是说"道"只解决当前的问题就可以了，而"魔"的出现则是瞬间突破"道"的约束，并且难以收拾局面。共享经济虽不是魔鬼，但共享经济发展太快了，不是魔鬼也算是洪水猛兽了。

共享经济的迅速发展同时也验证了政府监管机制的滞后，这是必然的局面。正如前文所提到的共享汽车，2014年中国就出现了网络车，随后便在缺乏政府监管机制的状态下野蛮生长，也因此引发了众多的社会问题，直到

2016年11月，政府才出台了《网络预约出租汽车经营服务管理暂行办法》。

诸如此类，在更新的共享经济领域，政府监管机制的滞后状况依然还会出现，这也将成为新常态。

目前共享经济所面临的政府监管挑战主要体现在3个方面：一是社会资源使用方式的创新过快，新生事物层出不穷，并且在政府"大众创业，万众创新"的倡导下，很多创新内容是政府监管机制无法预料的；二是在消费者权益的保护方面，没有相关的法律法规，出现问题以后也就无法在最快的时间里保护消费者的合法权益；三是在不公平竞争的争议仲裁方面，共享经济颠覆了传统的运行机制，在利益获取方面与传统商业的机制有很大的不同，因此也就具有了更大的竞争优势，相反，传统商业模式却存在众多的政策约束和市场约束，从某种程度上形成了客观的不公平竞争，而且在不公平竞争的仲裁方面，缺乏行之有效的仲裁依据，这也是共享经济对政府监管层面的现实需求和现实挑战。

共享经济的现实问题

有一利就有一弊，一面是佛，另一面肯定伴随着的是魔，万事万物皆是如此，共享经济在蓬勃发展的同时，也存在着诸多的问题。不知道从什么时候开始，身边的一切似乎都被加上了"共享"的前缀，仿佛只要贴上"共享"的标签就是共享经济了，无论一个共享领域已经有多少竞争者，又或者一个共享项目的商业模式听起来如何匪夷所思，只要能讲出共享的故事，似乎就是一个不可错过的风口。尤其是在"共享单车"和"共享充电宝"两场掀起全民讨论的大战之后，唯一能够与舆论热度相比的，大概就是资本的狂热了。

当然，只要是具备一些共享的属性，我们就可以认定它是共享经济，但共享经济本身也应该有其自身的规律，但有些企业却违背了应有的规律野蛮生长，导致出现了诸多的内部问题和社会问题。

事实上，在共享经济迅速泛滥的这一两年时间里，从对共享经济根本的认识到共享经济企业的运营都已经发生了不同程度的异化，其所代表的商业模式也演变出不同的发展路径，这也就决定了，它们未来的前景可能天差地别。

这些共享经济问题其实也让我们很无奈，毕竟，在共享经济领域，我们仍然是"摸着石头过河"。

一、优质共享与劣质共享

从广义的共享经济概念来讲，很难讲共享经济有真伪之分，笔者始终坚信只要是共享给大众的，是大众所需求的，就是共享经济，笔者也反对舆论将一些共享经济划分到"伪共享"之列。

优质的共享经济是将闲置的资源进行充分合理的配置和利用，或者是将认知盈余共享给大众，抑或是生产出更多的有形或无形资源共享给大众，甚至是将过剩的产能和产品共享给大众，这些都是理想的共享经济形态，也是优质的共享经济。

相反，一些共享经济的商业模式和企业，虽然在共享的同时也给大众带来便利，但却造成了更大的社会问题与资源浪费。以共享单车为例，理应是将家里闲置的自行车或者是自行车企业过剩的产品拿出来共享才对，但事实是，诸多共享单车平台，在资金的推动下，为了迅速逐利，把大量的新设计生产或采购的自行车投放市场，然后通过出售其临时使用权获得回报，其中以摩拜和ofo等共享单车为首。这些共享经济商业模式的结果反倒是造成了新的过剩，城市空间被挤占，"单车坟场"屡屡出现，一些倒闭的共享单车平台在倒闭之后产生了单车回收难题。这些问题已经证明，这些共享经济商业模式虽然在"共享"，但却是"劣质共享"。本来共享经济的出发点是共享闲置，而劣质共享却是在"创造闲置"。同理，共享充电宝、共享雨伞，都属于劣质共享，试问谁家没有充电宝和雨伞呢？这些为"共享"而新生产的充电宝和雨伞无疑是重复生产和资源浪费。这就是"共享经济"商业模式的异化。

二、共享模式只是看上去很美

共享经济如火如荼地发展到今天，我们不禁要问，哪家中国共享经济企业实现盈利了呢？答案是：凤毛麟角。

荣泰的共享按摩椅摩摩哒，2016年就开始盈利，仅仅2017年上半年营收就达9000多万元，净利润1000多万元。

全球排名第二的独角兽公司滴滴出行，2017年交易总额（GMV）达到250亿~270亿美元；主营业务亏损2亿多美元，整体亏损3亿~4亿美元；滴滴预计2018年其主营业务将实现盈利，净利润有希望接近10亿美元，公司整体实现"微赚钱"。

就连在2017年号称是全行业最接近盈利的摩拜，也在2018年4月被美团收购了，如果是赚钱的公司，他们还会把自己给卖了吗？

应该说当前大部分共享经济企业，大多都还在烧钱、建平台、充规模，还没有实现盈利，也没有找到清晰的盈利模式。

理论上来讲，共享经济企业的主要成本应该来自平台的建设和传播，以整合、聚合资源产生价值溢出，但那些劣质的共享经济就不同了，他们有大量的资金、资源都用在了共享资源本身的建设和投入上，甚至造成了不顾成本也要争夺头部的现象，因为只有挤垮对手、占领头部，才有可能获得生存下去的机会。

很多企业的共享商业模式在设计上，看上去很美好，路演也很精彩，但事实上在具体运作的过程中，效果并没有像运营者说得那么好，消费者也并不感冒。资本虽然仍旧热情不减，但赌博的成分已经大于理性。劣质共享经济的出现，很大程度上跟2017年的资本圈缺乏可追捧的概念和风口，从而纷纷扎入"共享经济"这个为数不多的还可以炒一炒的领域有较大的关系，从来资本与"概念"，都是互相催生的。

理论上来讲，共享平台本就应该将更多的人力、物力、财力投入到共享平台的建设上，共享经济的最根本功能就是无论在内部和外部，都会促进成本的降低，但很多的共享经济商业模式，不顾及这些，只是一味投入和发展，拿着资本的钱碰运气而已。

一些共享经济的商业模式从来就没有杜绝过人们的质疑，比如摩拜单车，就有人质疑它"盈利问题没解决，是一种创业套路，通过炒作骗风投"。对于这类问题，摩拜单车创始人胡玮炜从容地解释道："商业模式不一定非要找，不论是对社会还是对个人，只要做的事情非常有意义、非常有价值就可以。如果我不去做的话，我会很难受。创业的路上，最大的竞争对手永远都是自己。就算这次失败了，那也是一项公益。"

真的只有公益这么简单吗？恐怕不是，就像小鸣单车的倒闭，随后就产生了一系列的问题，用户押金退不出，单车亟待处理等问题已经给社会造成了不良影响和负担。

相对于众多共享新创消费物资的企业平台，共享闲置资源与共享知识技能平台的日子要好过很多，毕竟他们更多的精力和资源是耗费在平台建设上，线下不需要进行大规模的生产和硬性投入。也就是说，只有符合经济发展的规律，才能实现企业的有效增长和基业长青，而哗众取宠、违背规律的共享经济注定将被市场所淘汰。

共享经济的创业者必须要考虑的是，并不是贴上"共享"的标签就是共享经济，只有尊重和符合市场经济的发展规律，才能增加创业的成功率，也能为社会、为大众更多地谋求福祉。

三、野蛮生长下的安全隐患

2018年8月发生的乐清女孩乘坐滴滴顺风车遇害案，再次将滴滴出行推到了舆论的风口浪尖，毕竟在3个月之内滴滴顺风车接连出现了两起命案，让大众再次认真地思考网约车的存在意义，甚至有人提出要抵制甚至取缔滴滴出行。可以肯定地说，这种言论是盲目和不负责任的，毕竟滴滴出行是相当优质的共享经济项目，尤其是滴滴顺风车，于国于民都大有益处，我们更多的应该是支持与呵护它的成长，而不是不明就理地打压它。

再完善的监管机制和信用体系也敌不过人性的罪恶。就滴滴出行这两个案件而言，不是滴滴顺风车促进和造成了犯罪的发生，而是罪犯选择了滴滴顺风车作为犯罪工具，这和罪犯选择用刀或者用枪犯罪没什么两样，只要是罪犯铁了心去犯罪，任何法律和规则都无法阻止。

其实网约车行业的安全隐患不止出现在司机端，在乘客端也同样存在，以前没有网约车的时候，就出现过抢劫和杀害传统出租车司机的事件，谁又能保证这样的事件将来不会发生在网约车上呢？

所以从这个层面讲，出现这样的恶性案件致使公众的矛头全部指向网约车平台，网约车平台多少有点冤枉，我们不能将社会问题和公民的基本素质问题全部都推到网约车平台身上，这对网约车平台来说也不公平。

但就这两起与滴滴顺风车平台有关的凶杀案件来看，滴滴并不是完全无辜，甚至有着不可推卸的责任。不同程度上暴露了滴滴顺风车平台一些运营机制问题，比如证件验真、评价机制、应急管理能力、预警能力和反应速度等问题。

在发生了两起恶性案件后，滴滴出行在自2018年8月27日下线滴滴顺风车之后，又相继出台了许多安全整治方案。相信通过这一系列的整改措施，以及对同行业的引领作用，网约车平台将会迎来更健康良性的发展，并且未来还会继续出现改革。

不只在共享出行的网约车平台上安全问题频发，在共享旅居方面，当酒店提供住宿服务时，需要通过一系列的消防和安全检查。但当普通居民通过爱彼迎（Airbnb）或途家提供住宿服务时，却没有任何消防成本和税务成本，也不需要进行登记和安全检查，这也就同时埋下了各种安全隐患。

在共享生活等一些平台上，安全事件也是屡屡出现，在抖音和快手上，色情、低俗、暴力、恶搞、侮辱谩骂、造谣传谣、垃圾广告、卖假、侵犯版权、内容引人不适和涉嫌违反法律法规等内容比比皆是，这同样也是危害社会安全的严重问题。

还有外卖平台，也发生过食品安全问题。

我们不禁要反思造成这些问题的原因，为什么共享平台不能提前设计出相对完善的运行机制，进行很好地监管和提前建构优良的危机处理能力？而是出事以后充当救火队员，补漏填空。这是由共享经济的原始基因决定的。

共享经济都标榜自己是去中心化的，意味着共享企业只是提供买方和卖方的撮合服务或者信息中介，并不承担服务的准入管理。比如，共享出行企业并不认为自己是出租车公司，平台上的车主也不是企业的员工，所以共享出行企业认为自己没有义务去做车主或乘客的严格审查。出于活跃市场和迅速发展的目的，共享出行企业有动力故意放低姿态，以便让更多的车主和用户加入进来，以求在最短的时间内壮大平台的运营规模，估计他们是想先发展壮大再整顿，先有了流量再进行疏导。

共享经济企业在经历了几年的野蛮生长之后，在带给人们便利的同时，也带来了安全隐患，有的甚至是难以弥补的重大损失。这应该受到广大消费者的重视，想进入共享经济领域的创业者，更应该提前规划好自己的运营规则，大企业尚有能力化解风险，小企业恐怕一个小事件就能阴沟里翻船。

四、信用之殇

共享经济的安全隐患，说到底是信用问题，前文中已经提到共享经济对当前社会及平台信用体系的挑战，但如何应对信用问题才是关键。

共享经济建立信任的基础是评分，但打分机制具有很大的漏洞。说起打分，相信大家都不陌生，卖家自己花钱买高分、卖家诱导买家打高分（比如好评赠送饮料）都是比较熟悉的套路。以共享出行的打分为例，高评分并不意味着车主更加可靠，也并不意味着乘客更加可靠，由于平台的信用数据只是靠平台自己采集建立的。并且无论车主对乘客，还是乘客对车主的恶意评价，都没有相关标准，一旦出现恶意评价，在平台没有做出评价机制修改之前，平台的维护人员在没有经过评价一方同意的情况下，是无权对恶意评价做出修改的。这些问题的解决都需要平台花很大的力气去建设信用体系。

就目前的滴滴出行上的信任值制度而言，并不能完全说明问题和解决问题，在平台算法之外的特殊情况就无法被平台记录，甚至排斥，只能在某些问题引发安全事件之后，才会促进平台算法的改革。在大众一方，也需要更多的耐心，给共享平台一些时间。

不光是滴滴之类的共享汽车平台，在外卖平台、共享短租平台同样也出现了诸多的安全问题和信用问题，我们同样也要以更大的耐性来对待，事情总会越来越好。

因噎废食从来就不是明智的选择，立志改革就必然要接受改革带来的阵痛，每一个改革新举动、新措施都将面临困难和阻力，我们所要做的只能是积极地面对和寻求解决方案，而不是一棒子打死。

从另外一个角度讲，监管严格是好事，但开放也同样重要，给予大众更多的信任，让更多的人参与进来，反而更能促进共享平台的信用数据的采集，完善信用体系，并用这种完善的信用体系保障平台良性运行和杜绝安全隐患，这就叫长痛不如短痛。

五、共享经济会不会带来新的平台垄断

正如前文所说,共享经济的出现有着其先进的基因优势,在许多领域,共享经济商业模式轻而易举地颠覆了传统,那么共享经济真的就是无害创新吗?如果你这么想,那就大错特错了。

共享经济是有成本的,一旦市场达到寡头状态,消费成本会上升得更快。

就国内来说,在初期共享出行市场群雄混战的时候,大家可以享受由 VC 和 PE 不断烧钱支撑的低廉价格。后来滴滴成为市场霸主,价格抬升立竿见影,不仅对车主的补贴额度大幅下降,打快车的价格已经不比打出租车便宜多少。在大家都有打车需求的波峰时段,需要加价 1.5 倍才能叫到车,出租车时代的打车难变成了共享经济时代的叫车难和叫车贵。

国外方面,根据纽约审计长办公室发布的报告,共享民宿 Airbnb 的火爆导致纽约市民为房租多付了 6.16 亿美元。背后的原因就是通过 Airbnb,游客可以很方便地短租到纽约的民宿,这使得纽约的商业租赁房源都转去做短租,最终结果就是布鲁克林等地区的房租上涨了 18.6%。

能够真正摸着良心说,不以营利为目的提供共享服务的只能是政府。几乎所有的企业,无论开始如何便宜,如何补贴,最终的目的终将是赚钱。甚至有可能是打破传统垄断,塑造新垄断的局面。

其次,共享经济企业都以服务平台自居,不提供对服务的准入和管理,监管成本下降容易滋生各种乱象。

六、泛社交化使共享经济偏离内核

共享经济企业为做大市值,都有泛社交化的天然倾向,这一倾向会偏离共享经济的内核。

共享经济标榜自己的一大理由,就是在互联网时代重新建立社交和信任。把自己的客厅或者汽车共享给一个陌生人,这看起来似乎是不容易的,但共享经济就能做到这一点。共享经济在线下提供了一个新的社交场景,这种场景一般只有在朋友或者同事之间才能发生。但社交的宣传会产生逆向选择行

为，共享经济的内核从廉价共享变成寻求社交。比如，某共享出行公司大数据显示，免单的男车主中，对女乘客的免单占比高达67%。显然，一旦共享出行公司对车主的补贴力度下降，真正通过共享出行来赚钱的老实车主会退出，而寻求社交行为的车主会继续留下来。那时，共享出行就偏离了共享经济的内核，在一定程度上衍变成一种纯粹的交往工具。

中国共享经济新机遇

我们观察到,在全球范围内,各国民众对共享经济的态度是普遍拥护支持的。就政府的态度而言,经历了保守观望——摸索前行——开放支持的3个发展阶段。无论是美国各州政府制定的共享经济相关政策,还是英国"共享经济全球中心"的宏伟蓝图,抑或是欧盟在共享经济的相关政策、官方宣传上所做的努力,都体现了新时代背景下各国政府高度支持的态度,为共享经济在全球的高速发展保驾护航。

中国当然也不例外,并且通过近几年的高速发展,中国的共享经济已经处于世界领先的地位,跑进了第一阵营。中国无疑是未来全球最具潜力的市场,在共享经济的推动下,新的商业机会不断涌现,当车头也好,搭便车也罢,只要我们想,总能抓住适合自己发展的机遇,无论是抢先一步体验共享经济带来的便利和美好,还是进入共享经济领域分一杯羹,都需要我们先增加对共享经济的认知。

一、中国人均资源拥有量偏低,资源利用率可提升空间大

与发达国家相比,中国人口众多,中国人均资源拥有量普遍偏低,资源分布显著不均,各类资源的供给和需求之间存在着严重的不平衡、不匹配,而且利用率总体也比较低,可提升空间大。中国人均资源拥有量的稀缺体现在交通出行、空间等物质资源上,也体现在知识和技能等服务资源上。

比如,作为世界人口第一大国,中国教育资源面临着极度紧缺的现状,具体表现为人均受教育年限偏低、学校师生比例较小等。除此之外,中国教育资源还具有分布不均匀的特征。一方面,部分地区学校分布稀少,教师资源严重不足;另一方面,很大一部分受过高等教育的人群有意愿在闲暇时间进行教育支援,却受制于有限的途径。教育资源供需不平衡的矛盾越来越突

出。在互联网环境下尤其移动互联环境下,这种供需不平衡为中国共享教育的发展提供了沃土,类似于网易云课堂、腾讯课堂、学而思网校的共享教育业态将在中国蓬勃发展。

又比如,随着中国社会经济的快速发展,人们对技能的需求呈现出多样化、复杂化的趋势,但是社会分工的细化又导致了个人精力和技能进步的有限性。另一方面,专业人员的技能和时间尚未得到充分利用。这将为技能共享提供无穷的发展机遇。

人均资源利用效率低下的现状并非中国教育和知识领域独有,而是广泛存在于出行、空间、金融等多个领域。这些供需鸿沟的存在,随着互联网尤其是移动互联网的发展,将为中国发展共享经济酝酿出原始驱动力。

二、中国移动互联网,快速渗透居民生活

智能手机不断进步和普及,移动互联网的渗透率不断提升,这类基础设施的推广和进步为以移动互联网为依托的共享经济的发展奠定了良好的基础。

2012~2018年,中国移动互联网迅猛发展,用户规模从2012年的5.7亿户增至2018年的12.8亿户,4G用户的总数也达到了10.3亿户。覆盖范围的扩大和渗透率的持续提高,为共享经济的发展提供了丰厚的沃土。

同时,社交网络日趋多元化的发展,也为共享经济的商业模式奠定了用户基础。伴随着移动互联技术的兴起,传统的线下社交模式已实现了线上迁移。社交网络的发展使个人社交的触点得到指数性放大,社交方式更加简单灵活,用户在各类平台中的参与感更强,为共享经济的商业模式奠定了用户基础。

三、人口结构的变化,带来消费升级,潜力巨大

随着中国城镇化快速推进、中产阶级迅速崛起、人口受教育程度提升,居民消费习惯由基础型消费向服务型消费、个性化消费和体验型消费逐步升级,因此迎来了共享经济的发展契机。

根据国家统计局数据,2017年年末中国城镇人口为8.1347亿人,占总人

口比重（常住人口城镇化率）为58.52%，同时，2017年全国居民人均可支配收入25974元，比2016年名义增长9.0%，扣除价格因素，实际增长7.3%。其中，城镇居民人均可支配收入36396元，增长8.3%，扣除价格因素，实际增长6.5%。

中产阶级人数逐渐增加，成为主要消费群体。相关数据显示，中国的中产阶级人数是全球第一，已经达到2.04亿人，约占全国成年人口的22%。未来中国的中产阶级人口数量将进一步上升，其中相当比例的人口将迈入高财富门槛。中产阶级对非生活必需品的消费占比不断扩大，并且更愿意为高品质产品支付溢价。

综合来看，随着城镇人口和城镇居民可支配收入的增加、中产阶级人数的增长、人口素质的提高，中国居民的消费习惯和消费结构均发生了较大改变，从衣食住行等方面促进基础型消费逐渐向服务型消费、个性化消费和体验型消费倾斜，为中国共享经济的发展提供了广阔的市场空间与庞大的潜在客群。

四、中国共享经济发展迅速，潜力巨大

2017年我国共享经济市场交易额约为49205亿元人民币，2018年预计达到14400亿元人民币，占全球共享经济规模的44%，成为全球共享经济的发展先锋。

与此同时，我们还调研了中国共享经济中独角兽企业近年来的估值情况，计算了各企业估值的增长速度，并通过平均考量各企业增长速度，估算出以独角兽企业为主要代表的中国共享经济从2015年至2018年的整体增速。中国共享经济增速为54%，超过了全球共享经济的增长速度。

这是一个潜力巨大的市场，这是一块巨大的蛋糕，未来在中国的土地上，创新创业的神话将会继续上演，中国人民的无穷智慧将更加闪现光辉，在旧人口劳动红利向新人口消费红利转变的过程中，共享经济将扮演举足轻重的角色。

第八章 共享经济的未来

区块链与共享经济

时下共享经济遇到的难题还有很多,但不能因为一时的困难就全盘否定共享经济。区块链技术的出现或许会成为解决共享经济现阶段困难的一把钥匙,虽然技术还不够成熟,但不妨碍其成为解决问题的一个思路。

一、去中心化的区块链

虽然对比特币的实际价值究竟如何众说纷纭,但是对于比特币中使用的区块链技术业界大多持正面态度。

甚至有媒体指出:"区块链技术被认为是继蒸汽机、电力、互联网之后,下一代颠覆性的核心技术。如果说蒸汽机释放了人们的生产力,电力解决了人们基本的生活需求,互联网彻底改变了信息传递的方式,那么区块链作为构造信任的机器,将可能彻底改变整个人类社会价值传递的方式。"

区块链的概念是在 2008 年由中本聪第一次提出。在随后的几年中,区块链成为电子货币"比特币"的核心组成部分:作为所有交易的公共账簿,通过利用点对点网络和分布式时间戳服务器,区块链数据库能够进行自主管理。为比特币而发明的区块链使比特币成为第一个解决重复消费问题的数字货币。

有学者形象地把区块链技术比作"分布式账本",即每台联网的电脑都是一个区块,在联网的所有的区块中都备份一份完整的交易记录。而每台电脑都是连在网上的,形成了一个庞大的链条,也就是区块链。由于每台联网的电脑都保存一份完整的并且随时在更新的交易记录,这就造成交易信息很难被篡改,除非把连在网上本区块链 51% 以上的电脑在极短的时间内同时破解并篡改,由于在线电脑数量过于庞大,这一状况基本不可能实现。

去中心化是区块链技术的核心特质之一,而去中心化正是推进和保证现行经济模式正常运行理论之一。美国商业咨询师奥瑞·布莱福曼(Ori Brafman）和 CATS 软件公司前 CEO 罗德·贝克斯特朗（Rod Beckstrom）2008 年出了一本专门研究去中心化组织的书——《海星与蜘蛛：无领导组织不可阻挡的力量》。在书中描述到，传统组织就如同蜘蛛，它的智力集中在大脑，只要你把蜘蛛的头去掉，蜘蛛就会死亡。而去中心化组织就如同海星，海星根本就没有头。它的智能分布在身体各处，一旦你打掉它身体的一部分，那个部分甚至可能自己再长成另一个海星。

在关于区块链去中心化优势的解释中有一个形象的定律可以参考，即管理学上的"酒与污水定律"：一匙酒倒进一桶污水，得到的是一桶污水；把一匙污水倒进一桶酒里，得到的还是一桶污水。在一个完全去中心化的体系里，一个节点的缺失或者坏节点的进入很可能破坏或者毁灭原有体系，原因就在于一个坏节点的进入会破坏信任机制，最坏的结果是引发连锁反应形成恶性循环导致平台"崩溃"。而在区块链的理念中，这种"崩溃"的可能性则几乎没有，因为每一个节点的"账本"都会在整个网络中得到确认并生效，一个节点出现问题并不会导致整个网络的崩溃。

区块链技术的五大基本特征为：去中心化、开放性、自治性、信息不可篡改和匿名性。

去中心化是指由于使用分布式核算和存储，不存在中心化的硬件或管理机构，任意节点的权利和义务都是均等的，系统中的数据块由整个系统中具有维护功能的节点来共同维护。

开放性是指系统是开放的，除了交易各方的私有信息被加密外，区块链的数据对所有人公开，任何人都可以通过公开的接口查询区块链数据和开发相关应用，因此整个系统信息高度透明。

自治性是指区块链采用基于协商一致的规范和协议（比如一套公开透明的算法）使得整个系统中的所有节点能够在去信任的环境自由安全地交换数据，使得对"人"的信任改成了对机器的信任，任何人为的干预不起作用。

信息不可篡改是指一旦信息经过验证并添加至区块链，就会永久地存储起来，除非能够同时控制住系统中超过 51% 的节点，否则单个节点上对数据库的修改是无效的，因此区块链的数据稳定性和可靠性极高。

匿名性是指由于节点之间的交换遵循固定的算法，其数据交互是无须信任的（区块链中的程序规则会自行判断活动是否有效），因此交易对手无须通过公开身份的方式让对方对自己产生信任，对信用的累积非常有帮助。

区块链技术的这些特性也引起了我国政府的重视，自2016年10月工业和信息化部发布《中国区块链技术和应用发展白皮书（2016）》及2016年12月区块链首次被作为战略性前沿技术、颠覆性技术写入国务院发布的《国务院关于印发"十三五"国家信息化规划的通知》以来，区块链日益受到我国政府的重视和关注，各地政府纷纷出台有关区块链的政策指导意见及通知文件。

据不完全统计，截至2017年11月底，国内共有浙江、江苏、贵州、福建、广东、山东、江西、内蒙古、重庆9个省份、自治区和直辖市就区块链发布了指导意见，多个省份甚至将区块链列入本省"十三五"战略发展规划。另外，国务院发布的4个文件中也提及区块链。

从支持力度上看，贵州贵阳、浙江杭州、山东青岛、广东深圳、重庆四地将区块链放在较为重要的位置，并出台了专门的政策扶持文件。

二、去中介化的共享经济

去中介化？当看到这个名词时是不是感觉有些耳熟？没错，火遍全球的共享经济的特质之一就是去中介化。但是共享经济在发展的过程中有了一些变化，已经从去中介化延伸为去小中介化后再大中介化、去线下中介化后再线上中介化。虽然这一过程已经大幅度降低了交易过程中中介耗费的成本，但是远没有达到共享经济的理想状态。

深圳市商链网络科技有限公司创始人邱寒指出，共享经济是想通过去中介化，突破对商业组织的依赖实现资源的互换，但不管是C2C的发展还是共享单车模式，都已经不是共享经济的原始含义了。只不过是将中介进行了升级，将其互联网化，成为一个更大、更强的中心。

区块链的权益流通性和去中心化信任两个特性，有助于去中介化。例如车位共享，完全可以由车位产权拥有人与车位使用人直接进行时间交易，将车位产权拥有人的停车卡权益转让给车位使用人，而停车场管理系统只需要识别停车卡是否具备停车权限即可，不用介入交易之中。

销售积分的共享也将会是区块链应用的一个典型案例。各种销售活动沉淀了大量的促销积分，但由于积分系统是封闭的，积分兑换范围有限，往往价值不高，消费者没有兑换意愿。利用区块链技术，消费者手上的积分可以相互交易，则一举两得，消费者可以用积累的积分去换购自己喜欢的商品，而商家则拓展了新的客户资源。

在由加拿大知名商业区块链研究者亚历克斯·塔普斯科特（Alex Tapscott）和堂·塔普斯科特（Don Tapscott）父子编写的《区块链革命：比特币背后的技术正在如何改变货币、商业和世界》一书中指出："专家们经常把Airbnb、Uber、Lyft、TaskRabbit等等当作'共享经济'平台，这是一个很好的概念，即同行创造和分享价值。但是，这些企业几乎并没有进行共享。事实上，他们成功的原因就是因为他们并不进行共享，而是进行聚合，这是一种聚合经济。Uber的市值高达650亿美元，他们聚合各种驾驶设备，而Airbnb是硅谷的宠儿，市值250亿美元，他们聚合了大量的空房子，其他的公司则是通过他们的中心化专属平台聚合了设备和零工，然后又将他们重新出售，在这个过程中，他们为商业开发收集数据。在10年前，这些公司都还不存在，因为当时的技术先决条件无法达到，即：无所不在的智能手机、全功能GPS、成熟的支付系统，现在区块链技术到来了，这种技术将会再次重塑这些行业。"

以太坊联合创始人维塔利克·布特林（Vitalik Buterin）表示："大多数技术都是趋向于将外围工人的琐碎任务进行自动化，而区块链技术则是脱离中心的控制。相对于使出租车司机失业，区块链技术则使Uber这种中介形式消失，而使出租车司机直接与顾客交易。"

亚历克斯·塔普斯科特和堂·塔普斯科特设想了BAirbnb和SUber两款产品。在BAirbnb中，没有中心化的商家存在，当有租客想租一个房间时，BAirbnb软件在区块链上搜集所有的房源，并将符合要求的房源过滤后显示出来。代替客户评分的方式，就是基于所有的交易记录会被分布式存储，一个好评会提高房源供给者的声誉，并塑造他们不可更改的区块链身份，所有人都可以阅读这些信息。

同样的，在 SUber 中，网约车也不再有挣取高额提成的平台公司，用户与车辆提供者通过加密方式进行点对点的联系，并且基于区块链记录的不可篡改性，参与者会累积值得信任的声誉度，平台将拥有自发的消费者黏性而不是靠烧钱吸引用户。

不论是 BAirbnb 还是 SUber，消费者在使用时、资源出让者在交易时，用户体验同 Airbnb 和 Uber 是差不多的。虽然受限于技术条件目前二者都处在理论设想之中，但毫无疑问的是，绑上区块链的共享经济，很可能把"颠覆者"颠覆掉。

三、共享经济+区块链

反观共享经济在国内的发展，除了各行业中较大的一两家共享平台活得很好之外，大部分平台都在苦苦煎熬，甚至有很多平台已经宣布退出。更有甚者拖欠了大量的供应商货款和用户押金，只是一句"对不起"就彻底消失在茫茫人海。一时间，人们对共享经济发展的合理性产生了怀疑，有的媒体甚至发出"共享经济已死"的声音。

而"你一无所有，但却可以租赁一切"的理想似乎变成了遥不可及的梦想。

时下共享经济遇到的难题还有很多，但不能因为一时的困难就全盘否定共享经济。因为对于任何一个市场来说，新的模式都不能立竿见影，总需要适应和反复迭代。其发展的第一阶段可能已经成为过去，但技术的发展会使得新的模式得以激活。

区块链技术的出现或许会成为共享经济解决现阶段困难的一把钥匙，虽然技术还不够成熟，但不妨碍其成为解决问题的一个思路。"区块链经济的核心不在技术，而在于商业逻辑的重构。因此，这不仅是一场技术革命，更是一场认知革命。"国泰君安发布的一份报告认为，2018 年将是区块链步入实际应用的阶段，会有很多精彩纷呈的项目落地，共享经济即将进入新时代。

当前的共享平台在发展初期打出的大都是补贴牌，补贴服务使用者以获得在线用户、补贴服务提供者以抢占市场占有率，而这一切都是需要大量的资金作为前提。当把场内的竞争对手全部熬趴下，就是其开始收割收获的时候了，无论是共享出行，还是共享快递平台都会收取一定比例的服务费。而羊毛还是出在羊身上，最终为其买单的还是消费者。不仅如此，所有的平台不管是建设还是维护都需要建立庞大的数据库和线下网点，这都需要大量的劳动力参与进来。

技术专家史蒂夫·兰迪沃尔德曼（Steve Randy Waldman）指出："区块链技术是解决这个问题的有效手段。"他解释称："这是一种跟踪信息的方式。"这种方法不是将信息集中存储在记录办公室或是数据库中，而是分布式存储。区块链技术会复制多个信息副本，并将其分散存储在网络的所有节点上，这些相应的节点不需要人来操作，它们可以是设备。这恰恰是区块链能够推动共享经济发展的根本原因：它能够使某种财产自动知道谁是它目前的所有者。只要连接至互联网，就能够成为区块链的一部分，也就可以实时获取关于权力的完整记录。

所以区块链技术至少在理论上可以消减掉这种额外的支出，其利用的就是运用区块链技术的智能合约。

智能合约是这样一种计算机程序，当满足某项条件时就自动执行某种操作。你可以把它想象成C语言中的"if"语句。如果租客付款，门就会自动打开；如果租赁结束，那么门就会自动落锁。

一个智能合约的特别之处是其采用区块链技术后，不仅能够记录财产权利，也能够执行财产权利。如果一旦部署完成，那么也就意味着十几行计算机代码就可以起到地区记录办公室、法院以及警察相同的作用。

沃尔德曼据此解释称："这意味着你能够拥有值得信赖的政府机构的功能，但却无须组建一个值得信赖的政府机构。你也可以选择降低中介费用。理论上，房屋租赁将只会涉及房主和租客，完全可以绕过Airbnb。"

由此可知，结合区块链技术的共享经济可以在理论上实现用户之间点对点的共享。

而区块链技术除了去中心化和智能合约（开放性、自治性）有助于解决共享经济中一些难题外，其信息不可篡改性也是推动共享经济安全平稳前行的主要特性之一。

有相关研究者推测，区块链技术设计之初融入了两个假设前提："大多数人是善良的"和"人性本恶"。看似完全相悖的两个假设前提可以在很大程度上保护区块链技术的信息安全。

首先，区块链技术假设绝大多数人是善良的。因为只有大部分人是善良的，才能使得信息不会被篡改，一旦有人在极短时间内获得整条区块链51%的区块控制权，那么这条区块链就不是公平公正的。而基于区块链技术的开放性特征，任何人都可加入到这条链条中；基于区块链的匿名性，区块之间是陌生的，无法直接联系。当区块链足够大时，想在一个很短的时间段同时控制区块链的51%基本上不可能。

其次，区块链技术假设人性本恶，即每个人都是自私自利的。区块链技术不相信任何人，只是根据电子合约也就是智能合约来对交易结果进行执行。这就避免了很多人为因素造成的交易障碍，加快了交易速度，提高了交易效率，降低了交易成本。从而区块链技术解决了基于陌生人的共享经济中的信任问题。

区块链技术可以使得契约创建以及操作更便捷，更好地推动共享经济发展，在一个区块链世界里，目前共享平台所做的协调交易工作可以被自动执行的智能合约所取代，执行的成本也更低。这使得劳动者能够更容易形成联盟，有能力与支配经济的巨头进行竞争。

插上区块链技术翅膀的共享经济或许真的将会演变成为经济学家麦克·康切萨（Mike Konczal）所提出的"社会化 Uber"：劳动者有更多的选择性，实际完成工作的人将会受益，而不再是少数掌握资产的投资者。

从共享经济走向大同社会

大道之行也,天下为公,选贤与能,讲信修睦。故人不独亲其亲,不独子其子,使老有所终,壮有所用,幼有所长,鳏、寡、孤、独、废疾者皆有所养,男有分,女有归。货恶其弃于地也,不必藏于己,力恶其不出于身也,不必为己。是故谋闭而不兴,盗窃乱贼而不作,故外户而不闭,是谓大同。

《礼运大同篇》是我们的祖先对"大同社会"的具体描述,也是先民们努力追求的理想的社会形态。值得庆幸的是,三千年后的今天,我们竟然能用《礼运大同篇》来描述新时代的共享经济。

"大道之行也,天下为公。" 就是说一个有道的天下,人们拥有更多的公德、公心,有服务于他人的意识,有奉献利他的心态,有以天下为己任的胸怀。另一个层面是,天下是天下人的天下,无论是精神、物质、知识还是科技成果,天下的一切都将是天下所有人所共有共享。共享经济不就是"大道之行"吗?不就是"天下为公"吗?

"选贤与能。" 让有品德有才能的人去做自己合适并喜欢的事情,这在过去传统的组织形式中,是很难实现的,很多人不得不为了生存成为组织流程中的"螺丝钉",而在以互联网为基础的共享经济环境中,人们可以按照自己的意愿,根据自己的才能和喜好,与社会的其他人或团队重新组合,建立新的连接,实现自己的理想。

"讲信修睦。" 共享经济就是以"信用"为基础的经济形态,所以"讲信"是共享经济中绝对必要的内容,也是一个共享平台构建的最重要的工作,每一个共享平台都应该在信用运行机制上做足功夫,参与共享经济的个人也必须要珍惜自己的信用价值,不讲信用或信用差的人可能会被共享经济拒之门外。"修睦"不但可以理解为传统经济社会中的经济单元之间的和谐共处,也可以理解为共享经济环境中更多的陌生人和谐相处的可能,更多的企业或

第八章 共享经济的未来

团队之间也可以建立更加丰富广泛的合作，竞争的格局也已经发生了转变，甚至在共享经济的推动下，许多业务领域不得不展开互惠合作。

"货恶其弃于地也，不必藏于己。"这是说人们反对资源的闲置和浪费，珍惜劳动产品，更深一步说就是不提倡人宁愿将资源闲置据为己有也不共享给他人，提倡克己和去除自私自利之心。这就是合理开发利用资源，与全社会一起共享。这就是"各取所需"，也就是"按需分配"。共享经济最大的功能与方向就是盘活社会闲置资源。

"力恶其不出于身也，不必为己。"这是说人们在共同劳动中以不出力或少出力为耻，都能尽全力地工作，却没有多占多得的念头，更深一步说是将自己盈余的认知和能力积极地共享给公众。这就是奉献利他，这就是"各尽所能"。

各取所需，各尽所能，不正是共享经济的理想状态吗？

各尽所能，按需分配，不正是共产主义的分配原则吗？

"是故谋闭而不兴，盗窃乱贼而不作，故外户而不闭。"这是说那些奸邪之谋、恶劣之行将不会再有生存的空间，盗窃和害人的事情不会再出现，家家户户的大门都不用关闭，也不会有人进来窃取财产。

互联网技术的发展让越来越多阴暗的恶行无所遁形。我们的每一次在线支付都被云端记录，人家明明给了钱却说没给，恐怕马上就会被打脸；如果在网上散播封建迷信、淫秽色情、赌博诈骗、暴力恐怖等信息，就一定能查到你是谁，追到你在哪；监控摄像头无时无刻不记录着我们的社会活动轨迹，让恶行和犯罪的空间越来越小，可谓是：天知地知、你知我知、摄像头知。英国是世界上监控摄像头最密集的国家之一，每个英国人平均每天被摄像头监控300次。这就是"谋闭而不兴"。

当今社会物资和财富已经极大丰富，我们获得生产资源和消费资源变得前所未有的便捷，掠夺、剥削和诈骗的行为变得越来越没有必要，道德成本和法律风险变得更高。甚至因为成本更高，人们再也不会有争夺和抢占的企图，不会再有剥削他人利益的行为。就像现在满大街的共享单车，我们大概不会想着拿回家去据为己有，虽然也偶有破坏共享单车和加私锁现象发生，但那也只是极个别的现象了。这样的情形，恐怕在20年前是不可想象的，那时候我们将自行车放在大街上，还会担心有人偷走，因为那时候还有一些人是靠偷窃自行车为生的。再看现在，恐怕即便有人偷了自行车也是没地方销赃了，因为自行车已经不是什么稀缺消费品了。再比如街面上的小偷，也已经很少看到了，大家都打趣地说：是移动支付消灭了小偷，因为大家都不带现金了，小偷也偷不着钱了。这就是"盗窃乱贼而不作"。

我们不得不感慨，社会进步了、财富丰裕了、文明提升了，基于互联网的技术和规则，我们比过去时代都显得道德更加高尚了。一个社会如果只讲道德不讲规则，那么道德会逐渐沦丧；一个社会如果人们越来越能够遵守规则，那么道德也会自然回归。

"大同" 也就是"大同社会"，那是古人，准确地说，是儒家对理想社会的终极追求。什么是大同社会？这就要先搞清楚"大同"的含义，"大同"一词源于被誉为中华文化群经之始的《易经》。

"大同"是《易经》中第十四卦"大有"卦和第十三卦"同人"卦的概念合并。

"大有"就是社会物资和财富的极大丰裕，是国家的强盛与强大。从某种程度上讲，这正是当前社会的面貌，经过两百多年的工业化生产制造，人们的生产能力、生产资料和消费资源已经极大地提升和丰富，并且在未来，还将更加丰富，品质也更高。另一个层面就是人们精神文明程度有了极大的进步，道德水平有了极大的提高。

"同人"就是在整体社会中，人们同心同德，团结协作，共同参与，奉献利他，同人还表示公平、公正、公开，公平分配、公正廉明、公开透明，人们在共同遵守着心灵契约，追求美好幸福的生活。

"大同社会"就是富强、民主、文明、和谐、自由、平等、公正、法治、爱国、敬业、诚信、友善的社会。

大同社会、世界大同，是人类社会的最高理想和终极追求，但实现理想和追求是需要途径的，就目前来看，共享经济就是这个途径，而且是最佳的途径，共享经济不是无源之水，也不是凭空而来，它是在几百万年的社会经济发展基础上建立起来的，它是人类在经历了千折万难寻找出来的美好生活之路。

共享经济是在解决社会各种危机的情况下，为社会经济的发展注入全新的动力，为民众的生活带来实惠和便利，让人类获得心的自由，插上理想的翅膀。

无论是"大同"的理念和追求，还是共享经济的奋斗与实践，其核心都可以总结为一个字——善，人与人为善，群体与群体为善，国与国为善。善的保障是公正，以互不伤害、互惠互利为前提。公正的保障是规则，规则是道德的底线，希望人人都不去碰触这个底线。

规则源于良心，良心源于文化，文化源于信仰，信仰源于道德。

规划的作用是约束人，文化的作用是成就人，信仰的作用是拯救人，道德的作用是塑造人。

让我们怀着善意与理想，让全世界的人们在规则里大同，在信仰里大同，在文化里大同，在道德里大同。

后 记

山东宏巨咨询,成立于2013年,公司的使命就是帮助企业创建领先的管理模式、建立卓越的营销模式和导入强势的企业文化,实现显著、持久的经营业绩改善,加速实现企业精益和变革,以实现新时代背景下、新市场环境中企业的高效与可持续发展。同时宏巨咨询也是帮助企业培育和激励杰出人才的优秀咨询机构。

宏巨咨询始终秉承"专业、良能、和合、共生"的服务理念,为客户提供系统化、专业化、个性化的企业运营咨询服务,提供最优秀的企业进步解决方案。

2016年,宏巨咨询在国内共享经济方兴未艾的时代背景下,通过对新型商业形态的敏锐把握,结合自己多年的营销策划实战,总结梳理出众多共享经济的实战观点、理念与解决方案,在全国率先推出"共享商业模式顶层设计项目",全方位、多层次、多角度地为传统企业提供共享商业模式的顶层设计与咨询服务,帮助传统企业实现新经济新市场环境下的企业转型,打破传统的商业模式,融入共享经济的理念,运营实施共享经济商业模式,促进传统企业突破现阶段的市场瓶颈,走出发展困局,助力企业开拓更为广阔的市场及打造更强势的发展动力。

宏巨咨询"共享商业模式顶层设计项目"一经推出就吸引到了众多企业的目光,在宏巨咨询与客户的共同努力下,创造了一个又一个的商业奇迹。

2017年5月,宏巨为中国房车界十大领导品牌——(巨威)梦之旅房车设计共享房车模式。在仔细调查研究了中国房车消费领域的发展现状后,发现中国房车市场存在的一些市场痛点与难点:房车文化缺乏、房车旅游落地

后 记

支撑不足、房车利用率低、停车难等。遂与（巨威）梦之旅房车达成战略合作，成立云游天下房车俱乐部，推出全国第一个共享房车运营平台，秉承"让房车生活进入大众家庭，让出游更美好"的使命，实施"落地自驾，异地还车"的市场策略，不仅改变了旅游市场的格局，还引爆了新一轮的财富机会。经过一年多的稳健发展，目前云游天下共享房车运营平台已经成为全国规模第一的共享房车运营平台，打造了共享房车领域的超级IP，已经发展成为了名副其实的共享房车领域头部企业。

2017年10月，深圳"共享玩具项目"接洽宏巨咨询，宏巨咨询通过对其共享架构的重新梳理，从而拓宽了共享玩具的产业链，结合更丰富更多样的商业架构，实现企业集团的转型，打造出具有独立特点的共享商业模式。

2018年4月，经过宏巨咨询的共享商业模式的顶层设计，推出"人工智能门禁项目"，将"冷门"的社区门禁设施盘活，通过互联网、大数据、人工智能、物联网等技术，让社区门禁成为助力商家营销的新媒体，让以往闲置的社区门禁在共享经济的舞台上发光发热，建立共享商业生态。

2018年4月，宏巨咨询又为山东啤客江湖精酿科技设计了"共享精酿啤酒及共享精酿啤酒设备"的商业模式，目前正在紧张顺利的实施中，并已经取得了显著的市场效果。

2018年5月，宏巨咨询成功策划了车联网与区块链技术结合下的共享小鱼以及房车露营产业下的共享驿站。

宏巨咨询将始终紧跟时代的步伐，觉察洞悉市场发展新动向，把握市场新机遇，为企业提供最前沿最先进的商业模式设计服务。让企业在市场变革中处变不惊，再造企业发展新动能。

在宏巨咨询看来，所谓共享商业模式，是将一种奉献、利他的思维方式应用到企业的经营活动中，以建立企业自己的生态系统，既可以实现有限资源的价值最大化，又可以使得参与的各方获得利益，是有利于社会进步与发展的一种经济模式创新！

宏巨咨询还通过对自己多年商业策划执行实践，结合当下共享经济的商业特点，总结梳理出了"共享商业模式下的收钱18式"，运用这18个公式，解锁共享模式下的企业经营新体系，让企业重塑对自我的认知、对行业的认知、对关联资源和产业的认识，让企业在18个公式中找到适合自己的盈利模式，并加以灵活运用，建立真正适应本企业发展的系统化的企业运营体系。

在这一次共享经济的商业大变革中，无疑存在着巨大的前所未有的机遇，可很多企业尤其是中小型企业，由于受认知、思维、人才及行业等方面限制，没有能力把握这一前所未有的机遇，也就无法主动获取领先同行业的产业升级红利，宏巨咨询正是基于这样的现状与思考，重磅推出"共享商业模式顶层设计项目"，在共享经济方兴未艾的大趋势下，助力企业动能转型升级，把握时代机遇，获得新的利润增长点，实现企业可持续发展。

共享商业模式在社会、商业、城市，人与人之间，人与万物之间，搭建了创造性的纽带，创造了全新的、有价值观的、有温度的、有人文关怀的社会生态与社会文化，这一直是全人类对美好生活的向往和努力，同时也是宏巨咨询的历史使命和奋力实现的愿景。

宏巨咨询此次推出《互联共享》一书，旨在帮助更多的企业、商家和创业者更深度地了解共享经济的前世今生、来龙去脉，以及认知目前市场上的各种共享商业模式，并从中学习和借鉴，以便更好地设计真正适合自己的共享商业模式。

如有读者朋友对共享经济感兴趣，或者有"共享商业模式顶层设计"的需求，可以联系山东宏巨咨询，让我们一起携手为您打造真正属于您的强势共享商业模式。

宏巨咨询，中国领先的共享经济模式顶层设计机构，愿与您一起挑战风口，应对变革，再创辉煌。

作者

2019年2月